U0404648

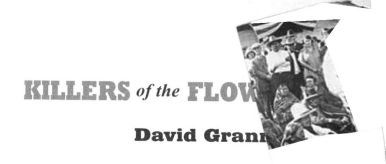

KILLERS of the FLOWER MOON
David Grann

花月杀手

The Osage Murders and the Birth of the FBI

奥色治系列谋杀案与美国联邦调查局的诞生

〔美〕大卫·格雷恩 著
李立丰 译

北京大学出版社
PEKING UNIVERSITY PRESS

献给我的父母

目 录

三部曲之一　封印之女

1　人间蒸发　003
2　天谴人祸　015
3　众山之王　023
4　地下宝藏　035
5　恶魔门徒　055
6　百万桑榆　068
7　厚黑之事　080

三部曲之二　旁证之男

8　贱货机关　101
9　卧底牛仔　110
10　排除万难　115
11　第三之人　121
12　狂野宝鉴　127
13　刽子手之子　131
14　临终遗言　145

15	真实嘴脸	151
16	部门利益	158
17	神笔大盗	164
18	游戏状态	172
19	出卖血亲	188
20	上帝保佑	205
21	热锅蚂蚁	216

三部曲之三　报告之人

22	幽灵之所	231
23	未结之案	246
24	恍如隔世	255
25	失落手稿	264
26	泣血发声	269

致　谢	281
资料来源	287
档案及未公开的资料	289
注　释	291
参考文献	315
插图来源	327

三部曲之一

封 印 之 女

不会有恶灵,打破这美好夜晚的安宁,
因为,她一直都在聆听;
不会有鸥鹈,用瘆人的颤鸣撕裂这沉静,
因为,她彻夜都在聆听。

——约翰·约瑟夫·马修斯,《日落》

1 人间蒸发

四月维夏,俄克拉何马州奥色治郡(Osage)①境内长满栎树的群山及附近的广袤草原上,繁花点点。春美草与矢车菊间,夹杂着些许三色堇。在奥色治族作家约翰·约瑟夫·马修斯(John Joseph Mathews)眼中,绚若星河的璀璨花瓣,像极了"众神遗落的五色缤纷"。时进五月,群狼在大得有些吓人的圆月下引吭嗷鸣之际,茎蔓较高的花草,如紫露草和黑心菊,偷偷将自己的枝叶伸展开来,肆意霸占委身其下的矮小植株理应享用的阳光雨露。这些浮华浪蕊随即凋谢,花瓣散尽,化为春泥。这就是奥色治族印第安人将五月形容为"摧花之月"的原因。

1921年5月24日,俄克拉何马州一个名为灰马镇(Gray Horse)的奥色治族原住民聚居地,莫莉·伯克哈特(Mollie Burkhart)开始暗暗担心比自己大不到一岁的姐姐安娜·布朗(Anna Brown)是否遭遇不测,时年三十四岁的安娜三天前便告失踪。用家人略带轻蔑的话来说,她经常会"纵情狂欢":和朋友彻夜饮酒作乐,舞至黎明。但这次,一夜过去了,又一夜过去了,安娜还是没有像以前那样,甩动那头略带波浪的黑色长发,明眸善睐地出现在莫莉家的门廊。每次进门后,安娜都先脱掉鞋子,然

---

① Osage,可以从地理行政管辖以及种族传统居住地两个层面加以理解。前者所指的"奥色治郡"(Osage County),成立于1907年,是俄克拉何马州内辖区最大的郡县,位于该州中北部,与堪萨斯州毗邻。后者所指的"奥色治部落"(Osage Nation),是历史上居住在密苏里、阿肯色、堪萨斯及俄克拉何马交汇地的一个北美印第安部族,以身高体健、勇猛好战著称。——译者注

全书脚注无特别说明的,均为译者注。以下不再逐一标明。

后不疾不徐地走过房间,对于这种令人安心的声音,莫莉早已习惯。但这次,周遭却是寂静,有如原野般凝固的寂静。

大约三年前,莫莉的妹妹明妮(Minnie)溘然离世。尽管医生诊断的死因为"特异类型的消瘦症",但明妮的死依然让家人吃惊不小。莫莉更是疑窦丛生:明妮才刚刚二十七岁,更何况此前身体状况相当正常。

与父母一样,莫莉和自己的姐妹都名列奥色治族谱名录(the Osage Roll)之上,也就是说,他们是这个印第安部族登记在册予以承认的正式成员。同时,这也代表着她们将会因此获得一笔不菲的财富。早在十九世纪七十年代初,奥色治人被赶出了世代繁衍生息的堪萨斯,迫不得已迁居至俄克拉何马东北部一块被认为不名一文、贫瘠多石的保留地。但数十年之后,人们吃惊地发现,这片不毛之地,居然偏居美国境内储量最大的油田一隅。为了采油,勘探方必须向奥色治人支付地租以及矿区土地使用费。二十世纪初,部落名录上的每个人开始按季度收到分红。支票的数额,最初只有几美元,但时光荏苒,随着石油越采越多,分得的收益开始以百乃至千计算。事实上,就像这片草原上的诸多溪流最终汇聚为水面宽阔、泥沙俱下的锡马龙河(Cimarron River)那样,逐年递增的收益,最终居然汇聚为数以百万的巨资(仅在1923年,整个部落就拿到了3000万美元,折合现值约为4亿美元)。这也使得奥色治人一跃成为当时世界上人均收入最高的族群。"万万没想到!"纽约出版的《展望》(Outlook)周刊如此惊呼:"这些印第安人不但没有被饿死……反而日进斗金,足以让银行家十分眼红。"

公众被这个原住民部族一夜暴富的神话惊得目瞪口呆,他们对于北美印第安人的印象,还停留在早期白人与之接触时双方爆发的血腥屠杀——这也是美国这个国家与生俱来的原罪之一。记者则用耸人听闻的故事吸引读者的眼球,"奥色治族大亨"与"红肤百万富翁","红砖翠瓦的豪宅"与"璀璨夺目的水晶吊灯","钻石戒指""裘皮大衣"以及"专用司机",不一而足。还有一位作家惊讶地发现,奥色治族女孩不仅在最好的私立学校寄读,而且身上穿着的也尽是些产自法国的昂贵华服。"宛如一群特别漂亮的巴黎少女,误入北美原住民聚居的乡下小镇一样。"

与此同时,记者们自然不会放过与奥色治族传统生活方式有关的任何细节,借此勾起公众心中对于"狂野"印第安人的种种印象。一篇报道中就提到,"露天篝火四周围满了豪车","古铜色皮肤、披着艳丽毛毯的车主们,正在用极其原始的方式烤炙兽肉"。另外一篇报道则记述了某次为了纪念在私人飞机上纵情歌舞而专门组织的奥色治族聚会活动,其场面"无可名状"。作为公众对于奥色治人普遍看法的总结,《华盛顿星报》(*Washington Star*)撰文慨叹,"瞅瞅这些可怜的印第安人"这种怜悯之词,或许应当被顺理成章地修改为"瞧瞧这群皮肤黝红的阔人"。

灰马镇是这片保留地中历史最为悠久的聚居点之一。这些聚居点——包括人口接近一千五百人的费尔法克斯(Fairfax),以及人口超过六千人的奥色治首府波哈斯卡(Pawhuska)——看上去一片繁华热闹景象。街上熙熙攘攘,充斥着西北牛仔、投机分子、私酒贩子、占卜术士、江湖郎中、亡命之徒、美国法警(U. S. Marshals)①、纽约掮客与石油大亨。汽车在砌筑好的马路上呼啸而过,大草原上处处散发着石油的味道。横七竖八的电话线上,乌鸦成群结队,俯瞰下面鳞次栉比的饭馆、咖啡厅、剧院以及马球场。

尽管莫莉并未像左邻右舍那样生活奢华铺张,但也在灰马镇上由杂木捆扎的立柱、草垫以及树皮搭建的破旧祖屋附近为自己修建了外观惹眼、占地颇广的华丽木宅。她不仅坐拥数辆汽车,还雇请了好几

---

① 美国法警,隶属于美国司法部的一支联邦执法力量,1789 年由乔治·华盛顿总统根据《1789 年司法法》(the Judiciary Act of 1789)创设,曾在执行联邦法律、维持社会秩序方面发挥过特定历史作用。

位仆人——即被这些定居者蔑称为"舔印第安人锅底儿"的外来务工者,其中大多数都是黑人及墨西哥人。二十世纪二十年代早期,一位造访保留地的参观者看到"甚至连白人"都在做一些"奥色治人根本不屑放下身段去做的体力活"。

安娜失踪前,莫莉是最后见过她的人之一。1921年5月21日当天,莫莉黎明即起,这个习惯受到她父亲每天面向朝阳祈祷的影响。周遭熟得不能再熟的草地鹨(Meadowlarks)、矶鹬(Sandpipers)以及草原雄鸡的美妙和鸣,现在已被油井钻机冲击地面时发出的砰砰巨响取而代之。和许多对奥色治族传统服饰避之不及的友人不同,莫莉的肩上总是搭着一条印第安风格的毛毯。她同样没有将长发盘起,而是任由黑色长发披散身后,素面朝天,露出了棱角分明的面庞、高耸的颧骨和褐色的双眸。

和莫莉一同起床的还有她的丈夫欧内斯特·伯克哈特(Ernest Burkhart)。这位时年二十八岁的白人男子,有着西部片中临时演员一般的英俊相貌:褐色短发、蓝色眼眸、四方下巴。唯一煞风景的可能就是他的鼻子,看起来就好像在酒吧殴斗时被人揍扁了一样。这位出生于得克萨斯州一户贫苦棉农家庭的穷小子,一直对奥色治族聚居山地的各种神话心驰神往——据说在那片北美边疆,依然有牛仔和印第安人四处逡巡。1912年,年仅十九岁的欧内斯特,像马克·吐温笔下的哈克·费恩(Huck Finn)那样,从家中偷跑出来,前往自己魂牵梦萦的这片热土,投奔自己的舅舅——一位居住在费尔法克斯、喜欢颐指气使的牧场主威廉·黑尔(William K. Hale)。"他不是那种和你商量做某事的人,而是会直接要求你去做。"欧内斯特曾这样谈及黑尔,而后者也的确舅代父职。尽管大多数时候需要为黑尔跑腿,但欧内斯特有时也会兼职,担任身着制服的专车司机——正是在替莫莉开车的过程中,两人得以认识。

莫莉·伯克哈特

1 人间蒸发

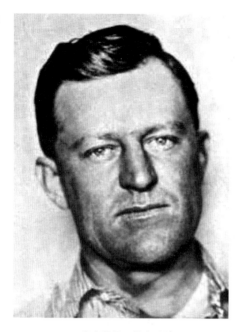

欧内斯特·伯克哈特

欧内斯特嗜烈酒,还喜欢和一些口碑极差的人混在一起打牌赌博,但在这些粗犷的线条之外,他又多少让人感觉带着一丝温柔,同时有些缺乏安全感。莫莉无可救药地爱上了欧内斯特。虽然生来就讲奥色治语,但莫莉在学校里学过一点英文。反倒是欧内斯特开始十分热心地学起了莫莉的母语,最终达到了可以与其交流的程度。莫莉罹患糖尿病,每当关节疼痛、腹饿难耐时,都会得到欧内斯特的悉心照料。欧内斯特听说另一个男人对莫莉心存爱慕之情后,曾喃喃自语,声称没有她,自己会活不下去。

  两人能够最终成婚,实属不易。欧内斯特被损友冷嘲热讽为和土著通婚的"白相男"(Squaw man)①。另外,虽然莫莉的三个姐妹都与白人成婚,但唯独她感觉到有责任像自己父母那样,拥有一段包办的奥色治族婚姻。而且,虽然家族中存在天主教徒与奥色治人的结合,莫莉其实搞不懂上天为什么让自己寻找爱,只是为了日后让自己失去爱。无论如何,1917年,她与欧内斯特交换婚戒,许下了爱到永远的誓言。

---

① "Squaw man"一词极具贬义,一般是指和印第安女性结婚的白人男子,或者是指从事女性工作的男性,Squaw 原意是对土著女性的蔑称。在本文中,结合相关语境,译者将其翻译为和土著通婚的"白相男",兼具白人男性及靠女人吃饭两种意涵。

1921年，两人的爱女伊丽莎白（Elizabeth）已年满两岁，新添的男丁詹姆斯（James）也出生八月有余，并被昵称为"牛仔"。莫莉同时需要照料自己年迈的母亲莉齐（Lizzie）。老伴儿去世后，莉齐便搬来与莫莉同住。因为莫莉罹患糖尿病，莉齐一度担心莫莉可能会早年夭折，因此叮嘱其他孩子对其加以关照，没想到最终反倒是由莫莉来照顾大家。

5月21日，对莫莉来说，本来应当是开心的一天。她要招待一些客人，并举办一场小型午餐会。穿戴整齐后，莫莉开始喂孩子。"牛仔"经常突发剧烈耳痛，这样一来，她就必须持续不断向他耳朵里吹气，直到孩子停止号哭。莫莉将自己的家管理得井井有条。一旦她下达指示，仆人便闻风而动，所有人都得开始忙碌起来。唯一的例外，恐

莫莉（右）及其姐妹安娜（中）及明妮（左）

怕就是卧病在床的莉齐。莫莉要求欧内斯特致电安娜,看看她是否可以过来搭把手,帮忙照顾莉齐。作为这个家族的长女,安娜在老母亲眼中的地位非比寻常。尽管是莫莉在照顾莉齐,但这位母亲钟情溺爱的还是脾气极差的安娜。

听到欧内斯特告知妈妈需要自己,安娜答应打车过来。随后不久,足蹬艳红色皮鞋、身着短裙、披着颇为搭调的印第安毛毯、手拎鳄鱼皮包的安娜如约而至。进门前,她匆忙梳理了一下被风吹散的长发,并在脸上补了些脂粉。但莫莉还是注意到,安娜步履蹒跚、口齿不清。她明显喝醉了。

莫莉难掩不悦。此时,已有贵客到了,其中就包括欧内斯特的两位兄弟——布赖恩·伯克哈特(Bryan Burkhart)及霍勒斯·伯克哈特(Horace Burkhart)。两人都为追逐石油这种"黑金"搬迁至奥色治郡,经常到黑尔的牧场帮工。欧内斯特的一位对印第安人持种族偏见的婶婶,也在受邀之列。对于莫莉来说,最不希望发生的,就是安娜将这个老家伙惹急。

安娜甩掉鞋子,开始来事。她从手包里掏出一个小酒瓶,扭开后,屋子里便到处都可以闻到其中所散发出来的私制烈酒所特有的刺鼻味道。安娜坚称自己需要在被当局抓到之前把酒喝光——此时全美范围内的禁酒行动已经开展一年有余——同时她还邀请来宾一同畅饮在其看来质量最佳的私酿美酒。

莫莉深知,安娜最近麻烦不断。她刚刚和经营专车生意的前夫,一位名叫奥达·布朗(Oda Brown)的白人定居者离婚。此后,安娜便将大把时光花在某些保留地内应运而生、畸形成长的新兴城镇——主要为石油工人提供食宿娱乐。在诸如威兹邦(Whizbang)这样的城镇,人们经常将其形容为"白天床下忙,晚上床上忙"。"所有的纸醉金迷、堕落迷失,都可以在这里找到踪影,"一位美国政府官员曾这样报告,

"赌博、酗酒、通奸、欺骗、窃盗、谋杀。"安娜尤其爱在暗巷的深处流连:那里的建筑外表看似正常,却内藏玄机,隔间里堆满了闪着堕落光芒的私酒瓶子。安娜的一位仆人后来告诉当局有关人士,她的主人曾大肆酗酒,同时爱和白人男子"行道德败坏之苟且"。

即便在莫莉家,安娜依然迫不及待与欧内斯特的弟弟布赖恩打情骂俏,两人平素就偶有勾连。布赖恩比欧内斯特更为内敛,略带黄斑的眼眸看起来深不可测,稀疏的头发向后梳起。一位认识布赖恩的执法人员,将其形容为一个小油条。看到布赖恩试图邀请一位伺候午餐会的女仆晚上共舞,安娜警告称,如果再看到他和其他女人搞在一起,就要了他的小命。

与此同时,欧内斯特的婶婶叨叨咕咕,声音之大,能让所有人听得一清二楚。内容无外乎因为自己的侄子和红皮肤的劣等人结婚,自己都伤透了心之类的话。莫莉四两拨千斤,含蓄地指出,伺候这位婶婶的仆人,恰恰正是白种人——简单粗暴地一语点明其需要注意这个镇子的社会阶层等级。

安娜惹的乱子远不止于此。她不仅和宾客争吵,还和莫莉乃至自己的母亲发生口角。"她不停灌酒,到处乱咬。"一位仆人后来向官方报告称。"我听不懂她在说什么,但这些人的确是在争吵。"仆人补充说:"他们和安娜相处气氛极差,我被吓坏了。"

当晚,莫莉打算留下来照顾自己的母亲,欧内斯特则送客人前往距此西北方向五英里的费尔法克斯看望黑尔,同时观看巡回音乐剧《教养老爹》(*Bringing Up Father*)——主要描写一位独中百万美元大奖的爱尔兰移民如何努力融入上流社会的故事。斜戴牛仔帽的布赖恩,帽檐下露出狡黠的眼神,主动提议要捎带安娜回家。

众人离开前,莫莉把安娜的衣服清理一番,又给她弄了些吃的,好帮她清醒过来,从而让自己可以看到姐姐恢复聪颖、可人的本来面目。

1　人间蒸发

二人恋恋不舍,享受了片刻和睦融洽的时光。随后,安娜含笑告辞,露出她璀璨夺目的金牙。

每熬过一夜,莫莉的担忧便增加一分。布赖恩坚称自己在去看演出前,直接将安娜送回了家。等到第四天,莫莉用其一贯不事张扬但简洁有力的处事方式,迫使各方积极行动起来。她打发欧内斯特前往安娜家一探虚实。欧内斯特试图转动安娜家正门的把手,发现已经落锁。透过窗户向内窥探,屋内漆黑一片,无人居住。

欧内斯特独自在烈日下暴晒。就在几天之前,曾有一场冷雨轻抚这片大地,但随后骄阳便开始射穿栎树的枝叶。每年这个时候,酷热炙烤原野,荒草都会变得垂头丧气。远方,透过微微的灯火,采油井架的轮廓依稀可见。

住在隔壁的安娜的仆人循声而出,欧内斯特随即询问道:"知道安娜去哪儿了吗?"这位女仆表示,下雨前,她曾想来给安娜家关窗户。"我担心雨水会溮进屋来。"她解释道。但门上了锁,安娜也不知所踪,于是她选择了离开。

安娜失踪的消息,很快便传遍了这座新兴的小镇,成为街谈巷议的坊间话题。火上浇油的消息是,就在一周之前,另外一位奥色治人查尔斯·怀特霍恩(Charles Whitehorn)同样人间蒸发。和蔼诙谐的怀特霍恩刚刚步入而立之年,此前迎娶了一位兼具白人及夏延族(Cheyenne)印第安人血统的女性。当地报纸将其描绘为"无论在白人还是在本族人中都颇受欢迎的人物"。5月14日,他从位于保留地西南的家中出发,前往波哈斯卡,至今未归。

莫莉之所以尚未抓狂,其实事出有因。或许安娜在被布赖恩送回家后,偷跑出来,前往俄克拉何马城,或者跨越州界跑到灯红酒绿的堪萨斯城也说不定。也许,此刻她正在中意的爵士乐俱乐部里摇曳起舞,完全无视自己惹下的混乱。即便安娜遭遇到了什么麻烦,她也知道该如何保护自己:在随身携带的鳄鱼皮包里,藏着一把小手枪。她很快便会回来,欧内斯特向莫莉保证。

安娜失踪一周后,一位石油工人在波哈斯卡以北一英里的小山上,注意到某个钻井平台附近的草丛里突兀着什么东西。他走近一看,发现这是一具腐尸,死者眉眼间赫然分布着两个弹洞。显然,受害人遭到了残忍的行刑式谋杀。

山坡地带,炎热潮湿,噪音轰鸣。钻机艰难突破石灰岩沉积层时让地壳发出巨大震动,起重机则前后摇摆着举臂。四周看热闹的人越聚越多。尸体腐败严重,已无从分辨,但可以发现死者口袋内有一封信件。有人将信抽了出来,展开后宣读起来。收信人为查尔斯·怀特霍恩。借此,人们得以确认死者的身份。

大约在同一时间,费尔法克斯附近的三里溪(Three Mile Creek),有人携子带友在此猎捕松鼠。就在两名男子在溪边饮水时,男孩发现了猎物并随即扣动扳机。硝烟散尽,男孩发现被击中的松鼠一命呜呼跌落在深谷边缘。他一路追了过去,爬过林木繁茂的陡坡,进入一处峡谷,这里云深雾厚,可以听见潺潺的溪水流淌。他发现了猎物,并捡了起来。就在这时,男孩突然大叫:"爸爸!"此时,他的父亲也已赶到,男孩爬上一块巨石,指着溪流边的苔地说道:"这有一个死人。"

尸体膨胀并严重腐败,但能看出来是一具印第安女性遗体:死者背部着地,头发与背后的淤泥搅和在一起,空洞的眼睛朝向天空。蛆虫正在蚕食这具遗骸的筋肉。

父子俩立即离开峡谷,驱赶马车驶过原野,身后卷起一路灰尘。但到达主街后他们却看不到任何执法人员的身影,遂将车停在大山商贸公司门口,这间百货商店同时还兼营殡葬服务。店主斯科特·马西斯(Scott Mathis)闻听此讯后,立即通知手下的入殓师,带领几个人前往溪流边。众人将尸体下面铺了块马车坐垫,然后套上绳索,从峡谷中拖拽上来,并在栎树的树荫下,将尸体装殓在一个木箱里。入殓师将盐和冰覆盖到遗体上,膨胀不堪的尸体开始急剧收缩,仿佛最后一丝生命的迹象也都随风而逝。此前,入殓师想尝试辨认死者是不是自己所认识的安娜·布朗。但"尸体腐败得厉害,膨胀得简直马上就要爆裂开来,同时散发出刺鼻的恶臭"。他后来回忆:"颜色简直和黑人一样黑。"

包括入殓师在内的所有人都没有办法辨认死者的身份。不过,曾负责处理安娜金融投资的马西斯,还是联系了莫莉。以她为首的一行人,包括欧内斯特、布赖恩、莫莉的另一个妹妹丽塔(Rita),以及丽塔的丈夫比尔·史密斯(Bill Smith),表情肃穆,赶往溪流边。很多认识安娜的人则尾随其后,当然,也不乏某些病态的好奇者,其中就包括这个国家最为臭名昭著的私酒贩子及毒品药头凯尔茜·莫里森(Kelsie Morrison)和他的奥色治族妻子。

莫莉和丽塔走近遗体。刺鼻的尸臭扑面而来。秃鹫也在天空中盘旋。两人很难从面容上判断死者到底是不是安娜——面部的皮肉已所剩无几——但她们可以认得出尸身上包裹着的印第安毛毯,以及莫莉曾清洗过的衣裳。后来,丽塔的丈夫比尔,捡起一根木棍,撬开死者的嘴巴,众人都看到了那熟悉的金牙。"没错,这肯定是安娜。"比尔说道。

丽塔开始啜泣,随后被丈夫领到一旁。最终,莫莉说出了那个字,"是"——死者正是安娜。莫莉作为整个家族中感情最为内敛的那个人,此时也不得不在欧内斯特的陪同下从溪边撤身出来。身后似乎预示着某种不祥征兆的黑暗,不仅要将她的身体,还要将她的部族悉数吞噬。

2　天谴人祸

峡谷一边,在治安法官(Justice of the Peace)①的带领下,陪审员们匆匆忙忙赶来,列席验尸。作为时代的"化石",此类公审庭(Inquests),主要由普通公民承担调查犯罪、维持秩序的责任。北美独立战争后,此去经年,公众依然顽固地反对设立警察机关,担心自己将再次面临遭受压迫的命运,相反,更倾向于闻风而起,自发行事,见义勇为,以缉拿匪盗。日后出任联邦最高法院大法官的本杰明·卡多佐(Benjamin N. Cardozo)曾提出:"追凶缉盗的公民绝对不会碌碌无为,或者裹足不前,而是诚实勇敢,因地制宜,善用一切便利条件。"

一直到十九世纪中期,随着工业城市的蓬勃兴起,都市骚乱的浪潮此起彼伏——在对所谓"危险阶级"的恐惧超越对国家的恐惧后,警察机关开始在美国发足。等到安娜暴毙之时,非正式的民防机制业已解体,但余威尚存,特别是在地理位置或者历史发展维度偏居一隅的地区。

治安法官从生活在这片谷地的白人居民中遴选出了若干陪审员,其中就包括马西斯。这些人将负责判定安娜之死究竟是天灾还是人祸。如果涉及重罪,主犯帮凶究竟是谁。此前一直负责为莫莉家人提供医疗服务的两位医生——詹姆斯·肖恩(James Shoun)及大卫·肖恩(David Shoun)——也被召来进行尸检。在陪审员的围观下,两人弯

---

① 治安法官,是一种源于英国,由政府委任民间人士担任维持社区安宁、防止非法刑罚及处理一些较简单的法律程序的职衔,现在依然存在于适用英国法的地区。

下腰,开始寻找死因。

尸体会说话。舌骨——脖颈内支持舌头的一块软骨——折断,表明死者生前曾遭勒脖。颈部的淤痕,可以进一步表明杀手使用的是徒手还是绳索。甚至连受害人破损的指甲,都在诉说着生前曾经爆发过的殊死挣扎。十九世纪一本相当有影响力的医学手册曾引述过下面这句话:"医者,遇有死者,必根究其所以致死。"

肖恩兄弟用一块木板临时充当了解剖台。他们从随身携带的医药包中取出了一些简易工具,其中就包括一把锯子。树荫下依然十分炎热,蚊虫纷飞。医生首先检查了安娜的穿着——灯笼裤及罩裙——寻找一切不同寻常的撕扯或污痕。一无所获后,他们开始想办法确定死亡时间。但这要比人们的通常认知困难许多,特别是死亡时间很久的情况。十九世纪的科学家虽然一度认为通过研究尸体的不同相变——尸体的柔软程度(尸僵)、尸体温度的改变(尸温)以及因为血色素沉积而形成的尸体颜色改变(尸斑)——可以解决上述问题。但

安娜·布朗尸体被发现的谷地

病理学家很快发现,太多变量——从空气湿度到死者衣服的质地类型——都会影响对于尸体腐败速度的精准评估。即便如此,依然可以作出大致估计,肖恩兄弟认定,安娜的死亡时间大致发生于五到七天之前。

医生在木箱内将安娜的头部稍微向一侧挪动。部分头皮随之剥离,露出了头骨后部一个十分光滑的圆洞。"她是被开枪打死的!"肖恩兄弟中的一人大呼。

围观的人群一片哗然。凑近后,他们发现弹孔大小仅有铅笔粗细。马西斯认为,点三八口径的子弹可以造成这种形状的创口。人们在搜寻弹道时发现,子弹从牙冠正上方进入,然后弹道一路向下。毫无疑问,安娜死于一场冷血的谋杀。

当时的执法人员大部分还是业余的。他们当中很少有人受过科班训练,更少掌握当时刚刚兴起的科学侦查手段,例如指纹分析和血型鉴定等。特别是边疆之地的警探,主要还停留在动不动就枪战火拼或穷追不舍的原始阶段。他们打击犯罪的方式,便是在可能的情况下将某个已知的罪犯生擒活捉,或者在必要的情况下,就地正法。"人即是法。在警官和消灭犯罪之间,除了他的个人判断,以及扣动扳机的手指,再无其他。"《塔尔萨世界日报》(*Tulsa Daily World*)在1928年的一篇报道中,为纪念一位在奥色治地区以身殉职的资深执法人员,曾如是说:"最为常见的情形,便是孤军奋战的警探,需要同时面对一群狡猾的恶魔。"因为薪酬微薄,执法人员主要靠快速反应赢得的赏金度日,以至于从业者良莠不齐,鱼龙混杂。十九世纪著名犯罪集团道尔顿匪帮(Dalton Gang)的头目,此前便是奥色治保留地的主要执法人员。

安娜被谋杀时,负责维持奥色治郡地方治安以及执法的警长,是体重足有300磅重的拓荒者哈夫·M. 弗里亚斯（Harve M. Freas）。1916年出版的一本俄克拉何马地方志，将弗里亚斯形容为"为非作歹者的克星"。但也有坊间流言，称他是违法犯罪的保护伞——对于赌徒，以及像凯尔茜·莫里森和亨利·格拉默（Henry Grammer）这样的私酒贩子网开一面。而格拉默这位前马术冠军，不仅曾因谋杀蹲过苦窑，现在更一手掌控着当地的私酒黑市交易。

格拉默的一位手下，后来曾向当局供述："过去我一直认为，即便被抓了……五分钟后也会给弄出来。"奥色治的一些居民此前曾专门通过动议——以"捍卫宗教、执法、家庭乃至道德"的名义——宣称："认为曾庄严宣誓履职的警官应严格执法的人民，谨此敦促弗里亚斯警长，立即践行其宣誓承担的职责。"

当弗里亚斯警长接到安娜被谋杀的消息时，正忙于调查怀特霍恩被害一案，起初只派出了自己手下的副警长赶来收集证据。费尔法克斯镇上本来就有一位美国法警，也在肖恩兄弟忙于尸检的同时，和弗里亚斯警长的手下一道赶到案发的谷地。为了锁定作案凶器，执法人员需要从安娜的头骨中找到弹头。肖恩兄弟用锯子切开安娜的颅骨，小心翼翼地将脑组织取了出来，放在木板上。"脑子的状况不佳，"大卫·肖恩后来回忆，"压根儿找不到弹头。"他拿起一根木棍，在脑子里搅动。弹头不知所踪。

21　执法人员下到河谷附近，对谋杀现场展开搜索。岸边的一块岩石附近，有一摊血迹，意味着这里便是安娜尸体所在地。虽然寻觅不到一丝半毫有关枪弹的痕迹，但有一位执法人员注意到地上遗留着一个酒瓶，里面还剩有部分透明液体。闻起来，味道像私制烈酒。于是，他们推定，安娜坐在石头上喝酒时，有人从她身后靠近，并近距离开枪，致使她从石头上跌落。

法警则注意到，在河床与道路之间，留有两道截然不同的车辙。

他喊来了副警长及其他调查员。看上去两辆车都是从东南方向驶来河谷,之后又掉头离开。

除此之外,再无其他证据。在痕迹物证方面毫无经验的执法人员,并未拓印轮胎痕迹、收集酒瓶上的指纹,或者检查安娜尸体上的火药残留物。他们甚至连犯罪现场的照片都没有拍,当然,现场此时早已被众多乱入者严重破坏。

即便如此,某些人还是从安娜的尸体上摘下了她的耳环,带给因为病重而无法亲自前来河边的莫莉母亲。莉齐一眼便认了出来。安娜,已经死了。所有奥色治人都认为,孩子的降生,是"瓦空大"(Wah'Kon-Tah)这种主宰日月星辰、天地万物的神秘生命力赐福的结果。围绕这种力量,世世代代的奥色治人组织自己的生活,希望能够借此为世间的混沌带来秩序。"瓦空大"这种力量无中生有、有中生无——不可见、很遥远、极慷慨、应敬畏、非应答。虽然很多奥色治人早已将传统信仰抛在九霄云外,但莉齐仍将其铭刻于心。(某位美国政府官员就曾抱怨,像莉齐这样的印第安妇女,"冥顽不灵,抱着传统迷信的牌位不放,反过来对现代理念与习俗嗤之以鼻"。)如今,在莉齐自己的大限届满之前,某种力量将她最为钟爱的大女儿带离人世,而这或许预示着"瓦空大"已经撤回了施予的恩泽,世界将陷入更大的混乱。莉齐的身体每况愈下,悲伤业已成疾。

莫莉此时将欧内斯特作为依靠。一位认识他们的律师曾这样写道,他"对自己印第安妻子和孩子的付出实属罕见,令人印象深刻"。欧内斯特一方面安抚莫莉的情绪,另一方面开始积极安排安娜的葬礼。计划购买的内容除了大量鲜花,还包括一具白色金属棺材,以及一座大理石墓碑。承办方对于奥色治族印第安人的葬礼普遍狮子大开口,狠敲竹杠。仅棺材一项,便要价1450美元,同时家属方面还需要

莫莉(右)与姐姐安娜(左)及母亲莉齐(中)

支付100美元的尸体美容及防腐费用,以及25美元的灵车租赁费。等到包括掘墓人的手套在内杂七杂八的物品计算到一起,总费用堪称天价。如一位镇上律师所言,"水涨船高,别想指望以低于6000美元的代价埋葬一位奥色治族印第安人"。而这个数字,考虑到通货膨胀因素,折合现值高达8万美元。

葬礼的安排,充分反映了这个家族兼具的奥色治族及天主教传统。曾在波哈斯卡一间教会学校就读的莫莉,时常参加弥撒。她喜欢在周日升起的朝阳射入教堂的窗户时,坐在长椅上聆听神父布道。她同样喜欢交朋结友,显然,周日做礼拜时聚集的人最全。

安娜的葬礼首先在教堂开始。欧内斯特的舅舅威廉·黑尔与安娜及莫莉一家关系非常密切,他加入了扶灵人的队伍。神父则抑扬顿挫地

吟诵十三世纪赞美诗《神怒之日》(Dies Irae),最后以对神的祈愿收尾:

> 仁慈的主请予神圣恩赐,
> 使逝者永享安息与平和。

神父向安娜的棺椁挥洒圣水后,莫莉带领家人及其他参与哀悼仪式的宾朋前往灰马镇的一处墓地。从这片远离喧嚣的宁静之所,可以将一望无际的原野尽收眼底。莫莉的父亲及妹妹明妮都安葬于此。二人的坟茔边上,是一处新挖的墓穴,潮湿阴暗,静静等待着已被运送至墓穴旁边的棺椁下葬。安娜的墓碑上,镌刻着一行铭文:"天堂再会。"通常情况下,棺椁在下葬前需要打开,接受亲友的最终告别,但现在安娜的尸体状况已经不允许这样做了。更糟糕的是,她的脸已经无法被涂绘上标志其所属部族及家族的特定图案——按照奥色治族的传统葬俗。如果不进行这样一种涂绘仪式,莫莉担心安娜将魂飞魄散。即便如此,莫莉和家人还是在棺材里为安娜准备了足够的食物,以期让她在通往极乐世界的三天路途中免于饥肠辘辘。

年长的哀悼者,如莫莉的母亲,开始吟唱奥色治族的祈愿神曲,希望"瓦空大"能够聆听到自己的心声。具有奥色治族血统的伟大历史学家兼作家约翰·约瑟夫·马修斯曾记载过很多这个部族的传统习俗。在描述典型的祈祷场景时,他这样写道:"这会让我这个小男孩的内心充盈恐惧与苦乐,以及对于某种异域风情的憧憬。一切结束时,我依然恍如隔世,喜忧参半。真心希望能够体察更多,但又担心人心不足。后来,当我开始回归理性,才发现这些祈愿神曲,这些圣歌,这些激荡灵魂的诉求,总是会在挫败的泪水中半途而废,永远难以企及。"

墓穴边,在欧内斯特的身边,莫莉能够清楚地听到老人们吟诵的亡灵曲，其间夹杂着些许呜咽。安娜的前夫奥达·布朗倍感心烦意乱，抽身走开。正值晌午，太阳——作为伟大造物主的最佳载体——大肆发威。扶棺的男人们抓着扶手，将棺材缓慢放置在墓穴底部。在莫莉的注视下，泛着森森白光的棺椁消失在地面以下，直到凄厉的哀嚎，逐渐被泥土击打棺盖的声音取代。

3 众山之王

安娜·布朗与查尔斯·怀特霍恩的横死引发震惊。《波哈斯卡大字报》(*Pawbuska Daily Capital*)的醒目标题如此写道：两起谋杀，几乎同时浮出水面。关于谁是真凶的种种传言甚嚣尘上，不一而足。从怀特霍恩头骨中取出的两枚弹头，显然来自一把点三八口径的手枪——与安娜谋杀案中的凶器如出一辙。受害人均为家资不菲、年逾三十的奥色治族印第安人，这是巧合？抑或他们都命丧连环杀手魔掌——类似 1893 年芝加哥世界博览会期间谋杀至少二十七人的霍尔姆斯博士（Dr. H. H. Holmes）？

莉齐主要指望莫莉来跟官方打交道。前者的一生，恰好见证了奥色治人与自身传统渐行渐远的全过程。奥色治族历史学家路易斯·伯恩斯（Louis F. Burns）曾在油田被发现后这样写道，整个部族"都开始在太虚幻境中随波逐流"。他还补充称："对于白人世界中的财富生活，印第安人把握起来殊为不易，更遑论游刃有余了。"过去，奥色治族中，有一些人被称为"破雾旅者"（Travelers in the Mist），他们会在部族突遭变故或在探险未知之地时身先士卒。莫莉尽管也会因为周遭的剧变感到困惑，但依然挑起了整个家族的重担——堪称"破雾旅者"的当代化身。虽然讲英语，嫁的也是白种人，但她并未像包括安娜在内很多奥色治族年轻人那样，在诱惑面前丧失心智。对于像莉齐这样的年长奥色治族印第安人来说，石油乃是遭受天谴的恩惠。"终有一日，石油将耗尽，同样，隔几个月便会从作为'衣食父母'的白人那里收到的丰厚收获，也将消失不见。" 1928 年，一位奥色治族头人如是说。

"豪车华服都将化作过眼云烟。但我知道,到了那个时候,我的子民肯定会更加幸福快乐。"

莫莉不断向官方施压,要求深入调查安娜的死因,但大多数当权者似乎对被其蔑称为"红种人"的奥色治人死亡事件缺乏兴趣。不得已,莫莉转而求助于欧内斯特的舅舅威廉·黑尔。生意场上风生水起的黑尔,此时俨然已成为奥色治郡法律与秩序的有力倡导者,以保护其所谓的"敬畏上帝的众生"。

黑尔面如鸱鸮,发似猪鬃,细目深眉,二十年前便已在这片印第安保留地定居下来。宛如威廉·福克纳笔下人物托马斯·萨德本(Thomas Sutpen)的现实版,横空出世的黑尔,此前的人生轨迹似乎不为人所知。来到这里时,他除了身上穿的一身破旧衣裳,以及一本翻破了的《圣经》,别无长物。此后,他便开始了对其熟悉的人所形容的"在一片未尽开化的蛮荒之地,为了生存及财富努力打拼"的生活。

黑尔最初在牧场找到了一份牛仔的营生。在铁路纵贯北美西部之前,牛仔需要赶着牛群从得克萨斯州长途跋涉至奥色治地区,利用这里繁盛的须芒草催肥后,再折向堪萨斯州,并在那里装船运往芝加哥及其他大城市的屠宰场。虽然漫长的行程滋养了北美人民对于牛仔生活的浪漫想象,但这份工作却毫无任何罗曼蒂克可言。为了赚得微薄的薪水,黑尔披星戴月,顶风冒雪,风餐露宿,不仅需要忍受冰雹、闪电及风沙的侵袭,更要在牛蹄践踏下苟延残喘,在被踩死前尽可能缩小牛群的范围。衣服始终散发着汗水及粪便的臭味,遍体鳞伤更是家常便饭,有时甚至会骨断筋折。最终,黑尔凭借积攒的血汗钱,加上借款,总算给自己在奥色治买下了一片牧场。"他是我所认识的最为精力充沛的家伙,"一位投资黑尔生意的人这样描述,"即便是过条马路,他都看起来像是在赶着去做一笔大生意。"

但黑尔很快就破产了。不过,这场刻骨铭心的失败,反倒愈发激起了他的雄心。再次投身养牛业之后,黑尔经常在寒夜荒原上风餐露宿,陪伴他的只有帐篷里的一席篝火。很多年后,一位记者描述称,在壁炉前逡巡的黑尔,看起来依然像极了"一头被拴着的猛兽"。他会神经质般地搓搓双手,然后放在炉火上。"略显红润的面庞,闪烁着冷静又略显兴奋的光芒。"他的工作热情,不仅仅来自对于吃不饱肚子的近忧,更有担心随时会像《旧约》中的约伯(Job)那样遭遇天谴的远虑。

后来,黑尔逐渐成长为烙印、割角、去势及牲口买卖方面的行家里手。随着财富的水涨船高,他开始从奥色治及邻近地区的定居者手里购买更多的土地。最后,他手里掌握了45 000英亩奥色治郡境内最为肥美的草场,以及一笔小钱。随即,以一种令人费解的美国式处事风格,他开始为自己打工。绅士派头的西装领结,以及宽边呢帽,取代了此前邋遢不堪的工装裤、牛仔帽,鼻子上则架着一副颇具辨识度的圆边眼镜。黑尔迎娶了一位学校老师,并有了一个极其崇拜自己的女儿。他甚至还开始吟诗作赋。颇具传奇色彩的"狂野西部秀"演员、一度与"水牛比尔"(Buffalo Bill)联袂合作的"波尼比尔"(Pawnee Bill),就将黑尔盛赞为"上流社会的绅士君子"。

黑尔还被指定出任当地"副警长候补"这个可以一直担任的职务。虽然头衔只是个荣誉性称号,但可以借此佩戴警徽,同时领导当地民团。他经常携带双枪,一支斜挎,另外一支背在屁股后面。黑尔挂在嘴边的一句话便是武器象征着他作为执法官的权威。

随着黑尔的财富和权力日益膨胀,政客们趋之若鹜,纷至沓来,因为他们深知,如果不争取到黑尔的垂青,根本无法赢得选举。因为在努力程度及才智心机方面让对手难以望其项背,黑尔树敌颇多,其中不乏盼其死而后快者。"有些人的确对他恨之入骨。"黑尔的一位朋友

28

威廉·黑尔在从事牛仔工作期间参加套马比赛

改头换面后的黑尔与自己的娇妻爱女

坦言。但在莫莉·伯克哈特等人眼中，黑尔则是奥色治郡最大的善主。在石油财富滚滚而来之前，是他捐资慈善，兴建学校医院。因为还兼具牧师之职，所以黑尔喜欢在信尾签上"黑尔牧师"（Rev. W. K. Hale）的名头。一位当地医生曾言："我记不清有多少病人是在他的踊跃资助下得到救治，也记不清有多少饥民是在他的慷慨捐赠下得以糊口。"后来，黑尔在写给一位印第安部落头人副手的信中这样说道："有生以来，从未像在奥色治这里那样收获如此多的挚友……我将一如既往，成为奥色治人的真正知己。"在这片最后的北美边疆之地，黑尔被尊称为"奥色治众山之王"。

　　黑尔经常来莫莉家接欧内斯特。安娜下葬后不久，他再次出现，向莫莉及其母亲致以哀悼，并发誓为安娜讨个公道。

　　黑尔凭借他极度的自信，以及对于白人世界潜规则的驾轻就熟（他经常佩戴一枚镶满钻石的共济会胸针）高调介入此案，虽然他在谋杀调查中没有形式上的分工，但这似乎无关紧要。黑尔始终毫不掩饰自己对于安娜的好感——"我们可是知己"，他说道——莫莉看见黑尔在拥别欧内斯特时，曾信誓旦旦地表示，无论是谁谋杀了莫莉的姐姐，都将彻查到底。

　　参与验尸的陪审员，与奥色治郡检察官一道，继续对安娜被谋杀一案开展调查。安娜葬礼结束后不久，莫莉前往费尔法克斯出席相关听证。当时，负责处理美国政府与印第安部落关系的"美国内务部办公室"——后来更名为"印第安事务局"（Bureau of Indian Affairs）——派驻奥色治地区的工作人员，此前便与莫莉相识，他曾谈到，"莫莉愿意尽一切努力，将元凶绳之以法"。当局为她提供了一名翻译，但莫莉却断然拒绝，选择自己用小时候从修女处习得的简明英语表达看法。

　　莫莉向陪审员描述了安娜最后一次来到自己家时的情景，并告知安娜离开的时间已是日落时分。在后续的听证过程中,一位政府官员询问道:"她是怎么离开的?"

"坐车走的。"

"和谁一起?"

"布赖恩·伯克哈特。"

"你注意到他们朝哪个方向走了?"

"费尔法克斯。"

"除了布赖恩和安娜,车上还有其他人吗?"

"没有,只有布赖恩和安娜……"

"此后你又再次见过活着的安娜吗?"

莫莉稍微整理了一下情绪,回答道:"没有。"

"在安娜的尸体被发现后,你去看过?"

"是的。"

"从你最后一次见到安娜和布赖恩·伯克哈特一道离开你母亲处,到发现安娜的尸体,中间隔了多长时间?"

"五六天。"

"你是在哪儿看到的尸体?"

"在牧场……就在那里。"

调查过程中,尽管莫莉看起来非常积极地回答所有问题,确保不遗漏任何信息,但治安法官和陪审员却并未提问太多,或许是偏见使然——他们所面对的只是一位奥色治族妇女。合议庭倒是对布赖恩·伯克哈特追问了不少,毕竟坊间早已议论纷纷。无论如何,安娜失踪前,他是最后被目击与她一同出现的人。

布赖恩并不像他的兄弟(同时也是莫莉的丈夫)欧内斯特那般相貌出众,而是看起来有些冷冷的味道。他的眼神沉静得令人不安。黑尔有一次抓到自己的外甥偷牛,为了给他留个教训,曾起诉过布赖恩。

奥色治郡检察官就布赖恩搭载安娜回家一事展开询问:"你带安娜离开后,去了哪里?"

"镇上。"

"当时几点?"

"大约五点或四点三十分。"

"此后你没有再见过她?"

"没有,先生。"

此时,郡检察官停顿了片刻,继续问道:"你肯定?"

"是的,先生。"

后续听证过程中,欧内斯特也接受了询问。一位执法官员咄咄逼人,逼问他对自己兄弟的看法:"你是否明白,他是最后被目击与这个女人安娜·布朗在一起的人?"

"明白。"欧内斯特答复,同时补充道,布赖恩告诉自己:"他把安娜送回了家。这就是他的说法。"

"你是否相信这种说法呢?"

"相信,先生。"

首次听证后,布赖恩遭到官方羁押,但让莫莉倍感沮丧的是,他们还将欧内斯特关了起来,理由是试图掩盖自己弟弟的罪行。但很快,两人便重获自由。除了在安娜失踪前曾经和她在一起,没有任何其他证据能够证明布赖恩有罪。当欧内斯特被问及他是否掌握任何导致安娜被杀的有价值信息时,他表示没有,同时补充道:"我并不了解她是否有仇敌宿怨,抑或曾惹恼过谁。"

与此同时,杀手来自保留地之外的说法开始逐渐占据上风。曾几何时,敌对部落之间在大草原上捉对厮杀,但时至今日,敌人变成了列车劫匪、江洋大盗及其他亡命之徒。《禁酒法案》催生的有组织犯罪,

1923年,执法人员在奥色治郡查获私酒作坊

更让这片土地上的人民痛感法律失效之苦,用一位历史学家的话来说:"美国有史以来犯罪最为猖獗的温床。"而美国境内,没有哪里秩序之崩坏堪比奥色治郡,在这里,此前一直维系社会运行的不成文法——传统——早已土崩瓦解。根据某种计算,石油带来的收益,甚至早已超越西部淘金潮时期创造的财富总和,巨大的财富吸引了全美上下各色人等纷至沓来,颇有泥沙俱下之势。一位美国司法部官员就警告称,奥色治山麓地带藏身的逃犯数量之多,"超越全州任何郡县,乃至全美任何一州"。其中之一,便是惯盗欧文·汤普森(Irvin Thompson),江湖人送绰号"老黑",他之所以如此得名,或许是因为皮肤黝黑(具有四分之一切诺基族印第安人血统),抑或是因为心肠黑:有执法者将他形容为"我经手过的最残暴之徒"。相比之下,更为臭名昭著的是艾尔·斯宾塞(Al Spencer),即所谓的"恐怖幽灵",正是这个家伙实现了亡命匪徒从策马狂奔到夺命飞车的历史性跨越,并借此顶

艾尔·斯宾塞匪帮成员开玩笑"抓获"自己的同党

替了杰西·詹姆斯(Jesse James),成为当地首恶。《亚利桑那共和报》(*Arizona Republican*)在谈及斯宾塞时表示,"心理扭曲,病态地喜欢冒险",从而迎合"这个国家某些人对于虚假偶像的盲目崇拜"。而他所领导的匪帮,成员包括迪克·格雷格(Dick Gregg)以及诨号"果冻"的弗兰克·纳什(Frank "Jelly" Nash),都是当时令人闻之胆寒的亡命匪徒。

关于安娜之死,更为耸人听闻的解说,是杀人者像披着羊皮的狼那样潜伏于人群中。莫莉等人开始将怀疑的目标锁定在安娜的前夫奥达·布朗身上,他虽然通常以商人自居,却几乎永远都在闹饮欢宴。现在回想起来,葬礼时布朗的心痛欲绝显得有些太过戏剧性。一位探员在笔记中这样记载道:"这或许是发自内心的伤悲……或许仅仅是在做戏。"安娜和他离婚后,事实上剥夺了前夫的继承权,而将自己的财产全部留给了母亲莉齐。葬礼结束后,布朗曾聘请律师质疑安娜遗嘱的有效性,但最终未果。这位探员断定,布朗"绝非善类,为了钱,可以无所不用其极"。

葬礼过去数周后,一位在堪萨斯州因为伪造支票被捕的罪犯致信弗里亚斯警长,声称自己掌握有关安娜谋杀案的关键情报。"尊敬的阁下,"他写道,"鄙人希望能够为您提供些许助益。"但他拒绝在信中透露具体细节。接到这一消息,警长随即派出了媒体笔下的"特快囚车"。黑尔从此前安插的耳目处第一时间了解到案件出现突破,便连忙赶往监狱。讯问过程中,这位二十八岁的年轻人显得有些坐立不安,他声称布朗曾经支付8000美元,雇自己杀害安娜。同时,他还描述了如何向安娜的头部开枪,然后拖着死者的胳膊,将她拉到溪流岸边。

招供后不久,一组执法人员便突然出现在于波哈斯卡谈生意的布朗面前,将其逮捕。《波哈斯卡大字报》的通栏标题称,"杀害安娜·布朗的凶手认罪"。报道进一步透露:"死者的前夫奥达·布朗也遭逮捕。"在奥达·布朗需要为安娜的谋杀负责的现实面前,莫莉及家人伤心欲绝,但想到可以让其面对审判,以及有可能用绞刑架或电椅为安娜讨回公道,又多少感到宽慰。然而,不过数日,当局便讪讪承认,对于伪造支票的家伙所作供述,并无任何证据加以支持——既没有案发时他身处奥色治郡的证据,也没有布朗曾经与之联系的证据。当局除了释放布朗,别无他法。"谈了很多,"报道援引警长的话,"但必须要用证据说话,空口无凭不顶用。"

和很多当地官员一样,奥色治郡检察官之所以能够当选,也需要在很大程度上感谢黑尔的支持。身为律师,首次竞争这一职位时,就有幕僚敬告他,想要如愿,必须获得黑尔的支持。因此,他曾数次造访黑尔的牧场,但遍寻不到黑尔。最后,有一位牛倌向他透露:"如果你想要见到黑尔,就必须早点来牧场,我的意思是,必须非常早。"于是,凌晨三点，这位律师将自己的福特 T 型车停在牧场内，然后坐在车里打盹。不久，他就被敲车窗的声音惊醒，有人满脸愤怒地质问他为什么侵入私人领地。此人正是威廉·黑尔。律师说明原委，黑尔发现自己原来认识此人父母，并曾在一场暴雪中得到这对夫妇的照顾，遂满口答应，支持其竞选。律师的一位幕僚评价，黑尔"绝对不打虚言诳语，言出必行"。选举当天，这位律师果然在奥色治郡选区所向披靡。

黑尔一直和这位检察官过从甚密，并曾就安娜被谋杀一案，与他及其他官员开会密商。最终，检方决定再次开棺，寻找安娜尸检时消失不见的弹头，并向法院申请了开棺令。大山商贸公司老板斯科特·马西斯作为黑尔及莫莉的旧交，被要求负责监督这项可怖的任务。他带着手下的入殓师以及一位掘墓人，前往墓地。安娜墓穴上方的青草，尚未来得及吐出新芽。这些人开始用铁锹翻动新冢上的浮土，下探后，再次将原本银白色的棺椁取出，并强行撬开了已变得污黑的棺盖，一股污浊的气息——死亡的味道——瞬间充盈四周。

曾进行首次尸检的肖恩兄弟现身墓前，再次搜寻弹头的影踪。只不过这回两兄弟戴上了手套，还拿出了一把剁肉刀，将安娜的头部剁成了"灌香肠用的肉泥"，但依然一无所获。弹头，不知所踪。

到了 1921 年 7 月，治安法官终止了自己主持的调查工作，宣布安娜·布朗"死于不明身份者之手"，这一结论与围绕怀特霍恩的死亡调查如出一辙。他将为数不多的证据悉数锁在了自己的办公室里，以备将来可能出现其他证据时再做安排。

也是在这一时期，莉齐——一度和莫莉一样，对破案充满热情，信心满满——病入膏肓。每天，她的病情似乎都在恶化，身体似乎都变得更加脆弱。看起来，她罹患的似乎就是曾经吞噬明妮生命的"特异类型的消瘦症"。

病急乱投医。莫莉求助于奥色治族的巫医,让其在东方天际残红如血时颂唱神曲;她还找了新式的西医,例如拎着装有神秘药水的黑色皮包的肖恩兄弟。但均不奏效。莫莉衣不解带,日夜陪在母亲——这位部落传统生活方式最后的恪守者——床前。莫莉虽然没有办法给母亲治病,但可以端茶送饭,可以为母亲梳理那头低垂下来的银白色美丽长发;母亲那张棱角分明、颇具表现力的面庞,现在依然气韵不凡。

七月的一天,距安娜遭谋杀尚不足两个月,莉齐停止了呼吸。莫莉无力回天。莉齐的魂灵,最终被主耶稣,以及万能的"瓦空大"召唤。莫莉不胜伤悲。如一段奥色治族清晨祈祷词所言:

> 请给予我怜悯,伟大的神!
> 如您所见,卑微的我泪满衣襟。
> 请让我不再伤悲,舒缓身心。

莫莉的妹夫比尔·史密斯是最早产生警觉的人之一,毕竟莉齐辞世的时间点非常微妙,几乎是在安娜及怀特霍恩遭遇横祸后接踵而至。就像一头碰得头破血流的斗牛犬,对于官方调查心灰意冷、深感绝望的比尔,决定开始自行调查。和莫莉一样,他也对莉齐不明不白罹患疾病倍感震惊,没有医生能够搞清楚具体病因。实际上,没有人能够弄明白令她死亡的自然原因。随着跟医生和探员的频繁接触,以及调查的逐渐深入,比尔愈发坚信,莉齐之死实属蹊跷,存在惊天内幕。同时,比尔断定,某种程度上,三人之死均与奥色治地下蕴藏的"黑金"存在内在关联。

4　地下宝藏

　　一夜暴富。钱来得太快、太猛、太突然。发现石油时,莫莉刚刚十岁,也因此亲眼目睹了此后的疯狂。但正如部落长老向莫莉他们口口相传的那样,奥色治人拿到这片富含石油的土地的曲折历史,需要追溯到十七世纪,当时,奥色治族印第安人主张,整个美国中部地区,全部应当是自己的属地,其范围涵盖从今天的密苏里、堪萨斯直到俄克拉何马一带的广袤地区,并一路向西,延伸至落基山脉。

　　1803 年,托马斯·杰斐逊(Thomas Jefferson)总统从法国手里购得路易斯安那,而其中便包括奥色治族世代生息的土地。杰斐逊曾对自己的海军部长坦言,奥色治族是一个伟大的部落,"我们必须言行得体,因为在人家的一亩三分地,我们的力量弱得可怜"。1804 年,奥色治各部落头人组成的代表团,在白宫拜会杰斐逊。后来,总统告诉自己的海军部长,平均身高超过六英尺的奥色治族勇士,"乃是我们见过的最精壮的男人"。

　　会晤时,杰斐逊在讲话中将头人们称为"我的孩子们",同时表示:"吾辈之先祖,很久之前踏波而来,但因为年代太过久远,这段经历早已被我们所淡忘殆尽,我们和你们一样,都认为自己生养自这片沃土……我们,现在是一家人。"他继续说道:"回去后,请告诉你们的人民,本人谨在此举手发誓,从此之后,本人便是汝辈之父兄,国家便是汝辈之靠山。"

但仅仅四年后,杰斐逊便迫使奥色治人放弃了阿肯色河(Arkansas River)以及密苏里河(Missouri River)之间的大片土地。奥色治族头人表示,自己的人民"别无选择,或者签约割地,或者与国为敌"。随后的二十余年里,奥色治族印第安人被迫放弃了世代繁衍生息的约 1 亿英亩土地,最终在堪萨斯州西南约 50 英里乘 125 英里的狭小区块内,觅得最终栖身之所。也正是在这里,莫莉的父母长大成人。

莫莉的父亲生于 1844 年,奥色治族名字的发音为"内卡艾瑟"(Ne-kah-e-se-y)。当时,奥色治族的年轻男子,通常情况下会穿着飘荡流苏的鹿皮绑腿,足登被称为"莫卡辛"的软皮平底鞋,腹裹腰布,袒胸露背,剃光头,仅留一条从前额纵贯脖颈的钢直鬃发,宛如斯巴达勇士的头盔上凸起的鸡冠顶。

和其他部族勇士一样,内卡艾瑟也要参与战斗,抵御外敌的进攻,投身杀敌前,他总是会用泥炭将自己的面庞涂黑,同时向"瓦空大"祈求神意,以确定是否到了——用奥色治人的话来说——"让敌人血染沙场"的时候。随着年岁的不断增长,内卡艾瑟在部落内的地位也变得日益显贵。生性睿智且心思缜密,他能在做出行为选择前审时度势。多年之后,当这个印第安部落首次创建自己的司法系统时,内卡艾瑟也跻身三位法官之列。

莉齐也在位于堪萨斯境内的保留地长大成人,同时需要通过种植玉米,以及到很远的地方拉木头,帮忙贴补家用。她也穿着一双莫卡辛鞋,打绑腿,穿布裙,肩上披着一条毛毯。同时,她还将自己中间的头发涂成红色,以象征太阳运转的轨迹。一位负责印第安事务的官员后来回忆称,莉齐"十分勤劳",且"为人品性甚好"。

莉齐与内卡艾瑟年轻时,需要一年两次跟家人及其他族人一道,收拾起简陋的家当(衣服、床具、毯子、餐具、干肉以及武器),将其捆在马背上,然后出发,踏上历时两个月的神圣之旅——狩猎野牛。一旦先头派出的探子发现牛群,内卡艾瑟和其他猎人就会策马掠过原野,奋激的蹄声敲打地面,宛如擂响了隆隆战鼓。迎风散起的马鬃,不断拍打着骑手们满是油汗的面庞。1840 年,一位曾伴随印第安部落狩猎的法国籍医学生这样谈道:"逐猎残酷无情……一旦野牛被猎人赶超,就会马上掉头狂奔,如此往复……最终还是被猎人撵上的野牛变得越发狂躁,开始直接向敌人冲去。"

这个时候,内卡艾瑟会十分冷静地弯弓搭箭,在奥色治族人看来,这种武器远比火枪子弹更为有效。野牛一旦被射成重伤,这位医学生后来回忆,"就会口喷鲜血,屈膝倒地"。之后,牛尾被斩下,作为猎手的奖赏,其余的部分也丝毫不会浪费:牛肉晒成肉干,牛心被熏制,牛肠用来制作香肠。野牛脑部的油脂将被涂抹到牛皮背部,最终将其鞣制成衣袍或搭建帐篷的皮料。除此之外,还有其他可以收获的部分:牛角制成骨勺,牛筋制成弓弦,牛脂用来点燃火把。当一位奥色治头人被问及为何不尝试接受白人的生活方式时,他回答道:"对于目前的状况,我颇为满意。森林、河流能够充分满足我们的自然需求。"

美国政府曾向奥色治人保证,他们可以世代使用在堪萨斯的保留地。但此后不久,这些印第安人就被白人定居者"重重包围"。其中,就包括后来基于自己亲身经历撰写《草原上的小木屋》(*Little House on the Prairie*)的劳拉·英格斯·怀尔德(Laura Ingalls Wilder)及其家人。"妈,为什么你不喜欢印第安人呢?"在故事中,劳拉这样问自己的母亲。

"我只是不喜欢他们而已。劳拉,不要舔手指。"

"这就是印第安地区了,对吗?"劳拉问道:"如果你不喜欢他们,那我们为什么要到这里呢?"

一天晚上,劳拉的父亲向她解释,政府很快便会让奥色治人搬离:"这就是我们来这儿的原因,劳拉。白人将在这片土地的每个角落定居下来,如果能够最先赶到,我们就可以选到最好的土地。"

尽管在书中,英格斯一家最终在士兵的强制下离开了大草原,但还是有很多鸠占鹊巢者使用武力抢占印第安人的土地。1870年,被从定居点赶出来,甚至连祖坟都被洗劫一空的奥色治人,被迫同意以1英亩1.25美元的价格,出卖位于堪萨斯的土地。即便如此,迫不及待的定居者依然数次对奥色治人大开杀戒,甚至肢解尸体、剥光头皮。一位负责印第安事务的官员慨叹:"事实不证自明,到底谁才是野蛮人。"

奥色治族被迫寻找新的落脚地。他们讨论是否应从切诺基人手里购买150万英亩现在被称为"印第安属地"的土地,对于很多被迫背井离乡的印第安部族来说,这片位于堪萨斯南部的区域,已经是"眼泪之路"(Trail of Tears)的终点所在。虽然当时尚属无人区的奥色治面积甚至超过特拉华,但在大多数白人眼中,这里"土地支离破碎,多石贫瘠,不适农耕",如一位印第安事务专员所称。

这也是为什么一位名为"瓦提安卡"(Wah-Ti-An-Kah)的奥色治族头人,在部族大会上发言时宣称:"我们的人民对这片土地感到十分满意。白人没有办法在这里开犁,因此永远都不会踏足这片土地。这里群山遍布……而白人不喜欢多山的土地,因此绝对不会占据此地。"他继续说道:"如果我的族人再向西,在哪怕只有立锥大小的平坦地区定居,很快就会有白人前来宣称,'我们想要这块地……'马上,土地便将易主,奥色治人也将无家可归。"

于是,奥色治人以每英亩70美分的价格购买下了这片土地,并于十九世纪七十年代早期,开始了背井离乡的流亡之旅。"四周满是老人的哀嚎,尤以老妇为甚,这些老妇在子女的墓前踌躇流连,此去,便是永别。"一位目击者如是说。抵达新的保留地后,奥色治人创建了若干定居点,其中规模最大的当属波哈斯卡。在这里,印第安事务办公室选定一处陡坡顶部,用砂岩营建起了派驻办公室。西去不远的灰马镇,开始只有屈指可数的几处窝棚,1874年结为连理的莉齐和内卡艾瑟,便是定居于此。

接二连三的被迫迁徙,以及诸如天花之类的"白人病",夺走了很多印第安人的生命。根据一项统计,奥色治族人口锐减至三千人左右——仅是七十年前的三分之一。一位印第安事务专员曾这样报告:"残存的这点人,便是当年雄霸这片广袤土地的英勇民族的全部骨血。"

位于新保留地的奥色治族聚居地

尽管奥色治人依然狩猎野牛，但他们所追逐的已不仅是食物，更是过往的辉煌记忆。"宛如生活在过去，"一位伴随其活动的白人贸易商这样回忆，"一群老男人围坐在篝火前，意兴阑珊地讲述各自经历的作战或狩猎故事。"

1877年，事实上已再无野牛可猎。大肆鼓励定居者猎杀这种动物的美国政府，对此推波助澜，而其目的，正如一位美军军官所言，"每少一头野牛，就会少一个印第安人"。对于印第安部族的政策，也从容忍，转变为强制归化。驻地官员费尽心机，让奥色治人养成去教堂、说英语、穿衣服、种庄稼的习惯。美国政府虽然需要承担每年向奥色治人支付出售堪萨斯土地价款的义务，但坚持要等到像内卡艾瑟这样有劳动能力的人转而从事农耕后再行履约。甚至，政府方面只同意以衣裳口粮等实物支付地价。一位奥色治部落头人抱怨："我们可不是应该被饲喂的狗。"

因为无法适应白人所使用的农业科技，加之野牛濒临绝迹，奥色治人开始面临饥荒的威胁，瘦骨如柴，仿佛随时都可能破肤而出。很多印第安人活活饿死。包括瓦提安卡在内的奥色治族代表团，急迫希望能够造访华盛顿，向印第安事务委员会负责人陈情，要求废除口粮分配制。根据约翰·约瑟夫·马修斯的记述，代表团成员全都披上了最好的毯子，打上了最漂亮的绑腿，但瓦提安卡几乎将自己全身都裹在了一条红色的毛毯里面，露出的两只眼睛，仿佛是燃烧着整个血泪史的幽深黑井。

代表团抵达负责人的办公室，静候多时。姗姗来迟的负责人露面后，告诉翻译："请告诉这些先生们，本人非常抱歉，现在另有他约——十分过意不去，刚刚才想起这码事。"

就在负责人抬腿想溜之际，瓦提安卡在门口拦住去路，同时解开了身上披着的毯子。他通体赤裸，仅围了腰布，足登莫卡辛鞋，而他脸上的图绘,仿若他随时要走上战场。"他矗立在那里,像极了黑暗森林中的大神。"马修斯写道。

瓦提安卡对翻译说道:"告诉这个人,让他坐下。"负责人照办后,瓦提安卡继续说道:"我们不远千里前来,有要事相商。"

负责人表示:"可以肯定,这个家伙并不知道如何行事——赤身露体地闯入本人办公室,脸上还鬼画符,仿佛随时都要开战,显然还未开化,估计连怎么花钱都不会。"

瓦提安卡针锋相对,声称自己丝毫不以袒露自己的身体为耻。在他和其他

奥色治族部落头人——瓦提安卡

代表持续施压的情况下,印第安事务委员会负责人不得不同意,废除口粮分配制度。这时,瓦提安卡披上毛毯,说道:"告诉此人,现在没有问题了——他可以离开。"

和部落当中很多族人一样,莫莉的父母试图捍卫自己的习俗。起名,是奥色治族最为重要的传统仪轨之一,只有被赋予名讳,才会成为被部落所承认的"人"。生于1886年12月1日的莫莉,奥色治

族名为"瓦空塔何姆帕"(Wah-kon-tah-he-um-pah),她的姐妹也都与此类似:安娜的族名是"瓦哈拉卢姆帕"(Wah-hrah-lum-pah),明妮的族名是"瓦沙西"(Wah-sha-she),丽塔则被称为"莫塞莫伊"(Me-se-moie)。

随着定居者纷至沓来,保留地的文化融合进程变得越来越快。这些定居者看起来既不像奥色治族,更不像夏延族或波尼族印第安人。他们的身体污秽不堪,精神近似绝望。例如,单骑而来的威廉·黑尔,衣衫破烂,出身成谜。即便像黑尔这种与奥色治人关系密切的白人定居者,也认为走白人的道路乃是必然,奥色治人如想生存,别无他选。他想改变的,或许不仅仅是自己,还有这片土地的命运,跨越这片原野上横亘的藩篱,建设由贸易据点及城镇连接而成的社会网络。

十九世纪八十年代,一位将奥色治地区形容为"众神之地"的堪萨斯拓荒者约翰·弗洛尔(John Florer),在灰马镇设立了首个贸易据点。莫莉的父亲内卡艾瑟,十分喜欢在贸易据点的背阴处流连驻足,间或向其销售兽皮,莫莉也借此结识了贸易商的儿子,这也是她首次见到的少数几位白人之一。在莫莉看来,这些人的皮肤,白如鱼肚。

贸易商的儿子保存的日记中,记载了莫莉及其家人遭遇的深刻变革,尽管这些都是被一笔带过,仿佛新增加的商品门类一样。他谈到,有一天,一位贸易商突然开始称呼内卡艾瑟为吉米。不久,其他白人贸易商便都开始这样称呼莫莉的父亲。"与此类似,他经常来商店的女儿,也因此获得新名。"贸易商的儿子写道。正因如此,瓦空塔何姆帕变成了莫莉。

约翰·弗洛尔位于灰马镇的商店

莫莉跟自己的母亲一样，打绑腿，穿莫卡辛鞋、短裙和罩衫，披毛毯，在木屋的地板上和衣而睡，从事繁重的杂务。偶有片刻偷闲，她也会安享幸福时光：跳跳部落传统舞蹈，尝些好吃的，在溪水中打水仗，坐观男人们策马在如翡翠般嫩绿的草原上追逐。如那位贸易商之子记录的一样，"这些挥之不去的回忆，如同一个已然

莫莉的父亲（右）光顾约翰·弗洛尔的商店

消散的梦境,而其所呈现的神秘奇幻,在作为孩子的莫莉内心,始终萦绕"。

1894年,七岁的莫莉被父母告知,需要进入在波哈斯卡开办的寄宿制天主教女校——圣路易斯学校——就读。从灰马镇到那里,乘坐马车需要走上足足两天。一位印第安专员曾这样说道:"必须让印第安人按照白人的方式生活,如果情愿,就来软的;如果不情愿,就来硬的。"

莫莉的父母遭到警告,如果不这样做,政府方面就将停发年度津贴,从而让整个家庭无米下锅。这样一来,三月的一个清晨,莫莉被带出家门,塞进一辆马车。在和车夫赶往保留地中心城镇波哈斯卡的时候,莫莉看到,自己心目中仿佛已经是世界尽头的灰马镇,逐渐消失在视野中,映入眼帘的,最后只剩下淡淡的炊烟,逐渐融入天际。而她的面前,一望无际的原野,延伸到地平线,宛如远古的海床,毫无人烟。莫莉仿佛一步迈出了这个世界,套用薇拉·凯瑟(Willa Cather)的话来说,"跌落凡尘"。

时间一分一分流逝,路程一里一里累积,在车里摇来晃去的莫莉,跨越了尚未开化的空旷荒野。最终,光线开始暗淡,马夫和莫莉不得不停下脚步,就地宿营。当太阳沉入原野尽头,犹如血洗一般的天空,随即变黑,唯有朗月繁星,才能冲淡浓得化不开的黑。奥色治人认为,自己正是月神和星神的后羿。莫莉仿佛也变成了"破雾旅者"。周围笼罩着的夜,力沉似海,可以聆听,但却遍寻不到。无论是草原狼的低鸣高吠,还是猫头鹰的瘆人呼号,似乎都像老话里所讲的那样,承载着邪恶的魂灵。

翌日,色彩单一的原野,逐渐让位于森林覆盖的山麓。莫莉和车夫随着马车在起伏不定的山坡上辗转前行,穿越栎树的荫蔽与漆黑的洞穴——用一位印第安事务专员的话来说,理想的"伏击地"。(他还借着补充道:"偷偷告诉你啊……胆大妄为的匪盗会在这里为所欲为。")就这样一路跋涉,终于出现了人类居住的痕迹:一幢略显破败、涂着红漆的单层木质房屋赫然在目。这是一家奥色治人开办的贸易商店,旁边还有一家肮脏不堪的小旅店,以及门口堆满马掌铁的铁匠铺。泥泞小径也变为一条更宽阔、更破烂的大路,两边散落着一些贸易商店,门口大多设有参差不齐的垫路木板,以便让顾客免于陷入内藏危险的烂泥,以及帮助其上马。饱经风霜的照片,看起来随时都会被风吹落在地。还有一些商店外墙图绘了欺骗眼球的假冒二楼,从而营造出规模宏大的气势。

莫莉业已抵达波哈斯卡。尽管这座保留地的首府看似规模有限、凋敝不洁("只是一座满是烂泥的小型贸易据点",一位造访者曾这样形容),但却是莫莉生平见过的最大聚落。她被带至距此一英里之遥的一座气势逼人的四层石制建筑——圣路易斯学校——交给身着黑白长袍的修女照顾。莫莉走进学校的前门——马修斯曾将另外一所奥色治地区的寄宿制学校大门形容为"张开的黑色大嘴,远胜夜猫的血盆大口"——穿越凉风习习、有如迷宫的廊道,夜色中,煤气灯飘忽闪烁。

莫莉不得不从肩上摘下印第安毛毯,换上素色的衣衫。她被要求不得使用奥色治语,必须鹦鹉学舌般模仿白人的腔调,同时手上还被塞进了一本《圣经》,其中对于世界的描述,她前所未闻:"神说:'要有光。'就有了光。神看光是好的,就把光暗分开了。"

每天,时间都被严格分配,学生们必须列队,才能从一个地方移动到另外一个地方。他们需要学习钢琴、书法、地理、算数。总之,整个世界都被浓缩为怪模怪样的新奇符号。所有的教学安排,旨在让莫莉融入白人社会,将她转变为当局意念中的标准女性。因此,当奥色治族男孩子在其他学校学习农耕及木匠活时,莫莉则在接受"家务女红":

缝纫、烹煮、洗衣以及打扫卫生。"绝对不能低估让印第安女孩接受精心训练的重要性,"一位美国政府官员如是说,他还认为,"如果只是男人勤劳肯干,通过自己的劳动为家人提供衣食,但妻子不善厨艺,不谙缝补,不好整洁,让本来应当欢声笑语的美好家庭变成了污秽肮脏之所,这一切又有何用?顽固坚持异教迷信,同时还将其灌输给下一代的,正是这样的妇女。"

很多在莫莉所在学校寄宿就读的奥色治族学生试图逃跑,但遭到执法人员骑马追赶,最终悉数被捆绑着拖了回来。莫莉每年八个月在学校,当她返回灰马镇时,注意到越来越多的奥色治族女孩不再身披印第安毛毯,不再穿着莫卡辛鞋,男孩子们也将腰布换成了裤子,不再佩戴头带,转而选择宽檐帽。很多学生开始因为父母不懂英文、固守传统而感到难堪。一位奥色治族母亲在谈及自己的儿子时,这样说道:"他根本听不进去我的话。"

莫莉被强制就读圣路易斯学校

莫莉一家，不仅跨越了两个世纪，还跨越了两种文明。这个家庭所面临的压力，随着十九世纪九十年代后期美国政府强化原住民归化运动而变得愈发严峻起来。根据这项政策，整个奥色治保留地将被划分为160英亩的区块，每位部落成员分得其中的一块，剩下的土地则向外来的定居者开放。这项早已对其他印第安部落推行的政策，旨在终结传统的公有制，将北美印第安人彻底转变为私有土地的业主，当然，绝非意外，这也导致更容易从其手里攫取土地。

奥色治人眼睁睁目睹了保留地西邻的切诺基部族推行分地政策后发生的一切：美国政府从切诺基人手里买下这片广袤的河口原野后，于1893年9月16日午时宣布，任何一位定居者，不论性别，均可主张被其划分出来的42 000份土地的其中之一，先到先得！竞逐之日开始前数天，成千上万的男人、女人甚至孩子，从各地赶来——其中有些甚至来自遥远的纽约及加利福尼亚——开始在竞逐的土地外围聚集。衣衫褴褛、肮脏不堪、歇斯底里的人们漫山遍野，宛如一支即将自相残杀的乱军。

最终，在当局开枪击毙了若干想在竞逐开始前便抢先越界的"腿快者"后，竞逐正式发令——"这种跑马圈地之举，堪称史无前例，闻所未闻"，一份报纸这样报道。一位记者描述："奔向前方的同时，男人们开始互殴，直到将对方击倒在地。女人们则尖叫着，甚至当场晕厥，任由他人践踏，甚至可能被踩死也说不定。"报道还称："原野上，到处都是男人、女人以及马匹。不时可见人们为争夺谁才是先来者而以命相搏，刀斧相向——此情此景，令人发指，亦令人血脉贲张，非笔墨所能形容……这是一场人人为己、胜者为王、败者遭殃的残酷血拼。"夜幕时分，切诺基河谷被彻底瓜分完毕。

1893年的"跑马圈地"

因为奥色治族的土地属于此前购得,美国政府推行分地政策的难度较大。这个印第安部族,在堪称其有史以来最伟大领袖之一的头人詹姆斯·比格哈特(James Bigheart)——掌握法语、英语、拉丁语以及苏语(Sioux)等七种语言——带领下,想方设法迟滞分地进程。但压力与日俱增。西奥多·罗斯福(Theodore Roosevelt)扬言,拒绝分地的

印第安人下场堪忧,"让这些家伙,像不肯工作的白人一样,从其苟活的世上彻底消失"。

到了二十世纪初,比格哈特和其他奥色治人愈发感觉到,诚如一位政府官员所言,"山雨欲来风满楼"。美国政府计划将印第安人保留地加以肢解,纳入到新成立的俄克拉何马州——在乔克托族的语言中,

52　"俄克拉何马"意味着"红种人"。比格哈特此前曾成功迟滞政府的图谋达数年之久,使得奥色治族成为印第安各部族中最后面临分地的一支,也因此让他们在面对急于拔掉这最后一根刺的政府官员时,获得了更大的话语权。1904 年,比格哈特指派一位踌躇满志的年轻律师——约翰·帕尔默(John Palmer)——横穿北美,以"切实把握华盛顿方面的真实动向"。这位白人贸易商与苏族印第安妇女所生的孩子,幼时便沦为孤儿,后被一户奥色治家庭收养,成人后迎娶了奥色治族新娘。曾有一位俄克拉何马州选出的联邦参议员将帕尔默称为"当世最能言善辩的印第安人"。

此后数月间,比格哈特、帕尔默以及其他部落代表,就分地的条款细节与政府官员持续磋商。奥色治族最终说服政府接受只在部落内部进行土地划分的观点,将每位族人的应得份额从 160 英亩增加至 657 英亩。此举旨在避免在奥色治族属地内再次上演疯狂的"跑马圈地",当然,白人可以尝试从奥色治人那里购买土地份额。奥色治族还想办法将当时看来颇为"另类"的一个条款塞进协约:"地下蕴藏的油、气、煤及其他资源……也因此属于本奥色治部落所有。"

当时,奥色治部落了解到,保留地范围内蕴藏着一些石油储量。此去十余年前,就有印第安人带着灰马镇贸易商店老板约翰·弗洛尔去保留地东部一条溪流,观察河水上漂浮的宛如彩虹般的彩色光带。这位奥色治族印第安人当时还用自己的毯子蘸取了少许此类物质,并挤到了一个容器当中。弗洛尔认为,这种液体的味道,跟自己商店所销售的车轴润滑油十分类似,遂赶忙赶回镇上,将采样交给其他人求证,最终确证了自己的猜测:这是石油。在得到部落批准的情况下,弗洛尔联合一位富有的银行家,获得租约,开始在保留地从事钻探工作。

当时,没有多少人意识到,这个印第安部落就坐落在金山之上,但在分地协议签订之际,已有几座小油井投入运营。精明的奥色治人成功地把握住了这片土地上的最后一片天——一片闻所未闻、见所未见的广阔天空。1906年分地法案各条款逐一达成合意之后,帕尔默曾向美国国会不无炫耀地谈道:"是我一个字一个字写出的这份奥色治协议。"

跟其他位列奥色治人名单的乡亲一样,莫莉及其家人都得到了按人头分配的权益——特别是对于部落矿产信托基金的分配权。一年后,随着俄克拉何马作为第四十六个州加入美利坚合众国,部落成员也开始能够将其手里位于现在被称为"奥色治郡"的土地出手交易。但为了将矿产信托基金控制在部落手里,任何人不得买卖人头权,此项权属只能继承。这样一来,莫莉及其家人便成为首个地下资源所有权权利人群体的成员。

很快,奥色治部落便将开采区域分包给越来越多纷至沓来的开采者。莫莉亲眼看到工人忙成一锅粥——制造工具、捆绑索具、给驴剥皮、包工带队……将装满硝酸甘油的炸药桶埋入地下后,这群浑身污渍的工人,便会将其引爆,偶尔还会将深埋地下的印第安先祖所使用的箭头或矛尖一同轰向天空,之后,再一脸茫然地盯着这些远古遗迹看个不停。这些人所搭造的木质建筑,宛如庙宇般直冲天际,而他们所使用的也都是一些俚语俗话:"动起来,你个三脚猫,赶快动起来,把这些东西装在挂钩上面,你个混蛋。太高了,给我放下来,你个混蛋。用拖把堵上,出来了,拿块板子。"很多投机分子因为挖出的是俗称的"达斯特"(Dusters)——干枯的油井——最终不得不卷铺盖走人,血本无归。一位奥色治人如此评价这些白人:"所言所行,看起来就好像见不到明天的太阳一般。"

工人在奥色治境内钻取石油

二十世纪初,一位来自明尼阿波利斯(Minneapolis)的律师乔治·盖提(George Getty)开始在奥色治地区东部寻找石油,并花了500美元,拍得了第50号地块的勘探权。当时还是小男孩的让·保罗·

盖提(Jean Paul Getty)曾和自己的父亲一同前来这里。"忆往昔峥嵘岁月,"后来创建盖提石油公司(Getty Oil Company)的保罗回忆,"没有汽车,电话少得可怜,电灯更是屈指可数。虽然当时已经是二十世纪初叶,但你还是可以强烈感觉到十九世纪的强大印记。"他接着谈道:"宛如一场探险。对于此间的种种魅惑,我父母显然根本无法体会。我们经常会乘坐马车,前往距离奥色治九英里左右的第 50 号地块。路上需要花费几个小时,还需要蹚过一条河流。"在未见到印第安人之前,保罗曾这样问自己的父亲:"他们很危险?难道我们必须要把他们打跑吗?"

他的父亲闻之莞尔。"不,"他继续说道,"相反,这些人十分文静,举止平和。"

1917 年春,颇为潮湿的一天,此前靠贩卖生发灵为生的投机者弗兰克·菲利普斯(Frank Phillips)正与自己手下的工人一起,在距离第 50 号地块不足半英里之遥的第 185 号地块上工作。突然,钻井平台开始剧烈震颤,就好像有一辆火车头从旁边隆隆驶过一般。地下的钻孔里传来汩汩的轰鸣,工人们吓得四散奔逃,很快,他们的尖叫声就被巨大的咆哮声吞没。一位钻井工抓住菲利普斯,将他从钻井平台上拽开,就在此时,一股黑色的油流冲入云霄。

此后的发现一个比一个摄人心魄。1920 年,曾经穷得掏不起车费的欧内斯特·马兰(E. W. Marland)发现了美国史上最为高产的伯班克油田(Burbank)——此地仅在投产后的第一个二十四小时制工作日便收获了 680 桶原油。

很多奥色治人会在石油井喷时竞相前往,争夺最佳的观赏地点,同时确保不会引发爆燃,他们会目不转睛地看着油柱喷向五六十甚至一百英尺的高空。张开黑色的翅膀,喷涌而出的石油从井架上飞舞而出,随即便钻向天空,并未留下太多时间让人们将其与死亡天使联系起来。油雾四散,喷溅到周边的花草树木以及工人看客的脸上。即便如此,人们依然互相拥抱,将帽子扔向空中以示庆祝。分地法案通过后不久便与世长辞的比格哈特,则被尊崇为"奥色治族的摩西"。同时,这种颜色黝黑、质地黏稠、味道刺鼻的物质,俨然变身为这个世界上最为美好的东西。

5　恶魔门徒

莫莉可以用手里掌握的财富敦促白人当局追查杀害印第安人的凶手。1921年7月,莉齐去世后,莫莉的妹夫比尔·史密斯便向官方提出她或许死于慢性投毒的质疑,但事情一直拖到八月,仍然有如泥牛入海,根本无人问津。对于安娜之死长达三个多月的调查也毫无进展。为了推动调查,莫莉家发表声明,表示考虑到"犯罪之猖獗",以及"对于他人之威胁",他们决定对任何提供信息从而将罪魁祸首绳之以法的举报者,奖励2000美元现金。怀特霍恩家也为抓获杀人凶手悬赏2500美元。而积极鼓吹从奥色治地区根除犯罪的威廉·黑尔也为抓住凶手(无论是死是活)的人设定了赏金。"我们必须立即制止这种血腥的杀戮。"他提出。

此时,当地执法局势却渐趋恶化。俄克拉何马州总检察长指控弗里亚斯警长"玩忽职守",有意放纵当地的赌博及私酒贩卖行为,就在该案待审期间,双方剑拔弩张、针锋相对。有鉴于混乱的情势,黑尔宣布,是时候雇用私家侦探了。

十九世纪和二十世纪初,地方警察各自为政、缺钱少枪、无能惰怠且贪腐盛行,这便为私家侦探机构的生存提供了必要的空间。无论是在文学作品,还是在大众想象中,世事洞明的私家侦探——俗称为"无声行者"(gumshoe)、"铁路追凶人"(cinder dick)、"干探猎人"(sleuthhound)、"逐影者"(shadow)——早已取代党同伐异的警长,成为朴素正义的化身。在危机四伏的边陲之地,他们孤胆前行,出没于幽深的山谷,或者污秽的贫民窟。他们的标志,不是枪口硝烟未烬的左轮手枪,而是像夏洛克·福尔摩斯(Sherlock Holmes)一样,依靠令人瞠目的推理能力,细致入微地体察凡人无法看到的幕后秘辛,更能够整合纷乱的线索,正如一位作家所言,"将凶残的罪行——禽兽般的歹徒施暴后残存下来的一切——转化为一场解开谜题的智力盛宴"。

不过,从一开始,对于私家侦探的迷信,就夹杂着很大程度的厌恶与反感。这些人往往从未接受过系统训练,做事不按常理出牌,更有一些人背负案底。因为需要从客户处收钱办事,这些私家侦探被普遍视为窥探他人隐私、鬼鬼祟祟的"可疑人士"——事实上,"打探"(to detect)一词,源自拉丁语,本意为"揭盖子",传说中,恶魔允许自己的追随者揭开别人的房顶,偷偷向内俯视,因此,侦探,也被称为"恶魔门徒"。1850年,艾伦·平克顿(Allan Pinkerton)创办了美国第一家私人侦探所,在广告中,这家公司打出了自己奉行的口号:"我们,不眠不休"(We Never Sleep),而口号上方,便是一只睁得又圆又大的共济会风格的眼睛的徽标,这个徽标,也催生出侦探的别称,即"私人耳目"(Private Eye)。在后来成为侦探行业基本行为规范的一本原则指南中,平克顿承认,必要时,侦探必须"僭越恪守诚信的准则",施行"弄虚作假"之事。即便很多对此行业嗤之以鼻的人,也不得不承认,此乃"必要之恶"。诚如一位私家侦探所言,自己或许算是一条"卑鄙的毒蛇",但同时"能够在其他救济手段悉数无效的情况下,悄无声息、掩人耳目、迅捷高效地将法律应有的威仪,予以雷霆一击"。

黑尔从堪萨斯城延聘到一位表情阴郁、自称派克(Pike)的私家侦探。为了掩人耳目,叼着烟斗、蓄着邋遢胡须的派克,在威兹邦(黑尔等地方士绅认为这个名字太不体面,习惯使用奥色治本地一户显赫家族的名字,将其称为戴诺亚)一处秘密地点与黑尔接头。两人密谈之际,远处油田上升腾起的烟雾正弥漫天际。随后,派克开始了秘密调查工作。

安娜及莉齐的监护人斯科特·马西斯所经营的大山商贸公司

在莫莉及其家人的要求下,安娜的遗产管理人也聘请了私家侦探。负责管理遗产的正是大山商贸公司老板斯科特·马西斯,一直以来,他作为监护人,负责管理安娜及莉齐的财务。美国联邦政府认为很多奥色治人不懂理财,因此要求印第安事务局逐一甄别,以确定部落中哪些印第安人可以自行处理分得的矿产基金。虽然遭遇激烈反对,但还是有很多奥色治人,包括莉齐和安娜,被认定为"缺乏理财能力",被迫由当地白人监护人负责监督、批准其花销用度,甚至包括在街边小店购买一只牙膏。一位曾参加第一次世界大战的奥色治族印第安人抱怨:"我为了这个国家远赴法国参战,现在却不得在我自己的支票上签名。"监护人一般均是奥色治当地有头有脸的白人。

和怀特霍恩的财产监护人一样,马西斯网罗了一组私人侦探。这些从事"奥色治人死亡事件"调查的侦探,在私人执业前基本上都效力

私家侦探威廉·伯恩斯

于威廉·伯恩斯国际侦探社（William J. Burns International Detective Agency）。其老板威廉·伯恩斯系美国特勤局（United States Secret Service）[①]特工出身，被誉为平克顿之后美国最为杰出的私家侦探。他身材敦实、髭须浓密、红发蓬乱，曾一度梦想投身演艺事业，喜欢通过撰写侦探题材的通俗小说来营造自身的神秘感。例如，在一本书中，他这样写道："本人，威廉·伯恩斯，出没于纽约、伦敦、巴黎、蒙特利尔、芝加哥、旧金山、洛杉矶、西雅图、新奥尔良、波士顿、费城、克利夫兰，以及任何守法公民需要有人揪出隐藏杀手或者清除伺机作案罪犯之地。"尽管因为持续不断地自我推销，伯恩斯落得一个"封面侦探"的名声，但他的确有两下子，特别值得一提的，便是成功抓获了1910年致死二十人的《洛杉矶时报》（Los Angeles Times）总部爆炸案主犯，因此，他也被《纽约时报》形容为"这个国家培养的唯一具备天赋的伟大侦探"，并从阿瑟·柯南·道尔（Arthur Conan Doyle）爵士那里得到了自己梦寐以求的称号，"美国的夏洛克·福尔摩斯"。

然而，和夏洛克·福尔摩斯不同的是，伯恩斯还会操纵陪审团，绑架嫌疑人，使用肮脏的谍报技巧更是家常便饭。一次，在潜入纽约一家律师事务所企图偷取证据而被抓后他表示，为了证明共谋的存在，此举实属无奈，而逾越这条红线的私家侦探更是"不可计数"。伯恩斯

[①] 美国特勤局，1865年创建于华盛顿，主要负责调查伪造货币等犯罪行为，隶属于美国财政部，被视为美国历史上首个本土情报机构。

的此种行径,正是这个新兴行业的典型代表。

同年夏天,马西斯延聘的侦探们纷纷潜入奥色治郡,每个人都只能使用代号提交每日进展。行动伊始,10号侦探便要求曾作为陪审员见证尸检的马西斯为其指认杀人现场。"马西斯和我开车一同前往发现尸体的地点。"10号侦探写道。

还有侦探走访了安娜的管家,后者披露,在安娜的遗体被发现后,她曾经拿着一组钥匙,和安娜的妹妹丽塔·史密斯一道,前往安娜的家中。令人难以置信的是,案发后,当地警局没有任何人搜查此地。两人轻轻打开房门,迈步走入寂静的房间。触目所及是安娜的珠宝、披肩及画像,这些安娜一生积累的财富,现在都像失落之城的遗迹般残留在原地。安娜失踪当天曾帮助其梳洗打扮的这位女仆,后来回忆:"所有物品都和我们离开时别无二致——除了一样东西,安娜曾带着参加莫莉午餐会的那只鳄鱼手包,现在被扔在地板上,"她说道,"里面的东西都被席卷一空。"

房中其他物品,看起来并未失窃。皮包的存在,说明安娜在离开午餐会后,很可能在某一时间点返回过自己家中。这意味着莫莉的小叔子布赖恩声称曾将她送回家的说辞不虚。但此后他又将安娜带走了?或者她和其他人一道离开?

10号侦探还拿出了另外一项重要线索:安娜的往来电话记录。当时,打电话需要接线员在交换台手工接通,而长途电话更是需要若干交换台之间的接力传输。而负责的接线员往往会留下通话的书面记录。根据一位接线员的工作日志,在安娜失踪当晚的八点三十分左右,有人曾在距离灰马镇西南六英里的拉尔斯顿(Ralston)镇用一个商家的号码给安娜家打过电话。通话记录显示,某人,很可能是安娜本人,曾经接听过这个电话。这意味着在八点三十分的时候,安娜依然在自己的家中——进一步证明布赖恩送安娜回家的事实成立。

这位私家侦探,感觉到案件马上就将取得重大突破,连忙赶往拉尔斯顿的那户商家。但老板坚称,自己从未拨打过安娜家的电话,也不会允许任何其他人使用自己的电话打长途。拉尔斯顿没有其他接线员的工作日志显示曾接通过这个号码的事实,也在某种程度上证明了老板的说法。"这个电话愈显神秘。"10号侦探写道。他怀疑,这个来自拉尔斯顿的号码,其实是个"障眼法"——某位接线员被人收买,销毁了能够追根溯源的原始通话记录。而一定有人在试图掩盖自己的踪迹。

10号侦探想进一步调查奥达·布朗。"所有的疑团都指向受害人的前夫。"他写道。但当天为时已晚,他在报告的结尾写道:"晚十一点,终止调查。"

一周后,团队的另外一名侦探——46号——被派往距离灰马镇西北二十五英里的彭家城(Ponca City),寻访布朗的影踪。天公不作美,一场暴风雨席卷整片原野,街弄沦为泥泞的泽国,入夜时分,这位侦探才最终抵达,结果发现布朗并不在此地。据说他前往俄克拉何马州的佩里(Perry)看望自己的父亲去了。翌日,46号侦探搭乘火车南下佩里,依旧扑空。这时的说法是,布朗去了波尼郡(Pawnee County)。"于是,我搭乘最早一班火车,离开佩里。"46号侦探在自己的报告中写道。这些情节,显然在夏洛克·福尔摩斯的传奇故事中会被故意省略——平淡无奇的琐碎调查、虚假的线索信息以及处处碰壁的死胡同。

折腾来折腾去,46号侦探终于在波尼郡发现了一位身材纤细、叼着烟卷、表情狡黠、头发锈黄、眼神灰白的男子:奥达·布朗。和他在一起的,是一位据称他在安娜去世后迎娶的波尼族女子。同日,46号侦探伺机而动,主动接触布朗,试图与他成为朋友。平克顿撰写的侦探守则中建议:"机警的侦探,会充分利用罪犯对自己的同情、信任,以及足以将罪犯吞噬的不可告人之事,在其最为虚弱的瞬间一举将其擒获,迫其就范。"慢慢地,46号侦探取得了布朗的信任。当布朗谈到自己的前妻遭人谋杀时,侦探试图从布朗口中套取案发时他在哪里的信息。但也许是觉察到这位新朋友有可能是职业侦探,布朗表示当时正和某个女人厮混,同时也并未透露具体的地点。46号侦探悉心研究了布朗的言行。根据侦探守则的说法,罪犯背负的秘密乃是其最大的"敌人",也是"其整个防线中最为薄弱之处"。但看起来布朗并未表现出任何一丝慌张不安。

就在46号侦探调查布朗之际,另外一位侦探,28号侦探,从一位生活在奥色治郡西部的考族(Kaw)印第安年轻妇女处,打听到一则看似至关重要的情报。在一份签字画押的书证当中,这位妇女表示,生活在费尔法克斯的印第安妇女罗丝·奥色治(Rose Osage),曾向自己透露,是她杀死了试图勾引自己男朋友乔·艾伦(Joe Allen)的安娜。罗丝坦诚,自己在三个人一起开车时,"向安娜的脑袋开枪",接下来,在乔的帮助下,将死者的尸体丢弃在三里溪。因为衣服上沾染了安娜的鲜血,据称罗丝还将衣服脱掉,扔进了溪水里。

故事情节固然令人生怖,但28号侦探同时也深受这一发现的鼓舞。在工作日志中,记录着他曾颇费时日,与马西斯以及当时官司缠身的弗里亚斯警长一道,追查"这一看似能够彻底终结此案的重要线索"。

但在为这名线人所提供的情报寻找旁证的过程中,私家侦探们却屡屡碰壁。无人曾目击安娜与罗丝或乔在一起。弃尸的溪流中,也未能查获任何衣物。难不成是线人为了获得赏金编造了上述说辞?

粗壮的颈腹部赘肉丛生的弗里亚斯警长,敦促私家侦探放弃将罗丝及其男友列为嫌疑人。同时还提出了与之截然相悖的另外一套传言:有人看到安娜死前,曾和在油田上班的两个狠角色出双入对,而这两个人在案发后便从镇上消失不见了。对于警长的说法,私家侦探同意进行调查,但就针对罗丝的指控,28号侦探发誓:"我们一定要查个水落石出。"

莫莉的妹妹丽塔

私家侦探与当时也在自行开展调查的莫莉妹夫比尔·史密斯互通有无。在和奥色治人的财富传奇扯上关系之前,时年二十九岁的史密斯本是一名盗马贼:起初他迎娶了莫莉的妹妹明妮,之后又在明妮因为"特异类型的消瘦症"于 1918 年离奇死亡后仅仅数月,便与莫莉的另外一位妹妹丽塔成婚。比尔喝酒后,不止一次对丽塔动手,曾有仆人后来回忆,一次两人发生争吵后,"丽塔遍体鳞伤地跑了出来"。比尔则对仆人表示:"这是和这些土人打交道的唯一方式。"虽然动不动就威胁离婚,但丽塔只说不做。

这位印第安女子头脑聪明,但周围的人都认为,丽塔"被爱蒙蔽了双眼",从而无法作出合理的决断。莫莉曾一度怀疑比尔:他是否在某种程度上与明妮的死有关？黑尔也明确表示，自己并不信任比尔，还有一位当地律师直言不讳，比尔"出卖了神圣的婚约，以捞取实惠"。

从安娜被谋杀开始，比尔就表现得非常积极，希望能够揪出罪魁祸首。一次，比尔了解到镇上的裁缝可能掌握消息，便和一位私家侦探共同前往问个究竟，最终发现，这位裁缝所散布的流言其实并不新鲜——罗丝·奥色治妒恨杀人。

迫切希望取得突破的私家侦探决定使用窃听装置，对罗丝及其男友进行监听。当时，规制监听的法律规范还极不健全，伯恩斯更是大肆使用声音记录仪——一种可以藏在座钟或吊灯等几乎任何地方的原始窃听器。"伯恩斯在美国率先洞悉刑侦装备的无限潜能，"1912年的《文摘》（*Literary Digest*）杂志报道称，"因为珍爱有加，他总是随身揣着窃听器。"和十九世纪因为精于"偷窥"而大出风头的艾伦·平克顿类似，二十世纪风头正劲的伯恩斯则以"窃听"见长。

躲在另外一间房内的私家侦探，开始戴上耳机，监听罗丝及其男友之间的对话。但和大多数监听时出现的情况类似，短暂的兴奋，很快便被他人家长里短的平凡乏味取代，最终，这些私家侦探甚至开始对自己听到的琐事听而不闻、置之不理。

然而，常规侦查手段却给私家侦探带来了令人震惊的重大发现。失踪当天搭载安娜的出租车司机透露，她曾要求在灰马镇一处墓地停车。从车里踉跄而出的安娜，在乱石间蹒跚前行，最终在父亲的墓碑前停下了脚步。此时，她所驻足的地方，与日后将长眠之处近在咫尺，而她看起来像是在为自己祈祷着些什么。折返到车上后，安娜请求司机日后找人给她父亲的墓地送上鲜花。她希望父亲的墓地看上去更为体面。

在驶往莫莉家的途中，安娜将身体靠向司机，夹杂着刺鼻的酒气，透露了一个惊人的秘密：她将会有一个"小宝宝"。

"我的老天，不是吧？"司机答道。

"千真万确。"安娜回答。

"真是这样?"

"是的。"

侦探后来从两位与安娜过往甚密的友人处证实了她的确怀孕的事实。然而,没有人知道谁才是孩子的父亲。

同年夏季的一天,灰马镇上来了一位留着卓别林式人中胡子的陌生人,声称可以为私家侦探提供帮助。此人随身佩戴一把点四四口径手枪,牵着一条塌鼻英国斗牛犬,自称科姆斯托克(A. W. Comstock),除了在当地担任律师,还是几位奥色治族印第安人的财产监护人。在一些当地人看来,长着鹰钩鼻、肤色较黑的科姆斯托克,可能具有某些北美印第安人血统,对此,积极招揽法律业务的科姆斯托克本人并未过分澄清。"将自己打扮成印第安人,可以让他和印第安人打成一片,难道不是吗?"其他律师不无揶揄地表示。威廉·伯恩斯也曾调查过科姆斯托克帮助一家石油公司,企图收买奥色治部族议会,从而获得条件更为优渥之租约的指控,但最终此项指控并未得到确证。

考虑到科姆斯托克与奥色治族人千丝万缕的关联,私家侦探决定接受他所提供的帮助。就在他们试图在查尔斯·怀特霍恩以及安娜·布朗分别遭到谋杀的事实之间建立某种关联之际,科姆斯托克提供了他从自己线人网络处收集到的一些花边消息。有人议论,怀特霍恩的遗孀哈蒂(Hattie),在丈夫在世时便对他与其他女人厮混心怀不满,并一直觊觎自己丈夫的财富。和怀特霍恩乱搞的女人,是否就是安娜·布朗?这一假设直接引出了另外一个逻辑问题:夭折的腹中胎儿,生父乃是怀特霍恩?

侦探们开始二十四小时跟踪哈蒂·怀特霍恩。私底下的接力跟踪不曾间断:"探员秘密尾随怀特霍恩女士,从波哈斯卡一路到俄克拉何马城……尾随其离开俄克拉何马城,前往加斯里(Guthrie)……尾随怀特霍恩女士从塔尔萨返回波哈斯卡。"但一无所获。

1922年2月,距离怀特霍恩及安娜·布朗被害已经过去了九个多月,案件的调查似乎陷入了进退维谷的绝境。黑尔延聘的私家侦探派克已然离职,同样,弗里亚斯警长也不再担任案件调查的负责人——就在同年二月,一个陪审团判定他玩忽职守,迫使他离职。

之后,在同一月份的某个凄冷寒夜,套牛冠军威廉·斯蒂普森(William Stepson),一位二十九岁的奥色治男子,在接到一个电话后离开了自己位于费尔法克斯的私宅。数个小时后,他返回家中,再次见到了妻子及两个孩子,但明显变得病容满面。一直以来,斯蒂普森的身体都非常强健,但这次仅仅过去了几个小时,他便一命呜呼、撒手人寰。当局在尸检后认为,就在斯蒂普森离开家的那段时间里遭人投毒,而毒物很有可能是"士的宁"(Strychnine),这种白色味苦的植物碱——根据十九世纪出版的药典,它"具有比其他任何毒物更强的生命摧毁力"。药典记载,用于实验的动物被注射士的宁后,开始出现"狂躁及颤抖,之后身体僵硬、四肢抽动",除此之外,"这些症状一直持续到最后,直至出现剧烈的痉挛,动物的头颈后倾、脊柱僵直、四肢张开,最终因为胸部肌肉丧失弹性而无法呼吸"。斯蒂普森的人生最后几个小时,经历了令人不忍直视的痛苦折

威廉·斯蒂普森

磨,肌肉抽搐,整个身体仿佛遭到电击,脖子扭曲、牙关紧闭,肺部紧缩直至窒息而死。

斯蒂普森暴毙时,科学家已开发出好几种检验尸体内残留毒物的技术手段。通过检验从尸体上提取的部分组织,可以证明一系列毒物——从砒霜到士的宁——是否存在。然而,相较于指纹检验以及弹道比对,验证毒物的物证鉴定手段尚未得到普遍适用。1928年,美国国家研究会(National Research Council)①开展的一项调查显示,美国大多数郡县的验尸官,"缺乏训练、毫无技能",同时,"具备一定医学知识的工作人员严重匮乏,必要的装备手段更加缺乏"。在诸如奥色治郡这样的蛮荒之地,根本不存在什么验尸官或者犯罪实验室,因此,投毒就成为杀人的理想手段。无论是药房还是普通商店,货架上包含毒物的商品比比皆是。跟开枪杀人不同,毒物可以悄无声息地投放完毕,引发的症状又与自然发病的情况十分类似——恶心、呕吐、腹泻、抽搐乃至心肌梗死。在"禁酒运动"期间,因为饮用含有毒杂质的私酒而死亡的事件频发,杀人者当然也可以在受害人的酒杯里投毒,根本不用担心引发怀疑。

1922年3月26日,距离斯蒂普森之死不足一月,又有一位奥色治女子疑似遭人投毒致死。但对之也并未进行彻底的毒物检验。随后,7月28日,三十多岁的奥色治男子乔·贝茨(Joe Bates)在啜了一口陌生人提供的威士忌后,便口吐白沫,最终瘫倒在地。他也死于当局所形容的奇怪毒物,身后抛下了妻子及六个孩子。进入八月,随着疑似遭投毒致死人数的不断攀升,很多奥色治人开始呼吁时年五十五岁的白人石油富商巴尼·麦克布赖德(Barney McBride)前往华盛顿,向联

---

① 美国国家研究会,前身是1863年成立的国家科学学会(National Academy of Sciences),后于1916年改用此名,直至2015年再次更名为"国家科学、工程及医学学会"(National Academies of Sciences, Engineering, and Medicine)。

邦政府陈情,请求介入调查。麦克布赖德曾迎娶过一位克里克族(Creek)印第安妇女,并在这位妻子去世后独力抚养继女。因为对于俄克拉何马州境内印第安人事务较为上心,他深受奥色治人信任,有记者则将他形容为"一位古道热肠的银发长者"。考虑到在华盛顿官场人脉甚广,麦克布赖德被视为信使的最佳人选。

当麦克布赖德入住华盛顿特区的一间客舍后,发现了老家助手拍来的一封急电,内容是"务必当心"。麦克布赖德随身携带了一本《圣经》,以及一把点四五口径的左轮手枪。当晚,他曾在麋鹿俱乐部(Elks Club)驻足,打了一会儿台球。但就在他刚刚走出俱乐部,便遭到他人控制,头上也被紧罩麻袋。第二天清晨,在马里兰州的一处涵洞内,麦克布赖德的遗体被发现。生前,他被人连捅二十余刀,衣服也被剥光,只剩下了脚上的鞋袜,其中发现了一张写有他名字的卡片。痕迹物证显示,凶手不止一人。当局怀疑,杀害麦克布赖德的人,一路从俄克拉何马州尾随而来。

麦克布赖德遭谋杀的消息,很快便传到了莫莉及其家人耳中。这场被《华盛顿邮报》(*Washington Post*)形容为"特区有史以来最为残忍的罪行",显然绝非普通的谋杀,而是在传递某种信息,或曰警告。《华盛顿邮报》采用的通栏标题似乎再清晰不过:坚信存在杀戮印第安富人的共谋犯罪。

6　百万桑榆

70　　即便笼罩着谋杀所带来的阴影,世界各地的石油大亨依然纷至沓来。每隔三个月,上午 10 点,这些石油业者——包括欧内斯特·马兰、比尔·斯凯利(Bill Skelly)、哈里·辛克莱(Harry Sinclair)、弗兰克·菲利普斯及其兄弟等人——都会乘坐各自的豪华专列,抵达波哈斯卡车站。媒体则会对此大肆报道,使用诸如"富豪专列如期抵达""波哈斯卡已向石油大亨献上双膝""百万巨富静待时机"等大标题。

　　大亨们觊觎的,正是每年举行四次,由美国内政部负责监督的奥色治石油采区勘探招标。曾有历史学家将其揶揄为"奥色治版蒙特卡洛(Monte Carlo)"。自从 1912 年开始招标以来,奥色治郡富饶的石油采区只有很少一部分开放钻探,同时,被大致分成约 160 英亩大小的地块价格,也水涨船高,不断飙升。1923 年,《俄克拉何马人日报》(*Daily Oklahoman*)在一篇报道中谈道:"《布雷斯特的百万横财》(*Brewster's Millions*)中的主人公布雷斯特,曾为如何在一年中花掉百万巨款而苦恼不已。但如果他身处的是此时的俄克拉何马州⋯⋯只需点点头,一百万便烟消云散。"

71　　赶上好天气,竞标地点会移至户外,在波哈斯卡一处山顶的浓密树荫下举行,这里也因此被称为"百万桑榆"。看热闹者,更会从外地不辞劳苦地跋涉而来。欧内斯特有时也会像莫莉和其他族人一样,前来围观。"作为观众中的一抹亮色⋯⋯这些奥色治族印第安人,虽然

1919年弗兰克·菲利普斯（站在台阶底部）和其他石油业者抵达奥色治郡

恬淡寡欲，但看上去饶有兴致。"美联社的上述报道，多少有些老生常谈。其他本地居民——包括诸如黑尔及大山商贸公司的老板马西斯等头面人物——都对拍卖颇为上心。当地石油生意带来的滚滚财富，帮助这些人安身兴业，实现了将这片杳无人烟的荒野转变为商贸重镇的天方夜谭。

拍卖师——一位头发稀疏但声若洪钟的高个白人——最终登场，出现在树下。他总是身着一件花哨俗气的条纹衬衫，戴着赛璐珞制的活动领子，胸前垂着一条长长的领带，口袋外面挂着怀表的表链。这位负责所有奥色治竞拍的主持人，人称"上校"（Colonel），听起来好像是参加过第一次世界大战的老兵。事实上，这只是源于他的教名——克尔诺·埃尔斯沃思·沃尔特斯（Colonel Ellsworth E. Walters）。作为

"上校"沃尔特斯正在"百万桑榆"树荫下主持拍卖

表演大师,他会使用诸如"快点吧,小子们,这只老野猫可是会生下一堆小猫咪的"①这种坊间俚语,敦促出席者举牌。

最先投拍的油田通常较为贫瘠,因此这个时候,大亨们往往采取袖手旁观的态度,栖身人后,坐视竞拍渐入佳境。曾亲身参与过几场奥色治竞拍的让·保罗·盖提,这样回忆一纸油田开发合同何以改变某人一生的命运:"经常有一文不名的投机者,将身上最后一个子儿砸进去,以至于无钱购买任何其他物品……但最终却收获了让自己一夜暴富的高产油井。"与此同时,财富也可能顷刻间化为乌有,"可以日进斗金,也可以睡个觉便一贫如洗"。

这些石油业者焦急不安地研究地质资料图,想办法从自己雇佣的"油岩猎手"甚至商业间谍那里,搜刮一切有关其投标地块的情报信息。午餐休息结束后,进入拍卖流程的地块开始变得更具价值,而围

---

① 双关语,其中"老野猫"指代待拍卖的油田区块,"小猫咪"指代石油储量。

观群众的视线,不可避免地投到了在十九世纪,实力即使不全面压倒,至少也可以与铁路或钢铁大亨比肩匹敌的石油大亨们身上。其中,甚至有些人开始利用自己的影响力,试图改变历史的走向与进程。1920年,辛克莱、马兰以及其他石油业主曾帮助沃伦·哈定(Warren Harding)竞选总统。某位俄克拉何马石油业主曾向自己的朋友透露,仅仅为了让哈定获得提名,他和自己的利益集团就投入了百万美金巨资。但有了坐镇白宫的哈定撑腰,有历史学者这样形容:"石油大亨们自然可以吃得满嘴流油。"辛克莱通过一家皮包公司,向新任内政部长艾伯特·福尔(Albert B. Fall)提供了20万美元;另外一位石油大亨则让自己的儿子,用一只黑色手提袋,直接送给这位部长10万美元。

得到好处的内政部长默许这些石油大亨染指美国海军无价的战略石油储备资源。辛克莱如愿以偿,得到了怀俄明州内一处石油采区的专属开采权,这里因为附近的砂岩形状,又被称为"茶壶山"(Teapot Dome)。标准石油公司(Standard Oil)的头脑警告哈定总统的一个前竞选助手:"我明白,内政部即将签约,释放茶壶山的开采权,但在整个行业内部,这件事都让人感觉到'臭不可闻'……我真的认为你应该告知总统,整件事'臭不可闻'。"

非法行贿收买政府官员一事,当时尚未曝光,因此,当这些石油巨擘挥师"百万桑榆"树荫下这一石油工业的最前线时,受到的是宛如资本主义世界王子般的热情接待,拥挤的人群自动分开为其让路。而在竞拍过程中,这些大亨们之间的紧张关系,更是时常飙至沸点。一次,弗兰克·菲利普斯与比尔·斯凯利甚至大打出手,两个人像发狂的浣熊般在地上扭打成一团,而就在这时,辛克莱颇有深意地向"上校"点了点头,带着这份租约扬长而去。有记者这样报道:"这些来自全州乃至全美的名流为了争夺理想中的租约而大打出手时所暴露出来的令人震惊的人性卑劣,即便是在纽约证券交易所摸爬滚打的老江湖,也会叹为观止。"

1923年1月18日,麦克布赖德遭谋杀五个月后,又有很多石油产业的大人物济济一堂,参与新一轮招标活动。因为时值冬季,竞标地点改到了位于波哈斯卡的君士坦丁剧场(Constantine Theater)。标榜为当时俄克拉何马州境内"最为精致的此类建筑",剧院拥有恢弘的希腊式立柱、绚烂的全景壁画,以及项链般璀璨的舞台灯光。一如往常,"上校"用低价值的区块开始竞标。"我们要拍的是什么来着?"他自问自答道。"记住喽,任何区块的起拍价不得低于500美元。"

　　人群中传出一个声音:"500。"

　　"现在有人开价500,""上校"喊道。"有谁出价600?""500到600","500到600","500到600"——"谢谢"——"600","现在有谁出价700"……停顿片刻后,"上校"高呼,"这位先生以600美元价格拍得此地。"

　　其后的一天,新采区的出价不断水涨船高:1万……5万……10万……

　　连"上校"都不禁咋舌:"都快惊醒华尔街了。"

　　13号地块以60万美元的价格,由辛克莱拍得。

　　"上校"深吸了一口气,"14号采区",他说道。这可是高产的伯班克油田的核心储藏区块。

　　嘈杂的人群瞬时鸦雀无声。这时,房间中央传来一个并不做作的声音:"50万。"说话的,是隶属于石油巨头海湾石油公司(Gulf Oil)的吉卜赛石油公司(Gypsy Oil Company)的业务代表,他说话时,依然低头注视着膝上摊着的一张地图。

　　"有谁出价60万?""上校"问道。

　　这位拍卖师,素以体察竞拍者举手投足间的微妙表情或举止见长。而在此过程中,弗兰克·菲利普斯和一个弟弟就经常使用外人不易觉察的信号——抬抬眉毛或者弹弹雪茄互通有无。弗兰克曾开玩笑称,曾经因为弟弟抬手驱赶苍蝇,自己白白损失了10万美元。

石油大开发之前的波哈斯卡街景,摄于 1906 年

石油开采热潮期间的波哈斯卡

"上校"对于自己面前这群人的心理洞悉无遗,遂将目光投向了一位嘴上叼着一根并未点燃雪茄的白发长者。他代表的是弗兰克·菲利普及斯凯利等人的利益联合体;利益,让曾经的对手变成了合作的伙伴。白发老人令人很难察觉地微微点了点头。

"70 万。""上校"随即将目光投回第一位出价者。再次点头!

"80 万。""上校"喊道。

他再次转向首位举牌者,"吉卜赛石油公司"的代表说道:"90 万。"

干叼着雪茄的白发老头又一次点了点头。

"上校"抬高了声调:"100 万!"

竞价你来我往。"110 万。现在谁出价 120 万,""上校"说道,"110 万,现在叫价 120 万,120 万。"

最后,无人应答。"上校"注视依然不停咬着未点燃雪茄的白发长者。这个时候也在屋子里的一位记者形容:"气氛让人窒息。"

"上校"提醒道:"各位,这可是伯班克油田,机不可失啊。"

没有人说话,所有人都一动不动。

"成交!""上校"喊道,"成交价,110 万美元。"

每次竞拍的标王价格都屡创新高,碾压之前的纪录,而竞拍收获的金额更是以百万计。有一个采区的成交价格就将近 200 万美元,而历史上最高成交纪录则高达 1 400 万。《哈泼斯杂志》(*Harper's Magazine*)的一位记者这样评价:"什么时候是个头?每次新油井开采,印第安人都会变得愈加富有。"他补充道:"奥色治族印第安人太过富有,必须对此采取点行动了。"

越来越多的美国白人开始对暴富的印第安人心存芥蒂——大多拜煽风点火的媒体所赐。记者们添油加醋,大肆渲染奥色治随随便便就将豪华的三角钢琴弃之荒野,或者仅仅因为汽车轮胎没气就购买一辆新车取而代之的耸人听闻故事。"现今的奥色治族印第安人,俨然成为浪荡公子的代名词。相比之下,《圣经》中'浪子'(Prodigal Son)的铺张浪费也相形见绌,仅仅算得上一位天生喜欢吃糠咽菜的节俭之人。"一封写给《独立月刊》(Independent)编辑的读者来信,也多少宣泄了类似的不满,将奥色治人贬斥为一无所长,"仅仅因为政府将其安置在白人开拓的石油采区而聚敛了财富"。约翰·约瑟夫·马修斯尖刻地讥讽这些记者:"十分乐于营造一群尚属新石器时代、自私自利且仅仅具有原始智慧的土人,突然遭遇巨额现代财富时的种种怪异遭遇。"

上述说辞鲜少——如果有的话——谈及其实奥色治人非常善于投资理财,更不会介绍奥色治人的很多花钱方式其实可能与这个部族长久以来慷慨乐善的性格一脉相承。不容否认,在二十世纪初这个被斯科特·菲茨杰拉德(F. Scott Fitzgerald)形容为"美国历史上

当时媒体报道称,尽管平均每十一名美国人才拥有一辆汽车,但每位奥色治族印第安人就拥有十一辆汽车

最为纵乐、最讲究绚丽"①的沸腾时代,生活方式奢华铺张者绝非奥色治一族。幸运发现伯班克油田的石油大亨马兰,曾在彭家城大兴土木,为自己建起一幢内设二十二个房间的广厦,但随后便喜新厌旧,将其闲置一旁,搬入更大的豪宅——这幢豪宅的内部装潢,模仿了位于佛罗伦萨的十四世纪华府达万扎蒂宫（Palazzo Davanzati）,共有五十五个房间（包括一个天棚敷设金箔、穹顶吊设水晶灯的舞厅）、十二个卫生间、七座壁炉、三间厨房以及一架内面装饰水牛皮的电梯。庭院里配置了游泳池、马球场、高尔夫球场以及五座附带小岛的观景湖泊。当被质疑这样做是否奢靡无度时,马兰丝毫没有愧疚之意:"对我而言,钱的目的,就是用来消费购买,用来大兴土木。这就是我所做的一切。如果说批评我的人所指的就是这些,那么我会感到有罪。"然而,此去不过数年,他就因为囊中羞涩,无力支付电费,被迫搬出自己的爱巢。退出政坛后的马兰,试图再次投身石油业,开发高产油井,但最终败北。曾担任其建筑师的人后来回忆:"最后一次见到他,现在想起来应该是在镇子东北的某个地方,当时他坐在一个装钉子的木箱上,天下着雨,他披着雨衣,戴着雨帽,神情沮丧落寞。旁边有两三个工人正在使用一座移动式钻机,试图找到油脉。此情此景令我不忍驻足,转身离开时,不禁泪目哽咽。"在俄克拉何马州,还有某位著名石油业者将5 000万身家挥霍一空,最终落得一贫如洗。

和富有的美国人不同,大部分奥色治人因为联邦政府为其设置的监护人制度,无法随心所欲地使用自己的资产（曾有一名白人监护人表示,奥色治族成年人,"与六七岁孩童无异",每每见到心仪的玩具便想花钱购买）。这项法令要求对每一位被内政部界定为"无行为能力"

---

① 此处译文参考了〔美〕菲茨杰拉德:《菲茨杰拉德小说选》,巫宁坤等译,上海译文出版社1983年版,第3页。

的印第安人,都必须指定监护人。实际上,指派监护人的决定——使得北美印第安人本质上沦为二等公民——几乎完全建立在财产所有人具有多少印第安血统这一标准的基础上,对此,曾有某位该州最高法院法官冠之以"种族劣根性"的称谓。纯种北美印第安人,几乎毫无例外,悉数被指定了监护人,但混血的印第安人却很少得到此种"待遇"。具有部分苏族印第安血统,后来作为孤儿被奥色治族人收养,曾经为这个部族争取矿权立下汗马功劳的约翰·帕尔默,为此曾向美国国会议员陈情:"请不要再用有多少白人血统、多少印第安血统作为对于这个部落予取予求的标准了。有多少印第安血统其实并不重要,你们这些国会老爷们不能这样办事。"

此类陈情,毫无例外,一概遭到无视。国会议员们往往会在实木装饰的会议室内,动辄花费数小时,宛如事关国家安危一般,巨细靡遗地讨论奥色治人的花销细节。在1920年国会一个专门委员会组织的听证会上,立法者们详细梳理了一份被派至奥色治地区负责调查部落成员(包括莫莉家族各位)消费习惯的政府巡视员提交的报告。这位调查员略显不悦地指出,根据Q号呈堂证供,莫莉的母亲莉齐,死前在一家肉铺积欠的款项达到了319.05美元。

这位调查员坚称,政府在和这个印第安部落洽商采油权合约时,一定是邪灵附体。怀着满腔怒火,他愤怨地表示:"本人曾在这个国家大多数城市游历或工作过,对于这些地方的阴暗面或不可告人之处多少有所了解。但直到这次前往奥色治这个印第安部落,本人才充分理解到什么是'索多玛和蛾摩拉'(Sodom and Gomorrah)所指代的罪无可赦与无耻堕落。"

他建议国会采取更具力度的举措。"所有身处奥色治地区的白人都会告诉阁下,这些印第安人的行径正在愈发荒腔走板,"他补充道,"是时候对其花销用度采取限制措施了,同时必须放弃将奥色治族印第安人塑造为真正公民的痴心妄想。"

当然，也有少数国会议员以及出席听证的证人试图摘掉扣在奥色治人头上的屎盆子。在一次专门委员会的听证过程中，甚至有一位担任印第安人财产监护人的法官坦言，同样作为有钱人，白人和印第安人的花销方式迥然不同。相比之下，"奥色治人的做法更具人性"，他表示。黑尔也认为，在决定奥色治人的财务问题方面，政府不能搞一言堂。

然而，到了1921年，就像曾因为征用奥色治族土地而对其采取配额支付那样——美国政府总是用大棒政策落实其鼓吹的启蒙福音——国会开始变本加厉地严格限制奥色治人对于金钱的使用。监护人不仅可以继续对被监护人的财务状况实施监督，根据新规，被监管的奥色治族印第安人的消费额度同样受到"严格限制"，也就是说，每个人每年从信托基金当中提取的额度不能超过数千美元。无论教育支出，抑或大病救治，一律不得作为例外。"我们有很多小孩子，"奥色治部族的最后一位世袭头人，当时已经年过八旬，他在一封媒体公开信中宣称，"我们希望能够将他们养育成人，能够供他们读书。我们希望能够让他们过得舒服体面，而不希望由一些对于吾族毫不挂心的外人管理控制我们的金钱。"他继续表示："我们现在希望要回我们的财富。钱是我们的。我们不希望这些钱一直扣在官僚手中不为我们所用……这对我们极不公平。我们不希望像小孩子一样被对待。我们是能够自己照顾自己的人。"身为纯种奥色治人的莫莉，也属于财产受限的一类，虽然和其他人不同——至少她的监护人，是自己的丈夫欧内斯特。

插手部落财务问题的，不光只有联邦政府。奥色治族人发现，环伺四周、虎视眈眈的捕食者还有很多——"一群秃鹫"，正如某位族人在部族大会上所形容的一般。贪婪的地方官吏试图盘剥奥色治人的财富。凶悍的强盗伺机劫掠印第安人的存款。商人们则要求奥色治人支付"特别"的价款——也就是说,高于常人。肆无忌惮的律师与会计则想尽办法利用纯种奥色治人的劣势法律地位为己渔利。甚至还有一位远在俄勒冈的三十来岁白人女子,给部落写信,为自己寻求资产丰厚的奥色治新郎:"是否可以告知部落中最为有钱之男子,他将从本人身上发现人性之真善美。"

在一场国会组织的听证会上,另外一位名为培根·林德(Bacon Rind)的奥色治族头人在作证时表示,此前,白人"将我们赶至美国生存环境最为恶劣的穷乡僻壤",认为"将这些印第安人赶到遍布石头的不毛之地,让其穷居一隅好了"。现在,遍布石头的不毛之地,幻化为寸土寸金之地,他说道:"每个人又都想挤进来,分得一杯羹。"

7　厚黑之事

1923年2月的最初几天,天气变得异常寒冷。寒风如刀,切过原野,怒吼着横扫山谷,吹得树杈吱呀乱响。荒原上的一切,都被冻结得犹如石头般坚硬,太阳看起来也有些苍白,远远躲了开去。

某日,两名男子前往西北方向四英里处狩猎,不经意间,瞥到在一处怪石嶙峋的低洼处停放着一辆汽车。这两位猎人并未选择上前弄个究竟,而是返回镇上向当局报案。闻讯后,副警长会同镇上的美国法警前往调查。借着微弱的光线,他们走下陡坡,来到车辆近前。落下的窗帘,正如当时车主经常做的那样,遮住了车窗,使得这辆别克轿车看起来像极了一具黑色的棺材。驾驶员一侧的窗帘留有些许缝隙,副警长定睛向内窥视,发现一名男子瘫坐在方向盘后面,"这家伙肯定是喝多了",副警长说道。但当他撬开车门,发现座椅及车内血迹斑斑。男子后脑处存在一处致命枪伤。从射击的角度,以及现场并未遗留枪支的事实判断,可以排除自杀的可能。"我看得出,他是被谋杀的。"副警长后来回忆。

在石油业主麦克布赖德遭到残忍杀害后的六个多月时间里,再未发生其他令人生疑的死亡事件。然而,当这两位执法人员呆呆地注视着车里的死者时,终于认识到,杀戮远未停止。尸体被冻成了冰棍般的干尸,让执法人员可以十分容易辨别其真实身份:亨利·罗恩(Henry Roan),已经步入不惑之年的奥色治族印第安人,已婚,育有两名子女。在被寄宿学校强制剪掉之前,他曾经留有两条长长的发辫,也正是在那里,他失去了自己的本名:罗恩·霍斯(Roan Horse)。即便没有了发辫——甚至陈尸车内——他那英俊的面庞以及高挑、健硕的身材,依然能够让人将他与印第安勇士联系起来。

两名执法人员返回镇上,将事情通报了治安法官。同时,他们想办法确保黑尔同样得到了这一消息。当地市长曾回忆道:"罗恩将黑尔视为挚友。"作为纯种印第安人,罗恩的财务支出受到官方限制,遂经常从黑尔处预支现金。"我们是莫逆之交,每当遇到麻烦,他总是会找我帮忙。"黑尔后来表示,同时还补充道,因为自己借给了这位印第安朋友太多钱,以至于罗恩还将他列为其总额高达25000美元寿险的受益人之一。

死前数周,罗恩致电黑尔,显得心力交瘁。他发现,自己的妻子与一位名叫罗伊·邦奇(Roy Bunch)的男子有染。黑尔遂前去探望罗恩,试图安抚他。

数日后,黑尔在镇上的银行再次撞见罗恩,后者询问是否可以借几美元,因为依然为妻子出轨一事感到苦恼,罗恩希望能够买点私酒,借酒浇愁。黑尔则劝诫他最好不要购买任何威士忌:"亨利,你最好把酒戒了。它会毁了你。"同时,黑尔还警告罗恩,负责执行禁酒法案的执法人员会因此将他

亨利·罗恩

"绳之以法"。

"我不会把酒带到镇上来,"罗恩说道,"我把它们藏起来。"

接下来,罗恩便人间蒸发,直至尸体最终被发现。

令人毛骨悚然的"仪式"再度上演。副警长和美国法警返回山谷,黑尔也随同前往。此时,夜幕已经笼罩大地,犯罪现场沉浸在一片黑暗之中,所有人都将车灯打开,从上至下照射山谷——用某位执法人员的话来说——"这片真正的死亡之谷"。

黑尔留在山顶,俯瞰现场。验尸官开始尸检,别克的依稀轮廓内外不时有人聚散。肖恩医生兄弟中的一人判断,死亡时间大约为十天前。执法人员则记录下了罗恩尸体的体位——"两手蜷在胸前,头部倚靠在座位上"——以及子弹如何从他右眼射出,之后将车窗击碎。他们还记录了死者的遗物:"20美元钞票,两枚银币,以及……一块金表。"同时,执法人员还注意到,在附近的冻土上,留有另外一辆汽车的车辙——推定来自凶手驾驶的汽车。

谋杀案的风言风语再次刺激了民众的恐慌神经。《奥色治头人》(Osage Chief)——恰巧在同一期刊载了向美国人民心中的英雄亚伯拉罕·林肯(Abraham Lincoln)致敬的文章——封面标题是:"亨利·罗恩遭黑手暗杀。"

消息对莫莉而言,有如五雷轰顶。1902年,在和欧内斯特相识十多年前,她曾和罗恩有过一段短暂的婚姻。对于这段关系,虽然后世存在不同的描述,但很有可能属于父母包办:两个年轻人——莫莉当时年仅十五岁——被迫走到一起,以维系部族行将消失的传统生活方式。因为这段婚姻是依据奥色治族传统习俗结成的,所以莫莉和罗恩并未走法律上的离婚程序,只是各奔东西,和平分手。甚至可能还保留着些许甜蜜回忆的两人,因为这段转瞬即逝的亲密关系而一直保持联系。

郡里有很多人出席了罗恩的葬礼。奥色治族长老们的挽歌，现在听起来倒像是为了生者，为了这些隐忍着世间丑恶杀戮的活着的人们而吟唱。黑尔则再次担任了扶棺者的角色，和其他人一道，抬起了挚友的棺材。黑尔最喜欢的一首诗中，援引了"山上宝训"（The Sermon on the Mount）的部分箴言：

> 人总是会犯错，但主为我安排稳妥（doeth all things well）。①
> 永远记着，在生命的旅途中，恪守下列准则：
> "己所不欲，勿施于人"（Do unto others as thou wouldst that they should do to you）。②

一直以来，莫莉都在积极协助当局的调查活动。但当她开始深入探究罗恩死因的时候，却多少感到坐立不安。她在某种程度上通过自己的方式成为美国式自我建构主义的产物。恰如将房间打扫得一尘不染，莫莉也将自己的过去深深掩埋，从未告诉嫉妒心颇强的第二任丈夫欧内斯特有关自己与罗恩有过一段奥色治式婚姻的往事。毕竟，在莫莉最为糟糕的时刻，欧内斯特一直伴随左右，给予支持，同时，两个人刚刚有了第三个孩子——一个女孩，他们取名安娜。如果莫莉希望当局了解到自己和罗恩之间的关系，就必须向欧内斯特坦白过往的一切。因此，她决定闭口不谈，无论对自己的丈夫，抑或对政府当局。莫莉，也有属于自己的秘密。

---

① 出自《主凡事引导》（*All the Way My Savior Leads Me*）这首圣歌，由范妮·克罗斯比（Fanny J. Crosby）于 1875 年填词而成。

② 这句话的原型，是《马太福音》（Matthew 7:12）中的"Therfore what soeuer ye wolde that me shulde do to you, eue so do ye to them. This ys the lawe and the Prophetes"。这里将其引申为"己所不欲，勿施于人"。

85　　罗恩去世后，奥色治族人开始在自家外面安置灯光照明，垂挂在房檐、窗户乃至后门的灯泡散发出的光晕，凿破夜空。一位俄克拉何马记者表示："离开波哈斯卡后，无论往哪个方向走，都会在夜幕降临时注意到灯火点缀的奥色治族印第安人住宅，初来乍到者或许会据此认为，这些石油新贵们是在赤裸裸地炫富。但本地人心知肚明，之所以点灯熬油，只是为了防备着可能偷偷伸出的黑手——看不见的黑手——让这片奥色治人的属地颓败凋敝，将这块其他印第安部族眼中的天堂般福地变成了遍布尸骨的'骷髅地'（Golgotha）①……笼罩在这片奥色治族土地上的悬疑是'下一个受害人会轮到谁？'"

　　谋杀制造的恐慌气氛，开始蚕食整个部落。邻里之间相互猜忌，朋友之间信任丧失。查尔斯·怀特霍恩的遗孀表示，曾谋害自己丈夫的凶手，一定会将"自己处之而后快"。当时的一位访客后来回忆，这里的人都被"吓瘫了"。另外一位记者表示："奥色治群山环抱的这块石油之谷，积郁着令人生畏的神秘黑纱。"

　　尽管危险系数不断攀升，但莫莉和家人依然持续施压，希望能够彻查凶手。比尔·史密斯也向几个人透露，自己的侦查工作"渐入佳境"。某夜，他和丽塔一道，在位于费尔法克斯郊外偏僻之所的家中，依稀听到屋子外面有什么东西在动。随后，杂音消失，无论是人，还是什么其他的东西，最终都变得无影无踪。几天后的某一个夜晚，比尔和丽塔再次听到了窸窸窣窣的响声。闯入者——当然，一定是闯入者——就在屋外，翻动着东西，寻找着什么，然后消失不见。比尔告诉一位朋友，"丽塔吓坏了"，而比尔自己屡遭挫败的信心，也开始消弭殆尽。

----

① "骷髅地"，圣经故事中基督被钉死之地，位于耶路撒冷附近，因此被理解为受难场所。

罗恩死后不足一个月，比尔和丽塔便丢下大部分家当，逃离了自己的老家，搬入费尔法克斯市中心一幢配有门廊及车库的精致二层小楼（他们从比尔密友詹姆斯·肖恩医生手里购得此处物业）。邻居当中好几家都豢养了看门犬，狗儿们的狂吠，时常撕裂夜晚的寂静。可以肯定的是，一旦有人闯入，这些动物便会发出信号。"现在我们搬家了，"比尔告诉一位朋友，"或许他们会放我们一马。"

但好景不长，一位男子突然出现在比尔的门前。他表示，自己听说比尔想要出售部分农地。比尔注意到，这位男子凶相毕露，不停窥视房屋内的一切，仿佛是在踩点。

3月初，邻居家的狗一条又一条死于非命，陈尸街头或者台阶下。比尔断定，死因是遭到投毒。他和丽塔发现自己陷入令人窒息的恐怖沉寂当中，他偷偷告诉一位朋友："我们自认来日无多。"

3月9日，刮着龙卷风。比尔开车带着一位朋友前往位于印第安保留地西部边界的私酒贩子亨利·格拉默的农场。比尔告诉自己的这位朋友，希望能够买点酒喝。但他也深知，这位被《奥色治头人》称为"本地人品最为臭名昭著者"的不法之徒身披不可告人的秘密，同时还掌控着一个无形的地下世界。围绕罗恩死亡案件开展的调查揭示：在他失踪前，曾表示自己将要去格拉默的农场购买威士忌——不知道是否纯属巧合，这里也是莫莉的姐姐安娜经常购买私酒之所。

亨利·格拉默因为在蒙大拿杀人服刑三年

格拉默曾是在麦迪逊广场花园（Madison Square Garden）进行表演的马术明星，并被冠以世界套马冠军的头衔。同时，据说他还曾是火车劫匪，不仅依靠与堪萨斯城黑帮的密切关系经营私酒生意，还经常一言不合便举枪相向。当时漏洞百出的法律体系似乎拿他无可奈何。1904 年，格拉默在蒙大拿因为枪杀一位剪羊毛工人而被捕，但只获刑三年。之后，他又在奥色治郡犯案。某日，有因枪伤大量失血的病人入院，并不断呻吟："我快死了，我快死了。"伤者在指认格拉默是凶手后，便不省人事。翌日，当这位伤者苏醒过来，并发现自己不会见上帝后——至少不会很快去见上帝——便突然改口，表示并不知道是谁对自己扣动扳机。随着私酒生意越做越大，格拉默开始拉帮结伙，他的手下就包括有一口闪闪金牙的打手阿萨·柯比（Asa Kirby），以及这些恶人中最为"品行良善"的盗牛贼约翰·拉姆齐（John Ramsey）。

比尔携友于日落时分抵达格拉默的农场。迎面而来的是一幢硕大木屋以及一座谷仓，森林掩映着容量高达 500 加仑的铜制蒸馏器。格拉默甚至还建立了发电装置，从而确保手下可以二十四小时连轴工作——这样便无需再借助皎洁的月光偷偷制造私酒。

发现格拉默不在后，比尔向一名工人买了几瓶威士忌，随后便开始痛饮起来。附近的牧场上，徜徉着曾经为格拉默赢得大奖的赛马。对于曾经的盗马贼比尔来说，随便拉过一匹翻身上马绝尘而去，本来易如反掌。然而今非昔比。比尔又喝了很多。最后，他和朋友驾车返回费尔法克斯，路上经过一串串由灯泡组成，不断在风中摇曳的光链——也就是人们所谓的"吓人灯"。

比尔送完朋友，返回家中，将自己的座驾——一辆斯蒂庞克（Studebaker）车——停入车库。此时，丽塔正和经常留宿过夜的十九岁白人女仆妮蒂·布鲁克赛尔（Nettie Brookshire）一同待在家中。

丽塔·史密斯和她的女仆妮蒂·布鲁克赛尔在一处避暑胜地合影

  他们随即洗漱就寝。凌晨三点不到,住在附近的一位男子听到一声巨大的爆炸。冲击波的威力直逼整个临近的区域,不仅让树木、路标等"竞相折腰",也让邻居家的窗户"支离破碎"。在费尔法克斯一家旅馆,坐在窗户跟前的看门人被四散的玻璃落得全身都是,更被气浪掀翻在地。而在旅馆的另外一间房内,入住的客人被震得倒退了好几步。靠近爆炸地点的房屋门窗悉数被震得碎如齑粉,木质梁架也像断骨般弯曲变形。一位当时还是孩子的目击者后来回忆:"那个晚上,似乎一直震个不停。"莫莉和欧内斯特也对爆炸有所感知。"所有东西全部跳了起来,"欧内斯特后来回忆道,"起初,我以为是在打雷。"吓坏了的莫莉爬起来,走到窗边,可以看到远方的天际有什么东西在熊熊燃烧,宛如烈日突然在黑夜中勃发一般。欧内斯特也来到窗前,站在妻子身旁,两个人一同眺望着这团颇为怪异的亮光。

89　　欧内斯特穿上裤子,跑到屋外。附近的人们也纷纷从家中跟跄冲出,跌跌撞撞,惊恐万分,手上提着灯,并开始向天鸣枪示警,借此呼吁他人加入越来越庞大的行进行列——徒步或驾车,赶往爆炸地点。当人们走近时,开始发出"是比尔·史密斯家""是比尔·史密斯家"的哭喊声。只不过,这个家已经荡然无存。到处都是烧焦的木头、扭曲的金属、破损的家具——几天前,比尔和丽塔才刚刚从大山商贸公司购得——悬浮在电话线上的床品,以及在黑色浓烟中飞舞的碎屑。甚至连那辆斯蒂庞克车也被炸得面目全非。一位目击者勉强蹦出几个字:"看起来像是,但不知道究竟是什么。"很显然,有人在房间里安放并引爆了爆炸装置。

废墟中的火舌依然在吞噬着残砖破瓦,烈焰冲天,火势凶猛。志愿消防员从井中汲水,试图灭火。同时,人们也开始搜寻比尔、丽塔以及妮蒂的下落。"来人啊,这里找到一个女的。"一位搜救者大喊。

连治安法官都加入了搜救的行列,同样出动的还有马西斯以及肖恩兄弟。但在遗体被找到之前,大山商贸公司的入殓师便已驾驶灵车赶到现场,同样第一时间赶到的还有他的另外一名竞争对手,两个人仿佛食腐的秃鹫般在现场逡巡不去。

搜救者在废墟上仔细检查。此前的屋主詹姆斯·肖恩知道主卧的大概位置,遂在相关区域细致探查,就在这个时候,他听到有声音传来。其他人也听到了这一微弱但清晰的呼救:"救命……救命!"一位搜救者指了指传出声音的那堆废墟。消防员用水将这一区域的明火扑灭,不顾蒸汽浓烟,所有人都开始在废墟堆上挖掘起来。随着挖掘深度的增加,呼救声也越来越大,甚至压过了翻动残骸时发出的嘎吱声响。最终,看到了一张人脸,颜色焦黑,表情扭曲,是比尔·史密斯。

他和自己的床扭曲在一起,腿部已被烧焦,根本无从分辨,同样受伤严重的还有背部及双手。大卫·肖恩后来回忆,多年从医经历中,还从未见过如此痛苦的病人:"他大声惨叫,痛苦不堪。"詹姆斯·肖恩试图安抚比尔,告诉他:"我会想办法让你舒服点。"

众人在清理废墟的过程中,发现丽塔穿着睡衣,躺在丈夫身边。她的脸毫发无损,感觉就好像还在安详入睡、好梦长眠。但当人们将她抬起后才发现,丽塔的后脑已经完全塌陷进去,毫无生命体征可言。比尔发现妻子已死后,发出撕心裂肺的悲鸣:"丽塔走了。"他一遍遍地重复着这句话,并告诉在场的一位朋友:"如果你带着手枪……"

欧内斯特穿着不知道是谁给他用来遮体的浴袍,呆呆地看着这一切。他久久无法从惊愕中缓过神来,不停地嘟囔着:"有火。"大山商贸公司的入殓师征求他批准将丽塔的遗体带走,欧内斯特对此表示同意。在莫莉看到死者之前,需要有人整理遗体。当发现自己的另外一位姐妹也遭到谋杀时,莫莉会作何感想?现在,曾经因为罹患糖尿病而被认为将最早离开这个世界的莫莉,反倒成为整个家族唯一活下来的人。

搜救者没有办法找到妮蒂。治安法官断定,这位已经嫁人并且还有着一个孩子的年轻妇女,已经被"炸成了碎片"。尽管入殓师声称找到了足够的尸体残块,可供他收取葬礼费用,但这些部分甚至不足以进行尸检。"我寻思着回来用灵车运走这位女仆的遗体,但却因此被打了一顿。"大山商贸公司的入殓师表示。

医生和其他人将上气不接下气的比尔·史密斯抬起,用救护车送往医院,在那里,大卫·肖恩多次为他注射吗啡。但这位唯一的幸存者在接受官方询问前便陷入了昏迷。

丽塔及比尔·史密斯的住宅，上图为爆炸前，下图为爆炸后

过了一阵子，当地执法人员才赶到医院。镇上的美国法警以及其

他执法人员当时都在俄克拉何马城出席一次庭审。"作案时间可谓处心积虑",调查者后来回忆,因为案发时,所有人都"不在本地"。听到消息赶回费尔法克斯后,执法人员在医院的前后入口悬挂起强光灯,以防杀手前来医院结果比尔。同时,还安排了武装警卫负责看守。

弥留之际,命悬一线的比尔有时会喃喃自语:"他们搞死了丽塔,现在他们也要搞死我。"曾陪同他一道前往格拉默牧场的那位朋友前来探视。"他有点唠唠叨叨,"这位朋友后来回忆,"他说的话我完全听不明白。"

大约两天后,比尔回光返照,恢复了神志。他问起了丽塔的事情,想知道自己的妻子被埋在何处。大卫·肖恩表示,他认为,比尔可能因为担心自己会死,想着说点什么——披露他所了解到的有关爆炸以及杀手的蛛丝马迹。"我曾想办法从他口中套出上述信息,"这位医生后来告诉当局,"我说,'比尔,你是否知道是谁干的?'我特别想知道。"但医生表示,比尔并未透露任何相关信息。3月14日,爆炸发生四天后,比尔·史密斯不治身亡,成为后来人们所熟知的"奥色治恐怖当道期"(Osage Reign of Terror)的又一个受害人。

费尔法克斯的一家当地报纸发表编辑评论,表示爆炸行为令人难以置信,"超出了我们对于人类行为下限的认知范围"。这份报纸要求当局"必须千方百计找出凶手,并将其绳之以法"。在场的一位消防员也曾对欧内斯特表示,应当将凶手"扔进烈火活活烧死"。

1923年4月,俄克拉何马州州长杰克·沃尔顿(Jack C. Walton)将手下最为得力的探员赫尔曼·福克斯·戴维斯(Herman Fox Davis)派往奥色治郡。这位曾经在伯恩斯经营的私家侦探社当过侦探的律师,总是打扮得溜光水滑,嘴里叼着雪茄,眼睛闪烁着迷离的蓝色目光。曾有执法官员将他的做派形容为"廉价小说中的侦探打扮"。

很多奥色治人开始认为,当地官方与杀人者沆瀣一气,只有依靠像戴维斯这样的外来者,才能切断腐败的链条,解决累积的谋杀命案。然而过了没几天,他就被发现和当地臭名昭著的犯罪分子同流合污。还有其他探员发现戴维斯从当地赌博团伙头子处收受贿赂,放纵后者继续实施非法生意。很快,州里派来负责调查奥色治谋杀案的特别探员本身就欺上瞒下的事实,昭然若揭。

1923年6月,戴维斯主动交代了自己受贿的行为,并被判刑两年,但不过数月,便得到州长的特赦。接下来,他又伙同其他犯罪人抢劫杀害了一名知名律师,这一次,戴维斯被判终身监禁。11月,沃尔顿州长遭到弹劾并被迫离职。原因部分在于滥用特赦及假释权(导致放纵大量谋杀犯继续荼毒本州的诚实守法公民),还有部分原因在于从大兴土木为自己营造奢华府邸的石油大亨马兰处收受非法政治献金。

猎獗的腐败狂潮中,在波哈斯卡生活的四十四岁律师沃恩(W. W. Vaughan)决定逆流而动,恪守底线。作为一位前检察官,他曾宣誓根除"寄生于依靠诚实劳动赚钱谋生的普通人身上吸血过活"的犯罪。沃恩与私家侦探们密切合作,力图揭开奥色治系列谋杀案的谜团。1923年6月的一天,沃恩接到了一个紧急电话。打电话的人是乔治·比格哈特(传奇头人詹姆斯·比格哈特的侄子)的一位朋友。因为疑似遭人投毒,时年四十六岁,曾经在入学申请中表示自己希望"救他人于水火,施食以让饿者饱餐,赠衣以让冻者取暖"的比格哈特,被紧急送往俄克拉何马城一家医院。这位朋友表示,比格哈特掌握有关奥色治谋杀的关键情报,但只能当面告知自己信任的沃恩。当问及比格哈特的状况时,沃恩被告知,一定要尽快。

离家前,沃恩告诉自己刚刚产下第十个孩子的妻子,自己将已经收集到的有关谋杀案的证据藏在了一个隐蔽之所。如果自己有何不测,他告诉妻子,一定要第一时间将证据取出并交给当局。除此之外,那里还藏着留给她和孩子的一些钱。

当沃恩赶到医院时，比格哈特依然清醒。当时，屋内还有其他人在场，比格哈特示意这些人暂时退下。随后，比格哈特显然告知了沃恩一些关键信息，给了他某些足以使人入罪的文件。此后的几个小时，沃恩则一直陪在比格哈特身边，直至其被宣告死亡。随即，他致电奥色治郡新任警长，表示自己已经掌握了所有必要的情报，准备乘第一班火车赶回。警长一再追问他是否已经知道谁是杀害比格哈特的凶手，沃恩则回答："哦，我知道的可要比这个多得多。"

挂了电话后，沃恩前往车站，并被看到登上了夜行的列车。次日，当列车缓缓进站时，车上却没有了他的踪影。"卧铺车内空留衣物，主人却不知所踪，"《塔尔萨世界日报》称，"波哈斯卡的沃恩离奇失踪事件，笼罩着一层神秘的面纱。"

1909年率先在波哈斯卡成立的美国首支"童子军"（Boy Scouts）加入了搜索沃恩的行动。狼狗也被用来参加搜索。三十六个小时之后，有人发现，沃恩横尸于距离俄克拉何马城以北三十英里的铁轨近旁。他显然被扔下了火车，脖子遭人扭断，尸体近乎一丝不挂，和石油商人麦克布赖德的遭遇如出一辙。比格哈特提供的文件不翼而飞，而当沃恩的遗孀前往隐蔽地点试图寻找相关证物时，发现那里已经被人捷足先登，洗劫一空。

当治安法官被一位检察官问及是否认为沃恩因为知道太多内幕而遇害时，这位法官回答："是的，先生，而且他身上带着无比重要的文件。"

在"奥色治恐怖当道期"，部落成员非正常死亡的官方统计，至少高达二十四人。受害人中，还包括另外两名试图帮助开展调查的人士：其中，一位奥色治知名牧场主遭下药后，被人从楼梯上推下摔死；另外一人则是在俄克拉何马城前往检方办公室汇报案情的路上遭人枪

沃恩与自己的妻子和几个孩子

杀。谋杀的消息不胫而走。在一篇题为"奥色治黑色魔咒"的文章中,全国性媒体《文摘》杂志报道了印第安部落成员们"孑然一身被枪杀在荒野,在自己汽车里被人用铁器勒死,遭人投毒慢慢走向死亡,在家里睡觉时被炸死"。文章还表示,"就在此时,魔咒依然没有遭到破解,何时才能终结,尚不可知"。这个世界上人均收入最高的族群,现在变成了最容易遭到谋杀的对象。媒体后来将上述杀戮行为形容为"本世纪最为黑暗、肮脏的谋杀戏码",堪称"美国犯罪史上最为血腥的一章"。

所有试图解开谜团的努力,均陷入停摆。因为遭遇匿名威胁,治安法官不得不宣布对于新近发生的谋杀案件,不再召集陪审员进行尸检调查。因为受惊过度,即便是仅仅讨论这些案件,他都要回到后室,然后将房门紧锁。至于新任的奥色治郡警长,更是连假模假样进行调查都不肯。"我不希望惹祸上身,"他后来承认,而且还不无讥讽地谈道,"这股暗流宛如空谷尽头的一汪山泉。现在,泉水不再,早已干涸,成为通向谷底的断头路。"要想侦破案件,他表示:"必须采取大动作,单靠警长和这几个人几条枪显然不行。需要政府有所动作。"

1923年,在史密斯爆炸案之后,奥色治人便开始要求联邦政府派遣与本州或本郡毫无瓜葛的探员——绝非戴维斯之流——前来调查。部落会议通过的正式决议案如下:

> 鉴于迄今为止没有抓获任何嫌犯,没有任何人伏法,并且
>
> 鉴于奥色治部族议会认为,为了保护部落成员人身及财产安全,需要尽速采取实际行动抓捕、严惩罪犯……
>
> 为了彻底解决这一问题,特恳请尊敬的内政部长阁下敦促司法部派员抓捕戕害奥色治人的元凶,并对其提起公诉。

随后,具有部分苏族血统的约翰·帕尔默,致信堪萨斯州联邦参议员、具有部分奥色治血统以及部分考族血统的查尔斯·柯蒂斯(Charles Curtis),而他也是公认具有印第安血统且当选公职最高者。帕尔默告诉柯蒂斯,情况糟糕的程度远超想象,除非某位有影响力的人物能够让司法部有所行动,否则隐身于"这个国家有史以来最令人

发指罪行"之后的"恶魔们"必将继续逍遥法外。

就在部族等待联邦政府做出反应时,莫莉却生活在恐惧之中,她非常清楚,自己很可能就是这个试图消灭她整个家族的巨大阴谋的下一个目标。让莫莉无法忘怀的是,在爆炸案发生数月前,她和欧内斯特躺在床上,听到外面发出异样的声响。有人试图撬开他们的汽车。欧内斯特小声安抚莫莉,"躺着别动",而就在此时,这些人开着偷走的汽车扬长而去。

爆炸案发生时,人在得克萨斯的黑尔,后来看到了有如战场遗迹般被烧焦的房屋残骸——"一座令人生畏的纪念碑"——一位探员对其冠以如此名号。黑尔向莫莉承诺,自己一定会为她的家族血债讨个说法。当他听到风声,有一群不法之徒——或许就是制造"奥色治恐怖当道期"的罪魁祸首——计划抢劫在保险柜里存放钻石的某店主时,决定自己来解决这一问题。首先,黑尔将情况告知店主,让他务必

莫莉和丽塔(左侧第一人)、安娜(左侧第二人)以及明妮(最右侧)

安排埋伏；果不其然，当晚店主发现了试图侵入的歹徒，并用自己12号口径的单筒猎枪将其中一名歹徒当场击毙。残匪逃跑后，当局调查时发现死者镶着一口金牙——不是别人，正是亨利·格拉默的帮凶阿萨·柯比。

某日，黑尔的牧场发生火灾，火势蔓延数英里，烤焦的土地上净是些被烧死的牛尸。在莫莉看来，甚至连奥色治众山之王都如此脆弱不堪，经历长时间试图讨还公道的波折后，莫莉开始藏身于紧锁的房门与密闭的窗户之后，不再招待客人，甚至不再前往教堂礼拜。看起来，一连串的谋杀事件，已经动摇她对上帝的笃信。而在本地居民中间，流言四起，有人说莫莉之所以要将自己关起来，是担心自己发狂，抑或她心里的那根弦已经绷断。而莫莉的糖尿病也似乎加速恶化。印第安事务办公室接到熟悉莫莉的人所提供的报告，认为她"健康情况堪忧，来日无多"。备受病情及精神恐惧的煎熬，莫莉不得不将自己的第三个孩子安娜送给亲戚抚养。

时光如梭。对于莫莉在此期间的具体情况，相关信息很少（至少官方记录方面如此）。当调查局——这个意味不明的司法部下属机构，于1935年被重新命名为联邦调查局（Federal Bureau of Investigation）——终于派人抵达奥色治时，莫莉的感受如何，不得而知。也没有记录载明当肖恩兄弟定期前来给她注射一种据称颇具魔力的新药胰岛素时，莫莉作何感想。就好像被迫扮演了一个悲惨角色，她决定将自己从历史当中解脱出来。

随后，在1925年岁末，当地牧师接到莫莉传来的密信。在信中，她表示自己的生命危在旦夕。一位印第安事务办公室工作人员也很快接获另外一份报告：莫莉罹患的根本就不是什么糖尿病，她也被人下了毒。

三部曲之二

旁证之男

阴谋是我们这些过安稳日子的人无法想象的。那是一种秘密的把戏,冷酷、准确、专一,永远不为我们所知。我们是些有缺点的、天真的人,只会对庸庸碌碌的日常生计做些粗略的估算。而阴谋的策划者们都有一种让我们望尘莫及的逻辑头脑和冒险精神。所有的阴谋都有一个共同点:它们的实施过程都是关于那些在犯罪行为中实现其生活目标的人的紧张故事。

——唐·德里罗,《天秤星座》

8　贱货机关

负责调查局休斯敦办公室调查事务的探员汤姆·怀特（Tom White），于1925年夏突然接到华盛顿特区总部的紧急命令。他的新上司埃德加·胡佛（J. Edgar Hoover）要求跟他立即对话——面对面。怀特马上开始打点行装。胡佛要求自己的手下必须身着深色西服，打素色领结，还要把皮鞋擦得锃亮。他希望麾下的联邦探员为特定类型的美国人——白人、律师做派、行动专业。他每天似乎都在发号施令——新的"你不准如何如何"——但怀特还是满不在乎地将硕大的牛仔帽扣在了头上。

他跟妻子和两个儿子依依惜别，登上了前往华盛顿的列车，他曾常年在这条线路上作为铁路警察缉匪拿盗。现在，他追逐的却变成了自己的命运。抵达这个国家的首都后，他一路经行闹市街灯，抵达调查局总部。他已被告知胡佛有"要事相商"，但对于其中究竟，仍一头雾水。

怀特算是一位老派执法者。世纪之交时，他担任得克萨斯州骑警，一生中大部分时间都在马背上于美国西南边陲巡逻，携带一支温切斯特来复枪（Winchester rifle）或一把珍珠白握柄的六发式左轮手枪，追捕逃犯、凶嫌以及恶霸。怀特身高六英尺四英寸，四肢发达，同时又堪称一位异常镇定的枪手。即便身着宛若走街串户的推销员一般的笔挺西服，他依然如战神下凡。很多年后，一位曾经在他手下工作的调查局探员曾写道："他像誓死捍卫阿拉莫（Alamo）的守城者一样敬畏上帝",而且,"带着宽大绒面革宽边牛仔帽的他让人印象深刻,从头到脚身体挺拔,宛如一条直线。他步伐雄健,又好似猫般悄无声息"。至于言谈,则和他的目光乃至枪法一样,一语中的,切中要害。他最大限度立威服人,让像我这样来自美国东部的年轻人吓得大气不敢出,不得不又敬又畏地对他仰视膜拜,尽管如果仔细观察,还是能够从他铁灰色刚毅的眼神中察觉到一丝亲切友善的微光。

1917年,怀特正式加入调查局,当时他一心希望能够从军参与第一次世界大战,却因为刚刚手术而无法入伍。成为特别探员是自己报效国家的不二之选,他曾表示。但这仅仅是部分理由。事实上,怀特深知,自己所代表的边境执法人员这个群体正在逐渐式微。尽管当时还不到四十岁,但他有可能最后沦为"狂野西部秀"中虽生犹死的活化石。

汤姆·怀特

西奥多·罗斯福总统于1908年创建调查局,希望借此填补联邦执法机构的空白。(因为有人持续反对组建全国性的警察组织,以至于罗斯福手下的总检察长在并未得到国会授权的情况下,便着手落实,导致这一机构被某些国会议员称为"混蛋机构"。)当怀特刚开始进入这个机构工作时,其成员不过数百,派出机构屈指可数。调查局对于犯罪的管辖范围相当有限,探员们处理的案件也五花八门:反垄断及金融违法犯罪;跨州运输失窃车辆、避孕工具、职业拳击影片、淫秽书籍等;抓捕联邦监狱的逃犯;以及在印第安保留地内发生的犯罪。

和其他探员一样,怀特被认为只能扮演事实证据收集者的角色。"当时,我们无权实施逮捕。"怀特后来回忆道。探员甚至都无法获准配枪。怀特因此眼睁睁看着很多探员血洒边疆。尽管不愿多谈此事,但这几乎动摇了怀特继续履职的信念。他可不想牺牲自己换取身后虚名。人死不能复生。因此,每每执行危难险重任务时,他会在自己腰间插上一把六发式左轮手枪。"至于你不该如何如何这类废话,见鬼去吧。"

他的弟弟,同样出身于得克萨斯州骑警队,绰号"刀客"(Doc)的J. C. 怀特(J. C. White)也加入了调查局。这位脾气暴躁、酷爱饮酒的家伙,总是随身携带一把骨头手柄六发式左轮手枪,除此之外,还会在皮靴内插一把匕首。和汤姆相比,他更加粗线条——"简单粗暴"——一位亲戚这样形容。怀特兄弟,是后来转职调查局的一小部分边疆执法人员,他们被视为局内的"牛仔群英"。

汤姆·怀特此前并未作为执法人员接受过正式培训,一直在想办法掌握新的刑侦技术,例如读懂指纹内藏的玄机。然而,他从年轻时代便对法律笃信不疑,并致力于磨炼自己的刑侦技能——发现隐藏的内在规律,将分散的事实碎片整合为简洁明了的有机叙事。尽管对于危险极为警觉,但汤姆·怀特依然遭遇过激烈枪战,跟弟弟"刀客"不同——有其他探员形容其职业生涯可谓"枪林弹雨"——汤姆的习惯是十分不愿意拔枪射击,并深为自己从未将敌人当场击毙的事实倍感荣耀。看起来,他似乎时刻对自己的暗黑本能保持着警惕。毕竟,善恶黑白之间,仅仅一线之隔。

汤姆·怀特曾亲眼见证很多调查局的同事僭越这条红线。二十世纪二十年代早期,在哈定担任总统期间,司法部内被安插了很多政治投机分子与恣意妄为的官僚,其中就包括调查局局长威廉·伯恩斯——臭名昭著的私家侦探。1921年被任命为局长之后,伯恩斯肆意玩弄法律,网罗了颇多油滑世故的手下,其中一个两面人就曾公然兜售公权力,充当犯罪人员的保护伞。这个时期的司法部,因此也被戏谑为"贱货机关"。

1924年,随着一个国会委员会揭露石油大亨亨利·辛克莱曾行贿收买内务部长艾伯特·福尔,以获得授权在茶壶山——这一名称也永远与丑闻联系在了一起——联邦石油储备区开采石油的行径,后续调查才将美国司法机构的腐败大白于天下。当国会试图调查司法部时,伯恩斯及时任总检察长曾滥用公器,无所不用其极,威胁恫吓,妨碍司法。国会议员遭到跟踪,办公室遭人闯入,电话也遭到窃听。有参议员叱责称,林林总总本来应当用来调查、打击犯罪的"不法阴谋、将计就计、间谍诱饵、窃听偷录"等手段,反倒被用来肆意包庇"奸商掮客、索贿分子与其他亲朋故旧"。

到了1924年夏,接替哈定担任总统的卡尔文·柯立芝(Calvin Coolidge)撤换了伯恩斯,并指派哈伦·菲斯克·斯通(Harlan Fiske Stone)接任总检察长。鉴于国家不断发展、联邦法律日益健全,斯通认定,全国性的警察机构已变得不可或缺,但为了实现上述目的,调查局必须从头到尾彻底转型。

让很多调查局批判者大跌眼镜的是，在寻找新一任局长期间，斯通选择由年仅二十九岁的调查局副局长埃德加·胡佛署理局长一职。尽管胡佛并未受到"茶壶山事件"的牵连，但他之前主管的正是调查局最为流氓的部门，是经常仅仅因为某人的政治信仰便对其实施间谍手段的情报部门。胡佛还从未当过侦探，没经历过枪战，未进行过抓捕。他业已离世的祖父及父亲都曾在联邦政府供职，而一直和母亲生活在一起的胡佛本人更是堪称精于官僚体制之道——内部的小道消息、官腔官调、暗箱操作、兵不血刃的残酷内斗。

胡佛内心觊觎局长宝座，试图构建一个自己一手掌控的官僚帝国。他向斯通隐瞒了自己曾主导监视平民的卑劣勾当，慨然承诺将解散情报部门。胡佛积极贯彻斯通的改革要求，借机将这一机构改造为一支现代化的执法力量。在一份备忘录中，胡佛向斯通报告称，他已经开始逐一筛查探员的个人档案，并将甄别出的缺乏能力或品质不纯者悉数开除。同时，胡佛还告诉斯通，根据后者的意思，他已提高新录用探员的门槛，要求他们至少具备必要的法律基础或者掌握会计技能。"局内同侪竞相致力提升自身风纪，"胡佛写道，"以不折不扣贯彻阁下之政策理念。"

1924年12月，斯通终于让胡佛得偿所愿，登上了其念兹在兹的局长宝座。很快，胡佛便将这个机构重塑为一支无所不能的巨无霸，在他长达近半个世纪的局长任内，胡佛不仅指挥该机构打击犯罪，还极尽滥权私用之能事。

在"茶壶山事件"败露前夕，胡佛已经指派怀特秘密调查首批调查局探员腐败案之一。怀特奉命接任亚特兰大联邦监狱的典狱长一职，并在此地开展秘密调查，抓获收受贿赂而为罪犯安排更好食宿条件，或对其提前释放的腐败狱警。调查过程中的某一天，怀特恰巧遇到有看守在凌虐罪犯,遂当场警告,如果再虐待囚犯,就将其开除法办。随后不久,其中一名罪犯要求密会怀特。仿佛是为了表示感激一样,他向怀特打开一部《圣经》,并开始用碘水混合物擦拭内页的扉边,上面神奇地出现了字迹。这些用密写药水书写的内容中,包括怀特担任典狱长前成功越狱的某位抢劫犯的藏身地点,警方据此成功抓获了这名逃犯。与此同时,其他的罪犯也纷纷开始提供情报,让怀特得以解开这里积弊已久的"金钱特权与不法赦免"的黑幕。怀特最终搜集到足够的证据,将前任典狱长绳之以法,后者也因此身陷囹圄,成为这座监狱的第24207号在押犯。一位到访过这所监狱的调查局官员在报告中表示:"罪犯对汤姆·怀特言行所透露出来的感情令人震惊不已,他们似乎对他非常满意,且颇为信任,罪犯们似乎感觉自己得到了公正对待。"调查结束后,胡佛向怀特签署嘉奖令,并褒扬道:"你不仅给自己,更给我们内心憧憬的服务增光添彩。"

怀特终于抵达总部,当时,这里还只是在位于 K 街与佛蒙特广场 (Vermont Avenue)交汇处的一幢建筑物里租用的两层办公楼。胡佛已将诸多曾经在边疆执法的探员踢走,因此,当怀特前往胡佛办公室的时候,随处可见的都是新一代探员——这些大学刚毕业的毛头小子,打字的速度快过开枪。老前辈们将这些人取笑为"童子军",净是些"大学教出来的扁平足",此言非虚,后来有年轻探员承认:"我们就是一群连自己在干什么都不知道的新兵蛋子。"

怀特被引领进入胡佛一尘不染的办公室,里面摆放着颇为吸睛的木质办公桌,墙上则悬挂着调查局派出机构的分布图。而老板本人,就站在怀特面前。当时的胡佛,身材还算纤瘦,长着一张娃娃脸。在此次会面数月前拍摄的一张照片中,胡佛身着颇为时髦的深色西服,头发浓密弯曲,下巴紧缩,嘴唇紧紧咬在一起。他棕褐色的眼神散发着警觉的光芒,仿佛他才是透过镜头观察这一切的那个人。

1924年12月，胡佛在自己位于调查局的办公室

戴着牛仔帽的怀特俯视着小巧的胡佛，后者对于自己的矮小身材十分在意，以至于他很少将高个探员提拔至总部工作，后来更是在办公桌后安装了一个踏板，供自己站立其上。但即便被眼前这个粗壮的得克萨斯人吓了一跳，胡佛也不会显露于色：他告诉怀特，自己需要与其讨论一项迫在眉睫的关键任务。而这项任务与奥色治谋杀案有关。怀特清楚，这一引发社会轰动的案件是调查局首要调查的杀人案件，但他的确对于案件细节一无所知，于是，他选择侧耳聆听。胡佛则用自己特有的顿挫节奏来介绍案情——这是胡佛年轻时为了掩盖自己的口吃而发明的表达技巧。

1923年春，就在奥色治部落会议通过决议，向司法部请求帮助后，当时的部长伯恩斯曾派遣探员前来调查谋杀案,那时至少已有二十四名奥色治族印第安人遭到暗害。这位探员在奥色治郡待了几个礼拜,最后断定,"再继续调查毫无意义"。后续派来调查的探员,也都无功而返,以至于奥色治人被迫用自己的钱来资助联邦调查活动——总数最终达到2万美元,约合现价30万美元。尽管印第安人已经花钱,但在担任调查局负责人后,胡佛仍然决定将案件发回俄克拉何马州当局,以避免承担调查不利的政治责任。派驻俄克拉何马州的调查局负责人信誓旦旦地向胡佛打包票,案件移交不会引发"任何不利"的媒体评论。然而,这个时候,胡佛主政下的调查局的双手已染上了鲜血。几个月前,调查局探员说服俄克拉何马州新任州长,释放了此前因为抢劫银行被捕并被有罪定谳的布莱基·汤普森(Blackie Thompson),让他担任政府卧底,负责收集与奥色治谋杀案相关的证据。在工作报告中,负责探员不无兴奋地报告称,他们安插的"卧底"已经开始"和油田的混混们打成一片,并开始向我们提供他承诺的相关证据"。探员们宣称:"美好的结果指日可待。"

然而,就在布莱基被认为处于干探们的严密监视下的时候,他却在奥色治群山中神奇失踪,并在随后的日子里继续抢劫银行,还杀死了一名警官。当局花费了好几个月,才再次将他抓获。对此,胡佛记录道:"有一些探员必须立下生死状,将功折罪。"虽然直到此时,胡佛尚可想办法让媒体尽量避免报道调查局在本案中发挥的作用,但水面下的政治纷争已开始不断升级。俄克拉何马州总检察长致电胡佛,认为"调查局应当为案件侦查失败承担责任"。奥色治部落著名代言人约翰·帕尔默也向堪萨斯州联邦参议员查尔斯·柯蒂斯写信,愤怒地表示调查局的破案行动受到腐败的干扰:"我现在也开始接受大众的看法,杀人犯十分狡猾,同时具备足够的政治能力与巨大财力,足以让有能力的干探调职或外放,同时让不可靠的探员缄默不语,而这些人本来应当负责将犯下如此恶劣罪行的罪犯绳之以法。"曾为好几个奥色治印第安人担任财产监护人的俄克拉何马律师科姆斯托克,也私下向柯蒂斯提交了简报,历数调查局令人惨不忍睹的粗陋工作所引发的灾难结果。

接见怀特时,胡佛对于权力的掌控并不稳固,而且突然需要面对自己就任局长以来想尽办法避之唯恐不及的问题:丑闻。俄克拉何马州出现的情况,胡佛认为,十分"棘手复杂",因为"茶壶山事件"才发生不久,稍有差池,可能彻底葬送自己的职业生涯。就在数周前,他还向怀特及其他特别探员发出过一份"绝密"备忘录,表示"目前我局无力承担任何公众丑闻的袭扰"。

怀特在倾听胡佛叙述的过程中,明白了自己被召来的原因。胡佛需要怀特——他手下为数不多有经验的硬汉——来侦破奥色治谋杀案,从而保住自己的局长位子。"我需要你,"胡佛表示,"接手调查工作。"

他指派怀特前往俄克拉何马城,担任调查员当地派出机构负责人。后来,胡佛曾指出,之所以选派怀特,是因为这一地区素来无法无天,以至于"派驻此地的调查局分支机构需要面临比其他地区更艰巨复杂的工作,故而需要一位能力过人、经验充足、不孚众望的干探负责"。怀特深知,调职俄克拉何马将会给自己的家庭带来沉重负担,但他也理解这项任务的重要性,因此告知胡佛:"我以所有的人性弱点与野心来争取这项工作。"

对于任务一旦失败自己有何下场,怀特无疑心知肚明:此前失手的探员或者被贬至偏远之地,或者干脆被彻底踢出调查局。胡佛曾言:"对于失败……不容狡辩或寻找借口。"怀特也认识到,若干试图抓住真凶的人,自己便惨遭毒手。从他离开胡佛办公室的那一刻起,他便已成为别人的目标。

9　卧底牛仔

1925年7月执掌调查局俄克拉何马办公室之后,怀特便开始逐一审查此前两年累积下来有关奥色治谋杀案的大量卷宗。一般来说,如果无法迅速侦破,谋杀案件的真相就将石沉大海。证据湮灭,记忆模糊。此时,距离安娜·布朗及查尔斯·怀特霍恩遭人杀害已经过去了四年有余,啃动陈年积案的唯一办法,便是从尘封的档案中找到此前遭人忽视的蛛丝马迹。

奥色治谋杀案档案中的历史,依然停留在最为原始的状态:信息碎片的整理缺乏时间或叙事脉络,就好像一本页码顺序被彻底打乱的小说。怀特在杂乱无章中努力寻找内在隐藏的线索。尽管他早已在边疆执法活动中见惯了血腥死亡,但报告中描绘的惨烈程度依然让他感到窒息。一位探员在报告中这样描述他见到的史密斯家爆炸后的惨状:"两名女性当时丧命,尸体被炸得四分五裂,后来在距离爆炸现场300英尺的一间房屋上还发现了崩飞的肢体残块。"此前,探员主要将注意力集中在似乎最有可能突破的几起谋杀案:炸死比尔·史密斯夫妇,以及其仆人妮蒂·布鲁克赛尔的爆炸案;以及枪杀安娜·布朗、亨利·罗恩、查尔斯·怀特霍恩的谋杀案。

怀特试图在总共二十四起谋杀案之间建立起某种关联,但至少有几点一见即明:杀人目标被锁定为奥色治族印第安富人;三名受害人——安娜·布朗、丽塔·史密斯及两人的母亲莉齐——具有血缘关系。令人吃惊的是,对于莉齐唯一在世的女儿莫莉·伯克哈特,探员在报告中甚少提及。探员被教导说,需要通过他者之眼审视这个世界。但怀特又如何能够捕捉莫莉这个女人眼里所看到的一切呢?出生在荒野的简陋帐篷里,突然被裹挟着拥有了巨额财富,自己、家人乃至其他奥色治族印第安人因为接二连三成为遭到猎杀的对象而担惊受怕。档案中对于莫莉的人生一笔带过,只是表示她罹患糖尿病,现在离群索居、闭门不出。

档案的其他一些细节也似乎极具说服力。普通的连环杀手倾向于墨守成规,然而奥色治系列谋杀案的手法却令人费解地五花八门,更无任何记号可言。再加上尸首散见于州郡各地,表明绝非独狼型杀手一人所为。相反,一定是幕后主使雇凶杀人。谋杀行为的实质同样揭示了主谋的某些特点:此人并非意气用事,而是处心积虑、精于谋划,不仅熟知毒物特征,而且可以历时多年,将自己的凶残计划逐步实施。

随着对于报告中细节的审慎检视,一个互相印证的发展脉络在怀特心中逐渐成形。仔细观察,这些信息无疑都归结到一个共同的存疑来源上:私家侦探及当地执法人员的意见,基本上全是道听途说的传言证据。考虑到奥色治郡无处不在的腐败状况,或许这些消息全都是故意放出来干扰视线、掩藏真实阴谋的烟幕弹。怀特认识到,此前调查活动存在的最大问题,并非探员们没有收集线索,相反,是收集了太多线索。这些人往往发现了线索,又轻易地放弃了这些线索,或者没有相互佐证,或者武断地摒弃。即便当探员们似乎摸准了门道,也没有办法收集可以在法庭上有效使用的合法证据。

在跌跌撞撞地成长为一名现代意义上的证据收集者过程中,怀特自觉或不自觉地学习到了很多创新科技手段,但最为常用的依然是经历时间考验的做法:冷静、系统地将传言证据从其能够证明的事实中剥离出去。他并不希望仅仅根据一个吸引眼球的故事便将被告送上绞刑架。在奥色治谋杀案经历多年屡屡碰壁，或许是故意搞砸的侦查活动后，怀特需要整理出若干事实，然后再通过所谓"颠扑不破的证据链条"，进行不容置疑的犯罪描述。

虽然喜欢单打独斗，但考虑到谋杀案数量之巨，遗留线索之多，怀特明白，自己必须组建一支侦破团队。然而，即便是一组人马，也依然无法克服导致此前调查活动搁浅的巨大阻力：证人因为自己的偏见、遭到收买抑或者如一名探员所言——"几乎毫无例外担心被'灭口'"——而拒绝配合。于是，怀特决定自己出面面对公众，而其他大部分探员则开展秘密侦查。

胡佛向他承诺："你要多少人，我就给你多少人。"考虑到自己手下大学生探员的种种不足，胡佛保留了少数牛仔型硬汉探员，其中就包括怀特的弟弟"刀客"。虽然这些老家伙依然需要学习科学的侦查技能，依然需要想办法适应用打字机完成报告的现状，但怀特决定，只有依靠这些人，自己才能不辱使命——深入荒郊野外，与不法之徒周旋，不眠不休地跟踪疑犯，处变不惊，遇到压力方寸不乱，必要情况下可以得心应手地使用致命性武器。怀特着手组建起一支由牛仔组成的小分队，但他并未要求"刀客"加入。从骑警时代开始，他和自己的弟弟就尽量避免共同侦办同一个案件，以避免这个家族同时损失两名成员。

怀特首先想到延揽的队员，是一位当时已经五十六岁，后来被证明是他手下最年长成员的新墨西哥州前警长。尽管保守得近似害羞，但这位警长却精于易容改装以担任卧底，可以伪装成从偷牛贼到伪钞贩子等多种形象。接下来被怀特拉入伙的是一位身材敦实、喜欢喋喋不休的金发男子——这位前得克萨斯州骑警，根据他上司的描述，特别适合于出现在"任何存在危险的场合"。另外，怀特还找到了一名资深的卧底探员，此人看起来特别像保险推销员——或许因为这的确是他此前的职业。

怀特的团队中包括一位被认为适合于出现在"任何存在危险的场合"的前得克萨斯州骑警

怀特还决定留用此前曾参与调查的一名探员：约翰·伯格（John Burger）。此人对于案件的细节——从疑凶到证据——了解颇深，同时他还发展出一个包括诸多不法之徒的线人网络。由于在奥色治郡可谓尽人皆知，因此，伯格将与怀特一道公开行动。同样被网罗的探员，还有弗兰克·史密斯（Frank Smith），这位土生土长的得克萨斯人将自己的爱好概括为："手枪及步枪射击训练，大规模狩猎，大规模捕鱼，登山，探险，捕人。"在胡佛的调查局里,史密斯被划入"未受教育的老派探员"一类。

最后被怀特招致麾下的,是特立独行的约翰·雷恩(John Wren)。这位一度担任墨西哥革命领导人手下间谍的探员,在调查局内部实属异类:他是一名北美印第安人(很有可能也是唯一一位)。雷恩具有部分乌特族(Ute,一个曾经活跃于现在科罗拉多州及犹他州境内的印第安部落)血统,肌肉发达,眼睛黝黑。他虽然是天生的侦探,但因为无法撰写报告,同时厌恶条条框框的规矩,不幸被扫地出门。一位负责的特工不无气愤地谈道:"他在搞案子方面极富才能,而他所办理的很多案件只有用精妙绝伦才能形容,但日夜辛苦工作的成果,如果不能体现在书面报告里,又有何用?!他脑袋里有的是东西,但就是不肯写出来。"1925 年 3 月,胡佛下令雷恩复职,但随后便警告称:"除非你想办法遵守现在局里面适用的各项规定,否则我只能要求你辞职。"怀特知道雷恩可以为破案团队提供至关重要的独特视角。此前负责破案的侦探,甚至包括伯格在内,都会流露出当时相当常见的针对奥色治族印第安人的歧视态度。在一份联合报告中,伯格和其他探员曾表示,"印第安人,总体而言,懒惰成性、悲天悯人、懦弱胆小、挥霍无度",而伯格的同事则坚持认为,"能够让这些顽固散漫的奥色治族印第安人开口说话,告诉他们所知道的情况的方法,便是不再给他们分发补助款……或者在必要的情况下,把他们扔进监狱"。上述蔑视加深了奥色治人对于联邦探员的不信任感,严重干扰了调查的开展。但自诩为胡佛手下"猛将"之一的雷恩,却在处理保留地发生的微妙案件时游刃有余。

怀特将自己的用人名单提交给胡佛,其中此时并未配属调查局俄克拉何马办公室的探员,收到了来自总部的加急密电:"立即着便衣向负责探员汤姆·怀特报到。"队伍整装完毕,怀特随即全副武装,率队出发,宛如"破雾旅者"般赶往奥色治郡。

10 排除万难

一个个陌生人纷纷潜入奥色治郡。前警长,乔装为年长寡语的得克萨斯牧牛人,率先抵达。其后露面的,则是健谈的前得克萨斯州骑警,他假装的也是牧场工人。不久,那位曾经的保险推销员也来到镇子上开张营业,四处推销伪造的保险合同。最后,探员雷恩作为印第安巫医现身,对外则宣称是在访亲探友。

怀特建议这些手下在乔装打扮时越简单越好,唯此才不易暴露。两位假扮的牛仔很快就与威廉·黑尔打成一片,后者也将这二位当成来自得克萨斯老家的同行,并引荐给镇上的其他头面人物。假扮成保险推销员的探员走街串巷,以兜售保险合同之名,造访了若干嫌疑人的住宅。雷恩则充分利用自己的路子,参加当地部族聚会,从轻易不会向白人执法人员吐露心声的奥色治印第安人处搜集情报。"雷恩与这些印第安人同吃同住……大隐隐于市",怀特向胡佛报告称,同时还补充道,他的手下似乎"经受得起生活的严酷考验"。

对于调查应当从何处着手,怀特一时有些手足无措。安娜·布朗的尸检调查记录离奇失踪。"我的办公桌遭人盗窃,所有证言都被洗劫一空。"治安法官如是说。

事实上,几处犯罪现场都未留存任何物证。但是,在安娜案件中,入殓师偷偷留下了一个东西:她的头骨。虽然足有甜瓜般大小,但拿在手里,这个空壳却轻得有些令人揪心,有风吹过上面的孔洞,像极了饱经风吹日晒的海螺。怀特断定——和此前的侦探一样——子弹一定来自一把点三二或点三八口径的手枪。他同样注意到一个奇怪的现象,在安娜颅骨的前部,并无贯穿的弹孔,也就是说,弹头理应留存在她脑内。在尸检的过程中,不可能找不到这枚弹头。当时在场的某些人——或者是杀手本人,或者是杀手的同谋——一定把它拿走了。

治安法官承认,自己也存有同样的质疑。一直以来,都有一个问题犹如巨石般压在心头:"比如,有没有可能是两位医生——大卫·肖恩及詹姆斯·肖恩兄弟——隐匿了罪证?"但他又补充:"我不知道。"

大卫·肖恩在接受讯问时承认,的确没有弹头射出的迹象,但同时坚持他们两兄弟"勤勤恳恳地找寻过"这枚弹头。詹姆斯·肖恩也做了同样的抗辩。怀特认定有人破坏了现场。但考虑到尸检时在场人数众多——当地执法人员、入殓师、大山商贸公司老板马西斯——几乎根本没办法说清楚谁才是罪魁祸首。

为了厘清调查局档案中记载的究竟是事实还是道听途说,怀特采取了看似简单但非常恰当的办法:他将仔细核实所有嫌疑人的不在场证明。这恰恰暗合夏洛特·福尔摩斯的名言:"排除一切不可能的,剩下的即使再不可能,那也是真相。"

怀特依仗探员伯格,系统梳理杂乱无章的联邦调查工作。后者曾经在这个案件上花费了一年半的心力,其间,追踪过黑尔、马西斯以及莫莉家族成员延聘私家侦探调查过的很多线索。借助伯格的调查结果,怀特十分快捷地排除很多嫌疑人,包括安娜的前夫奥达·布朗。他不在场的主张——声称当时与其他女人厮混——得到证实;事后查明,当时陷害布朗的制假者虚构了这个故事,以换取检方提供更好的服刑条件。后续开展的调查活动,还洗清了另外一些人的嫌疑,例如被遭罢黜的前警长哈夫·弗里亚斯送进大牢的混蛋石油工人。

随即，怀特开始着手调查罗丝·奥色治因为安娜勾引了其男友乔·艾伦（罗丝与乔此时已结婚）而嫉妒杀人的流言。怀特获知 28 号私家侦探曾从一位考族印第安妇女处打听到，罗丝曾向其坦陈自己谋杀一事。在一份走访报告中，曾有调查局探员观察："罗丝……生性暴躁、妒忌成性，乃是尽人皆知的常识。"费尔法克斯镇警长还向怀特透露了一个颇为耸人听闻的

干探约翰·伯格

细节：在安娜遭谋杀的前后，他曾经在罗丝车后座上发现过黑色的污痕，看起来像血迹。

伯格则告诉怀特，自己也曾传罗丝·奥色治及乔到当地警长办公室接受讯问。两名嫌疑人被分别带入两个房间，以制造"囚徒困境"。当伯格讯问罗丝时，她坚称自己与安娜被害一事毫无关联。"我与安娜素无睚眦。"随后，伯格又遇到了乔，在他看来，这位嫌疑人"自控力甚强，样子阴郁，表情邪恶"。此前已有其他调查局探员单独讯问了乔："你曾和安娜过从甚密？"

"没有，从来没有过。"他表示。

乔给出了与罗丝相同的不在场证明：1921 年 5 月 21 日晚，他们俩一起在位于灰马镇西南十七英里的波尼郡一间客舍入住。而这间往往充斥着色情与私酒的客舍的老板，证实了乔及罗丝的说辞。然而，探员们也注意到，两人的说辞几乎一字不差，仿佛早已演练过一般。

罗丝与乔最终获释。此后,伯格试图获得线人——私酒贩子兼当地毒品贩子凯尔茜·莫里森——提供的帮助,显然,这算得上很好的情报来源。莫里森曾经的妻子,一位奥色治妇女,与罗丝和其他嫌疑人过从甚密。但是,在发展他成为线人前,伯格需要找到这个家伙——莫里森此前因为攻击一位当地执法人员,被迫从奥色治郡出逃跑路。经过调查,伯格和其他探员最终锁定了使用假名劳埃德·米勒(Lloyd Miller)在得克萨斯州达拉斯生活的莫里森。探员们设计了一个圈套。他们用米勒作为收件人寄出了一封挂号信,并在莫里森现身取信时将他制服在地。"我们足足盘问了'劳埃德·米勒'一个多小时,才让他低头承认,自己便是凯尔茜·莫里森。"伯格在报告中这样写道。

123　　莫里森,用伯格的话来形容,"异常狡猾,鲁莽自大",穿着看起来就像舞厅里的牛郎,个子很高,满身弹痕,獐头鼠目,神经兮兮。他似乎始终都在自内而外地消耗着自己,并因此得到了"瘦猴"的绰号。"话不离口,烟不离手,"伯格在报告里写道,"不停地矜鼻努嘴,特别是一旦兴奋起来,更是挤眉弄眼个不停。"

探员们与莫里森达成妥协:撤销因攻击执法人员而对他发出的逮捕令,作为交换,莫里森需要担任奥色治谋杀案的线人。伯格曾报告总部:"此项安排属于绝密,不得在任何情况下向任何人透露。"

当然,也存在莫里森逃之夭夭的风险,因此在释放他之前,伯格想办法确保对他彻底适用了"贝迪永式人体测定法"(Bertillonage)。这套由法国犯罪学家阿方斯·贝迪永(Alphonse Bertillon)于1879年开发的测量方法,堪称世界上首套用于鉴别惯犯的科学测量手段。使用测径器及其他特制工具,伯格探员在达拉斯警方的协助下,对于莫里森的十一处身体部位进行了测量,包括左脚的长度、头部的长宽以及右耳的周长。

在告知莫里森上述测量的用意之后,伯格还为他拍摄了用于备案的"大头照"——贝迪永的另外一项发明。1894 年,以揭发丑闻著称的记者艾达·塔贝尔(Ida Tarbell)曾写道,任何在贝迪永设计的这套系统里"过了一水"的家伙,都将永远被"盯死":"你可以抹掉文身、压低胸膛、改变发色、拔除牙齿、灼烧肌肤、缩短身高。但一切都将无济于事。"

事实上,此时"贝迪永式人体测定法"已经开始被另外一种更为有效的身份识别方法逐渐取代,这便是指纹识别。在某些案件中,即便没有目击证人,依然可以借此确定嫌疑人曾经出现在案发现场。胡佛署理调查局局长一职后,便设立了鉴证部门,负责收集、整理全美范围内抓获罪犯的指纹。通过这种科学方法,胡佛宣称,将有助于"帮助文明抗制其所面临的共同威胁"。

伯格将莫里森的指尖蘸上墨水。"我们为他拍照,记录下身体特征,进行人体测定,留取指纹,这样即便嫌犯逃跑,依然有办法将他捉拿归案。"他向总部报告称。

随后,伯格给了莫里森一些活动经费。莫里森则承诺将寻找机会接触罗丝·奥色治、乔·艾伦以及其他黑道中人,刺探有关谋杀的消息。莫里森也警告称,如果被人发现自己为探员工作,必将死路一条。

随后,莫里森回报称自己就安娜被谋杀一事偷偷询问了罗丝:"为什么要这么做?"但她回复:"你知道什么,瘦猴,我根本就没杀她。"在一份备忘录中,伯格探员曾对他收买的这位线人如此评价:"如果不是频繁跳线,这个家伙可以为我们做许多好事。"

怀特审阅了莫里森以及其他探员收集的有关罗丝·奥色治以及乔·艾伦的所有情报。但从罗丝对莫里森吐露的信息,以及客舍老板证明罗丝及乔不在场的证言来看,考族印第安人所称罗丝向其坦诚杀人的叙述就显得令人费解。特别是其中涉及的一处细节,尤为让人生疑。这位考族印第安人曾表示,罗丝忏悔称,在她开枪时,安娜就在自己的车上,接下来,她将安娜的尸体丢弃在三里溪,同时被丢弃的,还包括自己溅上了死者鲜血的衣衫。

从尸检报告中,可以窥见更多端倪。当时,犯罪学者逐渐认识到,死后因为体内血液沉积,将会在身体下部形成黑褐色尸斑。如果尸体被发现时尸斑出现在身体上部,显然意味着尸体曾经被人挪动过。以安娜为例,负责尸检的医生并未报告类似迹象,对于犯罪现场的描述也不包括从停车地点到溪边的血痕。

看起来,这位印第安证人一定是在撒谎,罗丝和乔是无辜的。这也可以解释为什么莫莉家族所雇用的私家侦探,从未在他们安置的窃听装置中发现任何可以认定两人有罪的蛛丝马迹,以及为什么无法在犯罪现场找到被罗丝丢弃的所谓衣物。当探员们讯问这位考族印第安妇女时,没用多久便撬开了她的嘴。这位妇女承认,罗丝从未向自己讲过任何有关杀人的故事。事实上,是一位陌生的白人男子来到她家,写下了相关叙述,并强迫她签字,尽管内容皆不属实。怀特认识到,凶手的同党不仅掩饰罪证,甚至还在捏造罪证。

11 第三之人

胡佛开始揪住怀特不放,频繁要求听取最新进展的汇报。有一次,怀特因为赶赴现场而未能及时汇报,遭到胡佛痛批:"我搞不明白,为什么一天的工作结束后,你还是没有通过电话将案件进展及相关概况向我充分汇报。"虽然这几年胡佛对于本案的关注度时有反复,但就在怀特赴任前,因为备受俄克拉何马方面的非议,胡佛居然披挂上阵,亲自开始了调查。尽管不算是勇于深入肮脏不堪的犯罪现场的那类人(因为罹患细菌恐惧症,他甚至在家里安装了一套特制的空气净化系统),但他端坐在办公室,埋头于手下探员——在这个危机重重的世界里安插的眼线——不断提交的报告。

就在研读奥色治谋杀案相关报告的过程中,胡佛有了一个"饶有趣味的发现":安娜·布朗与罗恩,皆是脑后部中弹遭枪杀,"弹道角度皆经过周密计算",并且,他开始确信,嫁给一名奥色治印第安男子的白人妇女内西娅·肯尼(Necia Kenny)或许是解开本案的关键之所在。此前,肯尼告诉探员,曾为几位奥色治人担任财产监护人的律师科姆斯托克,很可能参与了杀人共谋。胡佛一直记得科姆斯托克曾对调查局大放厥词,放言要鼓动柯蒂斯参议员与胡佛作对。这让他在胡佛眼中成为过街老鼠。"我敢肯定,肯尼女士所言极是,正在点子上。"胡佛曾对某位下属如是说。

肯尼本人有精神病史——她自称中了邪魔——甚至一度试图杀害另外一位当地律师。即便如此,胡佛依然在华盛顿与她面谈,不止一次,而是两次,同时还安排政府方面的"精神疾病"专家对她进行评估。医生

科姆斯托克和自己的奥色治族印第安妻子

认定,肯尼罹患偏执症,但还是按照胡佛的意旨,在鉴定意见中写道:"有能力观察到易被常人所忽视的细节。"作为结果,胡佛表示,肯尼"或许在为我们提供线索方面更具价值,而非仅仅作为证人存在"。

怀特并未坐实肯尼的指控,更未想好如何对付科姆斯托克。而枪不离身,随时都佩戴一把英国造斗牛犬左轮(Bulldog revolver)①的科姆

---

① 斗牛犬左轮,系韦伯利左轮手枪(Webley Revolver)的俗称,是英国生产的军用及警用制式手枪。

斯托克,又是奥色治郡表面上愿意配合案件调查的少数白人头面人物之一。他曾经告诉探员,自己肯定能够搞到关键证据——条件是必须事先接触到调查局的内部文件。尽管怀特拒绝向他吐露任何秘密情报,但科姆斯托克依然会定期上门拜访怀特,报告零零星星的有价值信息,并借机打探调查进展。随后,他便和那支寒光闪闪的英国造手枪一道,再度消失在街巷尽头。

时光荏苒,到了1925年7月底,怀特开始将全部注意力转移到安娜·布朗谋杀案的最后一位嫌疑人,莫莉的小叔子布赖恩·伯克哈特身上。他了解到,1921年的案件调查期间,布赖恩曾表示,安娜失踪当晚,从欧内斯特与莫莉的家离开后,自己曾将安娜直接送回她的私宅,时间大概是在下午四时三十分至五时,之后,他便前往费尔法克斯,与黑尔、欧内斯特以及前来拜访的叔婶会和,共同观看音乐剧《教养老爹》。如果是这样,那么他就根本没有时间赶到三里溪,枪杀安娜,再在演出开始前返回镇上。他似乎拥有滴水不漏的不在场证明。

为了加以验证,伯格和一名同事前往欧内斯特及布赖恩叔婶的老家,位于得克萨斯的北部小镇坎贝尔(Campbell)走访调查。探员们沿着牛仔曾经跋涉的故道前行,只不过现在乘坐的是汽笛声声的火车头拖拽的闷罐车。他们发现,黑尔原来就在离坎贝尔数英里之遥的一片林地间长大成人,三岁丧母——这位奥色治众山之王,也有不堪回首的过去。

在坎贝尔,探员们找到了布赖恩叔婶居住的简朴住宅。叔叔并不在家,但婶婶还是邀请探员进屋,开始喋喋不休地吐槽欧内斯特是如何与一位红皮肤百万富豪结婚的经过。伯格询问安娜失踪当晚所发生的一切。她表示,她听说了是布赖恩杀死那个喝醉了的印第安女人的风言风语,但没有一句是真话,送安娜回家后,布赖恩便赶回来与大家会合。

这时，叔叔突然出现在门口。他似乎对家里出现两位突然造访的联邦探员颇为不悦。虽然欲言又止，但他也肯定布赖恩在送安娜回家后，曾和大家会面，同时进一步补充道，演出结束后，自己和妻子整晚都跟布赖恩共处一室，整个过程中，布赖恩始终没有离开过，因此根本不可能是谋杀犯。随后，他直截了当地表态，希望探员们赶快离开。

1925 年 8 月，怀特派遣卧底探员进入拉尔斯顿镇。他希望自己的人马能够调查此前没有被充分跟进的一条线索：安娜·布朗失踪当晚，案件卷宗显示，有人曾看到她可能坐在一辆车里，和她在一起的几个白人则坐在拉尔斯顿主街上一处宾馆的门前台阶上。之前的调查者，无论是当地执法人员，抑或受雇佣的私家侦探，都曾经接触过这些弥足珍贵的目击者，随后似乎又都将了解到的真相湮灭于无形。至少一名目击证人随后人间蒸发，怀特借此确信，如一位探员在报告中所言，这些人"被嫌疑人收买，远走他乡，或隐姓埋名"。

怀特及其手下想办法寻访到了若干当时身处旅馆外的目击证人，包括此前曾被探员讯问过的一位年长农夫。在最初的调查过程中，他看起来似乎患有老年痴呆：两眼无神，死死盯着探员不放。然而，过了片刻，他似乎恢复了常态。自己的记性不赖，他解释道，这样做只是想确认对面这些人是否真的如其所言是联邦探员。要是对于错误的对象说了谋杀犯的事，他就很有可能自掘坟墓。

现在，这位农夫开始对着怀特及其手下敞开心扉。根据随后经宣誓后所述证言，他因为经常跟在该旅馆流连的朋友讨论此事，故而对当晚的情况记忆犹新。"我们这群老家伙经常在镇子里消磨时间，而那里就是我们闲坐之所。"他表示，当时，车就停在马路牙子边上，透过开着的车窗，能够看到安娜——就坐在自己眼前。她打了声招呼，这时，人群中有人搭腔："你好，小安。"

农夫的妻子,当晚和自己的丈夫一样身处拉尔斯顿,同样表示坐在车里的女人就是安娜,尽管自己并未与她搭话。"那里聚集着好多印第安人,"她作证说,"我有时会和这些人聊几句,有时则不会。还有些时候,当我搭讪时,他们却默不作声。"当被问及安娜当时是否因为醉酒而东倒西歪时,她回答:"像其他坐着的人一样坐着,看起来就像这样。"她直挺挺地坐着,宛如雕像一般,演绎着印第安人的沉静形象。

其间,有人询问当时车内是否有人和安娜在一起。

"有,先生。"农夫的妻子回答。

"是谁?"

"布赖恩·伯克哈特。"

布赖恩,她说道,当时戴着一顶牛仔帽,正在开车。其他目击证人也证明看到布赖恩在车上跟安娜在一起。"他们径直由西向东开过镇子中心,我不知道他们从哪里开过来。"证人回忆道。

布赖恩的不在场证明,首次出现了漏洞。他或许的确带安娜回过家,但最终又将她带了出来。一位探员在报告中写道,布赖恩"在验尸调查过程中发誓,自己于四点三十分至五时将安娜平安送到家的说辞,纯属虚构,他作了伪证"。

现在,怀特需要弄清楚的是,离开拉尔斯顿后,这两位去了哪里。通过整合此前伯格线人以及其他卧底探员收集到的情报,怀特终于理顺了事件发生的时间脉络。布赖恩和安娜在附近的一间非法酒吧逗留至晚上十点,之后前往距离费尔法克斯以北数英里的另外一处非法酒吧。有人在此目击到布赖恩的叔叔和他们在一起,因此,这位叔叔很有可能对伯格撒了谎,目的不仅仅是为了保住布赖恩,更是为了保住自己。地下酒吧的经营者告诉探员,布赖恩和安娜一直喝到第二天凌晨一点。

布赖恩·伯克哈特

在此之后,涉及布赖恩与安娜的叙述变得愈发含糊不明。一位证人表示,两人没有其他人跟随,他们前往了费尔法克斯附近的另外一家地下酒吧;其他人则声称目睹布赖恩和安娜在"第三方"——一位并非布赖恩叔叔的男性——陪同下离开。"据称有第三方与安娜·布朗及布赖恩·伯克哈特在一起。"伯格记录道。探员所掌握的安娜与布赖恩最后在一起的目击时间,已是接近凌晨三点。一位认识这两位的目击者声称,听到一辆汽车停在自己家附近,一位男子(相信是布赖恩)喊道:"别做傻事了,小安!赶紧上车。"

此后,安娜便不知所踪——已经变成了孤魂野鬼。然而,布赖恩的邻居看到他于日出时分返回家中。后来,布赖恩要求这位邻居不得对任何人吐露半个字,并花钱让其闭嘴。

现在,怀特终于锁定了一位主要嫌疑人的身份。但跟很多谜团一样,每获得一个答案,新的问题便接二连三地冒了出来。如果是布赖恩杀死了安娜,那么杀人动机为何?他是否还参与了其他谋杀?谁才是那个神秘的第三方?

12　狂野宝鉴

夏末秋初,怀特愈发怀疑,调查队伍中有内奸。根据线报,他手下的一名探员讯问了当地一位声名狼藉、据说正在试图干扰侦查的律师,令人吃惊地发现他对于案件内情知之甚详。最终,这位律师承认,自己"曾经看到过一些调查局内部文件……而且曾有机会见到更多材料"。

调查局的侦查工作,一直面临内部泄密及外界干扰。曾有探员抱怨称:"情报一旦上了报告,就马上悉数落入无权调阅且无法无天者之手。"一位联邦检察官同样发现,调查局向其提供的报告,在自己的办公室离奇消失。泄密事件严重威胁着探员的生命安全,同时导致人人自危、互相猜忌,彼此质疑对方的忠诚度。一位联邦检察官要求不得将自己报告的副本,"提交给任何俄克拉何马州方面的官员"。

或许更为致命的是,两名私家侦探,其中一人甚至还来自伯恩斯的侦探社,试图揭露调查局重要线人凯尔茜·莫里森的卧底身份。这些私家侦探向若干当地执法人员透露,莫里森正在为调查局工作,并捏造了其从事抢劫犯罪的虚假指控,借此将他羁押不放。伯格表示,上述私家侦探的所作所为十分"恶毒","摆明了是在阻挠调查"。"显然这是他们这样做的唯一目的,"他在报告中写道,"一定有人出钱让他们如此妄为。"有探员报告,从监狱中获释的莫里森"被吓得魂不附体"。在接头过程中,莫里森乞求干探们赶快将这些"狗娘养的"杀人犯绳之以法,以免找到自己头上。伯格也警告莫里森,"睁大双眼避免遭人出卖陷害"。

怀特手下负责扮演放牛人的新墨西哥州前警长

往往是在入夜时分,怀特会和自己的手下在荒郊野外碰头,一群人宛如流窜犯般在暮色中聚到一起。曾经有探员感觉自己遭人跟踪,怀特建议,一旦卧底身份暴露,应当"稳住阵脚,尽量避免与人硬碰硬"。在明确要求所有人必须佩戴武器的同时,他还补充道:"如果必须要以死相搏才能绝地求生的话,就干得漂亮点。"

怀特发现,自己仿佛正在面对一面狂野宝鉴——透过这面魔镜,自己的工作远比犯罪调查更容易成为被窥视的对象。一定存在内奸,双面甚至三面间谍。其中嫌疑最大者,非私家侦探派克莫属。曾有某位来自奥色治郡的先生与伯格接触,自称是派克的中间人。探员们还发现,1921 年,派克曾受雇于黑尔调查奥色治郡谋杀案,因为并未取得什么进展,最终半途而废。

然而,这位中间人却表示,派克实际上手里握着一份他在调查中发现的至关重要的情报:他知道安娜遭人杀害前曾被目睹与她和布赖恩在一起的第三方的真实身份。伯格在报告中表示,很显然,"派克知道第三方是谁,并与其有过交流"。但中间人同时表示,派克交出这一情报的唯一条件是,获得巨额酬金。"很显然,这家伙在想着歪门斜道。"伯格在报告中写道。

调查局方面通过中间人,要求派克必须露面出头。但他并未听从吩咐,摆明了是在勒索钱财、妨碍司法。探员们于是对最后公开住所地位于堪萨斯城的派克展开人肉搜索。"必须找到派克并予以逮捕,"伯格写道,"了解到我们正在对他采取措施后,派克马上改换门庭,搬到他处。可以肯定,他是在受人钱财后才跳了出来。"

不久之后,派克因被指控在塔尔萨实施拦路抢劫而遭到逮捕。多少有些演戏的成分,他供出了当地一位赌徒的名字。经调查,探员们发现,5月21日当晚,这名赌徒的确曾经在一家地下酒吧里与布赖恩及安娜共饮,但很早便返回家中,因此不可能是所谓的在场第三方。

看起来,探员们再次被耍了。这次,他们持续对派克施压,迫使他慢慢地掀开案件隐藏的面纱。派克承认,自己受雇的真实使命,并非破解安娜·布朗谋杀案,相反,他被要求隐匿案发当晚布赖恩的行踪。

派克告诉探员,自己需要伪造证据,网罗虚假目击证人,从而捏造不在场证明。后来,他表示威廉·黑尔便是给自己下命令的人。

派克解释称,黑尔虽然并未明确向他表示布赖恩跟安娜遭人谋杀的案件有关,但从他所提出的相关要求来看,事情原委一目了然。如果派克所言属实,那么便意味着黑尔——这位法律秩序的模范践行者,同时也是莫莉·伯克哈特最为有力的保护者——多年来一直就安娜被害一事撒谎。派克无法回答怀特最为关心的问题:黑尔仅仅是在保护布赖恩,抑或他本人也参与了这个愈发诡谲、细思恐极的巨大阴谋?

尽管如此,派克还是透露了另外一件更加让人闻之色变的消息。当他和黑尔及布赖恩会面时,另外一个人也经常出席,派克表示,这个人便是欧内斯特·伯克哈特。派克补充道:"欧内斯特十分小心,尽量避免当莫莉·伯克哈特在场的情况下讨论该案,或与她就此进行交谈。"

13　刽子手之子

汤姆·怀特第一次见到罪犯被绞死时,只是个孩子,而执行死刑的人,正是自己的父亲。1888 年,汤姆的父亲罗伯特·埃米特·怀特(Robert Emmett White)被推选出任下辖奥斯汀市(Austin)的得克萨斯州特拉维斯郡(Travis County)警长,当时,这里的人口不足一万五千人。身如铁塔,两鬓虬须,埃米特——汤姆的爸爸喜欢被人如此称呼——贫穷、严厉、肯干、虔诚。1870 年,年仅十八岁的埃米特从田纳西迁居至当时还是蛮荒边境地带的得克萨斯中部。四年后,他与汤姆的妈妈玛吉成婚,并在奥斯汀郊外一处荒僻山丘的木屋内定居下来。一家人饲养牛只,翻地刨食。生于 1881 年的汤姆,在五个孩子中排名老三,"刀客"是最小的弟弟,其中,汤姆和经常弄得自己遍体鳞伤的哥哥达德利(Dudley)关系最为密切。离家最近的学校——只有一间教室,一位老师负责八个年级的教学——也在三英里之外,汤姆和兄弟姊妹只能一路步行前去上学。

汤姆六岁时,妈妈溘然离世,死因是产后并发症。遗体停放在一处空地上,汤姆可以看到萋萋芳草没过母亲的尸身。沦为鳏夫的埃米特只好一手拉扯汤姆及其兄弟姊妹长大成人,孩子们当时均不满十岁。一本出版于十九世纪的得克萨斯地方人物志这样描述埃米特:"怀特先生品行端正、踏实肯干,堪称特拉维斯郡之光……他在郡里面堪称尽人皆知,所有人都对其能力与品性非常认可。"1888 年,一群乡党撺掇埃米特竞选郡警长,结果他一试即中,轻松当选。这样一来,汤姆的父亲,摇身一变,成为法律的化身。

左边站立者为汤姆，骑在驴子上的是他的弟弟"刀客"，最右面是达德利

身为警长，埃米特还需要负责管理坐落在奥斯汀市的郡监狱，遂和孩子们一起搬入了监狱旁边的一座住宅。这座监狱犹如一座堡垒，窗户上都安装了铁条，内部则是冰冷的石制通道与一层层牢房。埃米特刚上任时，监狱里关押了差不多三百名罪犯，包括四名谋杀犯、六十五名抢劫犯、两名纵火犯、二十四名夜盗犯①、二名造假者、五名强奸犯以及二十四名精神病人。汤姆后来回忆："我算得上是在监狱里长大的。从卧室的窗户向下俯瞰，监狱的走廊和部分牢房的门清晰可见。"

眼前的一切，仿佛像是展开的圣卷一般：善良与丑恶、救赎与谴责。一次，监狱里爆发了骚乱。就在怀特警长忙于镇暴之时，他

---

① 夜盗（Burglary），普通法中的一个罪名，原本是指犯罪人夜间基于实施犯罪的意图，未经居住人允许，以暴力或胁迫手段强行进入他人住宅。但现在一般认为白天闯入亦可成立本罪。

的孩子们则跑到了附近的法院找人求救。《奥斯汀政治家周刊》(*Austin Weekly Statesman*)以"血、血、血,郡监狱沦为修罗场"为标题,对此事件进行了报道。记者这样描述年幼的汤姆亲眼目睹的情景:"记者在采访报道过程中,曾见到过许多令人作呕的血腥场面,但其中没有任何一幕堪比昨天下午五点三十分当他走进郡监狱时所撞见的悲惨场景。无论向哪个方向走,映入眼帘的都只有淋漓的鲜血。"

在这场造成五人重伤的事件平息后,埃米特·怀特也成长为一位坚定甚至有些顽固的警长。即便如此,他依然对在押犯给予了极大关注,同时坚持在逮捕过程中绝不动用自己的六发式左轮手枪。虽然从未对自己的职责或所谓法律进行任何哲学化的拔高,但汤姆还是注意到自己的父亲对于罪犯一视同仁,无论白人、黑人还是墨西哥人。曾几何时,法外私刑,特别是在美国南部针对黑人使用的私刑,已成为当时美国法律体系的巨大弊端。无论何时,只要获知当地人计划组织所谓"领带聚会"(Necktie Party)①,埃米特都会冲过去试图阻止。"如果有暴民想要从警长手里劫走黑鬼,"一位记者如此报道称,"就会遇到麻烦。"同时,埃米特拒绝将年轻的非暴力犯与危险的成年罪犯关押在一起,如果监狱中实在没有地方,他甚至会将这些人关在自己家里,和孩子们共同生活。曾经有一位年轻女犯在汤姆家待了好几周。汤姆最终也没有搞清楚她为什么会被关入监狱,而汤姆的父亲对此也守口如瓶。

对于为什么罪犯要作奸犯科,汤姆始终弄不明白。监狱中,的确有些罪犯看起来坏透了,是天生犯罪人。还有些罪犯头脑有毛病,看问题的角度和常人迥异。但大多数罪犯都是在不得已的情况下困兽

---

① "领带聚会",是旧时美国西部民间实施绞刑的隐晦叫法,本意是指地方上通过拍卖领带筹集善款的社交活动。

犹斗——通常情况下尽是些暴力卑鄙的行为——冷静下来后,这些人又开始寻求救赎。在某种意义上,这些罪犯堪称令人望而生畏,他们身上所展现的正是人人均有可能遭到"恶"的裹挟加持。和家人一同参加当地浸礼派教会活动的汤姆,聆听布道时被告知人人是罪人——即便连埃米特这位正义的捍卫者,亦不例外。尽管汤姆毕生都在努力尝试,但似乎永远都无法解开这些谜团了。

汤姆对父亲的工作耳濡目染。一天二十四小时,一年三百六十五天,包括安息日在内,埃米特都需要随时准备缉匪捉凶。当时的犯罪调查手段堪称原始:他抓起枪,寻访犯罪目击者,然后翻身上马,拿捕罪犯。他还饲养了一群猎犬,用于追踪凶嫌。

汤姆的父亲在奥斯汀巡视特拉维斯郡监狱

141　1892年夏的某一天,当时汤姆刚刚十一岁,他的父亲急匆匆带着猎犬出门离家:有人在骑马的过程中遭人枪杀。埃米特注意到,距离受害人大约三十步的地方,有人踩踏的痕迹,同时还残留着一个用过的弹塞,很明显,这里正是凶手曾经驻足开火的现场。怀特放出猎犬,追踪凶手的下落,令人奇怪的是,一路追踪的终点,居然正是受害人自家。通过走访相关证人,警长最终发现,凶手居然是死者自己的儿子。

数周后,汤姆的父亲再次接到报警,这次追捕的对象变成了一名强奸犯。《奥斯汀政治家周刊》报道称:"光天化日、朗朗乾坤之下肆意行凶……埃文斯女士被从马车边拖走,遭到残忍攻击及施暴,手段令人发指——警官正对丧心病狂的歹徒穷追不舍。"虽然警官穷追不舍,但这名强奸犯最终还是易容逃脱了。在这种情况下,汤姆的父亲就会像生了一场大病一般萎靡不振。有一次,在抓获某位逃犯之前,一名记者报道称:"说实话,这个家伙是怀特警长'日思夜想'的对象,而尽快将其缉拿归案,也成为怀特警长自身的存在理由。"

每每当警长奔入暗夜,猎犬狂吠而出时,汤姆都会产生令人避之唯恐不及的不安全感——爸爸是不是会一去不返,像妈妈那样,永远从这个世界上消失。付出极大勇气,冒着生命危险保护社会是一回事,但这样的无私,至少在深爱着的人眼里看来,还是夹杂着些许残忍。

曾经有亡命之徒用枪对准了埃米特的脑袋,但不知道为何,一弹未发,反而被夺下了武器。还有一次,在监狱里,一名罪犯偷偷拔出刀,从背后插入了汤姆父亲的身体。汤姆眼睁睁看着刀把露在爸爸身体外面,血如泉涌。到现在他都感到惊讶,原来一个人——自己的爸爸身体储血如此之多。该罪犯试图转动匕首,而警长似乎马上就要见上帝了,就在这时,埃米特突然将自己的手指插入罪犯的眼睛,生生把眼球拽了出来——汤姆亲眼看到,眼球耷拉在眼眶之外。爸爸最终制服了这名囚犯。但汤姆终其一生都无法忘却这血淋淋的一幕。有谁能够原谅想要杀死自己父亲的人呢?

汤姆亲历的首次绞刑出现在1894年1月。时年十九岁的黑人男子埃德·尼科尔斯(Ed Nichols)因为强奸罪被判处"绞首致死"。该郡十几年不遇的死刑执行任务,落到了警长肩上。

汤姆的父亲雇请了一位木匠,在监狱南墙附近搭建绞刑架,只有这里的天花板高度足够行刑。而这里,距离尼科尔斯的牢房不过十英尺,这位候刑者——一直声称无辜,并希望能够得到州长特赦——能够听到木板被锯断、钉子被楔入的声音。死神的脚步,正越来越近。汤姆的父亲希望死刑的执行能够尽量仁慈快速,当绞刑架完工后,便一次次用沙袋进行测试。

州长驳回了尼科尔斯的最终申诉,表示"依法办事"。汤姆的父亲将这一消息传达给了尼科尔斯,后者当时正在自己的牢房内默默祈祷。虽然试图尽力保持平静,但他的手却开始抖个不停。尼科尔斯要求刮净胡子,身着一套质量上乘的黑色西服与死神赴约。对此,汤姆的父亲满口应承。

死刑执行当天,当时年仅十二岁的汤姆,站在监狱内的台阶上。其他人,包括汤姆自己的父亲,都没有将他轰走。汤姆看到尼科尔斯身着新做的一套黑色西服,在警长的带领下,走上绞刑台,一步一息,似乎无比漫长。汤姆听到牧师开始宣读尼科尔斯的遗言:"说实话,怀特警长待我不薄。我已经做好准备赴死。而我的灵魂,即将与世无争。"紧接着,这位牧师献上了自己的临终祈祷。"埃德·尼科尔斯就要获得永生,"他说道,"死神警长正骑着他黑色的骏马飞驰而来,要带着这个人的灵魂接受最高审判,上帝本人将出任至高无上的裁判者,圣子基督担任辩护律师,而圣灵则将出任检察官。"

祈祷结束后,汤姆听到了一个熟悉的声音——自己的父亲开始宣读死刑执行令。绳圈套在了尼科尔斯的颈上,随后黑罩盖头。他的面孔,就此在汤姆眼前消失不见。但汤姆能够看到父亲握着活盖门的把手。下午三点五十八分,父亲拽动把手。尼科尔斯的身体在下坠后猛烈地蹿起。害怕的人群爆发出一阵惊呼。尽管绞刑架经过周密建设,但尼科尔斯身体却一直在抽动,依然有生命迹象。"他连踢带蹬了好长一段时间,"汤姆后来回忆,"就好像他不想放弃,不想死一样。"最终,他的身体停止动弹,并被从绳子上放了下来。

或许因为亲眼目睹了这次死刑执行——以及其他死刑执行——或许由于见证了父亲所经历的磨难考验,或许他个人担心这个司法体系可能会殃及无辜,汤姆开始逐渐对所谓"合法杀人"的做法心生反感,同时渐渐认识到,法律所抗制的,不仅仅是外人,还包括自己内心的暴行冲动。

1905年,时年二十四岁的汤姆正式加入得克萨斯州骑警队。这支创建于十九世纪,最初旨在镇压边境地区的印第安人,以及后来的墨西哥人的志愿性民兵组织,已发展为一支准州警部队。虽然一直以来,北美印第安人以及墨西哥人都对骑警一言不合拔枪相向的残暴做法颇有微词,但他们在得克萨斯州的白人看来,却多少有被神话的色彩。后来,林登·约翰逊(Lyndon B. Johnson)曾言:"所有得克萨斯州男生都对得克萨斯州骑警的传奇故事心驰神往,我自然也不例外。"

汤姆的哥哥达德利同样受到骑警传奇的魅惑,于同年加入这支队伍,不久,"刀客"也有样学样,加入了哥哥们的行列。后来,汤姆的兄弟科利(Coley)更是继承父亲的衣钵,接任了特拉维斯郡警长一职。"刀客"依然记得自己成为一名执法者时,父亲给予的简单忠告:"儿子,一定要收集所有可能收集的证据。之后设身处地地想象自己就是犯罪人。弄明白后,再想办法补上其中存在的漏洞。"

145

后排从左至右,分别是汤姆的兄弟"刀客"、达德利以及科利,前排则分别是汤姆的父亲、祖父以及汤姆本人

一组得克萨斯州执法人员,包括汤姆·怀特(第12号)以及他的三位兄弟"刀客"(第6号)、达德利(第7号)以及科利(第13号)

与被分配到不同联队的"刀客"以及达德利一样,汤姆每个月的津贴仅有可怜的四十美元——"和负责给牛烙印的工人差不多",如其所言。汤姆的联队驻扎在阿比林(Abilene)以西六十五英里的一处兵营。根据曾经造访此地的另外一位骑警描述,"此情此景值得费点笔墨。蓄须留鬓的男人们成群结队,身上的衣裳五花八门,唯一堪称例外的便是每个人头上都戴着一顶檐帽——毫无疑问这是属于得克萨斯州骑警的制式装备。每个人腰间系着皮带,别着手枪,都在忙于晾晒军毯,修整枪支,还有一些人负责生火做饭,另外一群人则在和自己的战马嬉戏。如此粗犷的场面,难得一见"。

汤姆以富有经验的警官为榜样,努力学习成为一名执法人员。如果仔细观察,就会发现,如果不是沉溺于酒色(很多骑警均嗜酒狎妓),还是能够学会如何码踪,即根据草地上残留的足印追寻马匹下落——即便汤姆有一次发现盗贼处心积虑地将马掌倒置。骑警能够掌握很多小技能:每天早上将靴子翻过来,以防有蝎子或其他生物寄居其中;夜晚入睡前抖动毯子,防止响尾蛇栖身其内。他们可以掌握如何避免陷入流沙,或者在不毛之地找到水源;也会懂得应当骑乘黑马,身着黑衣,即便看起来仿佛恶鬼附体,也好过夜间成为被其他枪手伏击的活靶子。

很快,汤姆便接到了职业生涯的第一个任务:跟随自己的联队长及军士长前往阿比林以北的肯特郡(Kent County)缉捕盗牛贼。期间,汤姆和军士长在一间商店稍作停留,补充给养。两人拴好马匹,迈步走向商店的过程中,军士长询问汤姆,他的温切斯特来复枪在哪里,汤姆回答,在自己战马背驮的枪套里。脾气火爆的军士长大发雷霆,喊道:"绝对不可以这样做……现在就去把你的温切斯特来复枪给我取回来,以后无论什么时候,都必须枪不离人。"

面红耳赤的汤姆悻悻取回步枪,但过了没多久,他便深刻意识到军士长为何如此急迫:他们被盗牛贼盯上了,以至于不得不屡次躲开对方的枪弹,最终才擒获这群匪徒。

日积月累,汤姆在与被他称为"罪恶勾当"——无论是盗牛贼、偷马贼、流氓无赖、老鸨鸡头、私酒贩子、火车大盗、亡命之徒还是其他犯罪的人——打交道方面变得越发得心应手。他曾和另外一名骑警奥斯卡·朗德特里(Oscar Roundtree)一道,去一个名叫鲍伊(Bowie)的小镇进行执法,扭转那里无法无天的局面。后来,当地一位牧师致信汤姆的上司,称自己亲眼见证"您派来的两位骑警将这里的不法因素涤荡一空"。

在担任骑警期间,汤姆还曾调查过若干起谋杀案。据他的弟弟"刀客"回忆,"我们什么都没有——甚至包括指纹。别无他法,只能尽可能调动目击证人,但他们有时很难搞定"。更为糟糕的是,一些骑警对于法律的精妙细致缺乏耐心。汤姆的一个战友宁愿找到镇子上的恶霸,故意挑起争端,以借机将其除掉。笃信"只要没有丧失心智就应避免杀戮"的汤姆,后来告诉一位作家,自己曾经和这位骑警进行过激烈争论。在他看来,任何人同时扮演法官、陪审员以及刽子手的尝试,都是错误的。

1908年,汤姆在阿比林以东的一个小镇韦瑟福德(Weatherford)驻防期间,邂逅了一位名叫贝茜·帕特森(Bessie Patterson)的年轻女子。贝茜身材小巧——至少在汤姆身边显得如此——一头褐色短发,眼神纯净真挚。一辈子大部分时间都在和男性战友摸爬滚打的汤姆,立刻被她所吸引。汤姆生性木讷,但贝茜却开朗健谈,爽快麻利。她会对汤姆发号施令,让他陪在自己身边,虽然很少有人胆敢如此,但汤姆却并不介意。在这样的时刻,对他而言,丧失对自己周围世界乃至内心情感的控制,都毫无问题。然而,由于工作性质,他并不适合结婚。"刀客"的联队长就曾说过:"一心抓捕亡命之徒的警官,哪有心思照顾老婆家庭。"

没过多久,汤姆就被迫从贝茜身边离开,和他亲密的战友托马斯(N. P. Thomas)一道,被派往位于形似平底锅的得克萨斯州的锅柄位置——恶势力横行肆虐的阿马里洛(Amarillo)。根据一份骑警方面提交的报告,这里出没的歹徒穷凶极恶,而当地警察局在铲除犯罪方面根本形同虚设,更有甚者,骑警报告称:"警长的两个儿子就住在当地的窑子里。"

托马斯此前便已经和当地的副警长数度交恶。1909年1月的一个清晨,坐在郡检察官办公室里的托马斯,遭到这位副警长当头开枪。子弹打中面部,托马斯扑倒在地,口中不断向外喷涌鲜血。当医护人员赶到现场时,他还一息尚存,但因为无法止血,托马斯最终十分痛苦地离开人世。

很多与汤姆一起出生入死的骑警战友,都像这样英年早逝。汤姆亲眼见证了很多菜鸟与资深警官以身殉职。同样,他也目睹过不负责任与尽职尽责的执法人员因公牺牲的场面。后来已经成为副警长的朗德特里遭一位富有的地主迎头射杀。那位曾经和汤姆就僭越法律而激烈争论的骑警,后来加入了一伙地方民团,但被同伙意外枪杀。汤姆曾经的军士长遭人连开六枪,在场的某旁观者也被击中两次。躺在地上血流不止的军士长,要来纸笔,给骑警总部写了字迹潦草的纸条:"我被人打成了筛子。现在一切都安静了。"然而,他居然活了下来,但无辜的旁观者却命丧黄泉。随后不久,汤姆所在联队的一名新入职骑警,在试图阻止他人实施攻击犯罪时被枪杀。汤姆收殓了年轻人的遗骸,护送棺椁返回其老家。死者的父母一时无法缓过神来,他们不明白,为什么自己的孩子突然就躺在了这个盒子里,招蝇生蛆。

托马斯殉职后,汤姆感觉到自己内心恪守法律的神经开始松动。

曾就汤姆生平做过简介的一位密友表示:"汤姆的内心斗争短促而激烈。他在考虑,是否需要替托马斯报仇。"他最终决定,彻底退出骑警,迎娶贝茜。骑警部队的一名准将致信汤姆的联队长,表示汤姆证明了自己"是一位优秀的警官","看到他选择退役,自己倍感遗憾"。但汤姆的决定,已无可改变。

他和贝茜在圣安东尼奥(San Antonio)定居下来,大儿子也在此出生。汤姆改行当了一名铁路警探,稳定的薪酬足以养家糊口。尽管有时还需要策马追赶歹徒,但这份工作的危险性已大不如从前。大多数情况下,尽是一些以真面目示人、提交虚假申请骗取钱财的犯罪分子。在汤姆看来,这些人都是胆小鬼,因此,要比冒着生命危险抢劫列车的亡命之徒更应该遭到谴责。

汤姆算得上一位颇为顾家的男人,但是和他的父亲一样,依然与黑暗势力的斗争剪不断、理还乱,1917年,他宣誓入职,成为调查局探员。誓词为:"誓将支持、捍卫美国宪法免受任何敌对势力侵袭……请上帝保佑我。"

1918年7月,汤姆加入调查局不久,他的哥哥达德利和另外一名骑警前往东得克萨斯一处名叫"大灌木丛"(Big Thicket)的山林地带,抓捕一对逃犯。当时,正值大旱,尘土飞扬、酷热难当,达德利和搭档对于据信逃犯所栖身的一处板房进行搜查,但并未发现目标,于是两人决定守株待兔。凌晨三点,枪火突然划破黑暗。埋伏的逃犯发动突袭。达德利的搭档两次中弹,躺在门廊处流血不止,但他能够看到达德利站在一旁,用一把六发式左轮手枪进行还击。随后,达德利好像被人砍断双腿那样,轰然倒地,健硕的身躯重重摔在门廊上。他的搭档回忆,达德利"跌倒后,就再也没有起来"。一颗子弹击中了他的心脏附近。

汤姆的哥哥达德利

听闻噩耗,汤姆一时不能自已,在他看来,哥哥——已然结婚并有了三个孩子,最大的还不到八岁——似乎刀枪不入才对。两名逃犯到案后,面临谋杀指控,汤姆的老父亲每天都去旁听庭审,一直坚持到两人被判定有罪。

遭枪杀后,达德利的尸体被运回老家。一份骑警报告的描述显得过于冷静客观:"被用来运送骑警达德利·怀特遗骸的物品包括一张马车铺垫、一席床单、一只枕头。"汤姆和家人拿回了达德利的遗物,包括那颗夺走其生命的软头钢壳子弹。达德利被埋葬在他降生的那片牧场。正如《圣经》所言:"你本是尘土,仍要归于尘土。"他的墓志铭中写道:

约翰·达德利·怀特先生

得克萨斯州骑警总部联队

因公殉职……

卒于 1918 年 7 月 12 日

葬礼两周后,久盼不来的一场冷雨倾盆而至,湿润了整片原野。而此时,汤姆已经返回了调查局。

14 临终遗言

1925年9月,就在怀特试图摸清威廉·黑尔以及其外甥欧内斯特及布赖恩深藏的秘密时,心中不禁狐疑,此前,是否有人也曾揭开过盖子——这不是别人,正是莫莉·伯克哈特的妹夫比尔·史密斯。正是他,最先怀疑莉齐遭人下毒,也曾亲自调查过是否有与这个家族坐拥的巨大石油财富相关的更大阴谋。如果史密斯是因为窥见黑幕惨遭毒手,那么他掌握的秘闻,或许就是解开谜团的钥匙。

史密斯住宅遭爆炸被夷为平地后,探员曾询问当班的护士,史密斯在医院接受治疗时,是否提及任何与谋杀有关的事情。这位护士表示,比尔经常在高烧昏迷期间嘟囔些人名,但自己没有办法听个究竟。偶尔清醒过来后,他似乎十分担心说了什么梦话——某些不应该说的话。就在他去世前不久,女护士回忆,史密斯曾于律师在场的情况下,与肖恩兄弟会面。这两位医生要求护士离场。显然,他们不希望有人听到自己和比尔的对话。护士怀疑,正是在这个时候,比尔向他们透露了某些与爆炸元凶有关的消息。

怀特早就怀疑肖恩兄弟要了手段,让安娜·布朗案中的弹头神秘消失。他开始讯问当时曾和比尔共处一室的每个在场者。联邦检察官也对这些人展开质询。根据一份调查笔录,大卫·肖恩承认,兄弟两人找来律师,试图让比尔说出谁是罪魁祸首,但一无所获。"即便比尔·史密斯知道是谁炸飞了他的房子,也绝对不会吐露半点口风。"这位医生事后回忆。

一位检察官逼他说明是什么如此重要,以至于护士必须离场。大卫·肖恩辩称:"医生一来,护士通常就会退下。"

"如果她的说法是你们让她走的,难道是在撒谎?"

"不,先生,如果她这么说,那么就是我要求她离开的。"大卫·肖恩表示,无论如何赌咒发誓都行,但比尔真的没有指认谁是凶手。他指着自己的帽子,补充道:"比尔·史密斯给了我这顶帽子,他可是我的朋友。"

大卫的兄弟詹姆斯·肖恩同样坚决否认,向检察官一口咬定:"他从来没说是谁实施的爆炸。"

"他一定说过。"

"他从没说过谁把自己炸飞的。"

"他没说过谁把他炸飞的?"

"他从没说过。"

当比尔·史密斯的律师接受质询时,也坚称自己对于谁实施了爆炸毫不知情。"先生们,这对我也是不解之谜。"他表示,但随着调查的持续深入,熬不过去的他悄悄透露,在医院,比尔·史密斯曾说:"你知道的,全世界我就两位仇敌。"而这两人,正是奥色治众山之王威廉·黑尔和他的外甥欧内斯特·伯克哈特。

调查人员就此向詹姆斯·肖恩核实,最终,他吐露了实情:"我不能肯定他说了是黑尔炸了他的家,但他的确说过黑尔是自己唯一的仇敌。"

"那他怎么说欧内斯特·伯克哈特的?"一位检察官追问道。

"他说这是自己仅有的两个死敌。"

肖恩兄弟与黑尔及伯克哈特过从甚密,一直担任这两位的家庭医生。就在医院对话后不久,其中一位肖恩医生通知该护士,布赖恩·伯克哈特生病,并要求她前往布赖恩的家中探视,护士表示同意。就在她抵达布赖恩家时,黑尔不期而遇,先是和布赖恩密谈,之后又试图与护士搭话。闲谈几句后,黑尔切入正题,开始询问护士,比尔·史密斯死前是否指认过炸死他的凶手?护士则回答:"即便他说了,我也不会乱讲。"黑尔似乎试图借此掏出女护士的老底,或者是为了警告她,即使知情也不能透露半句。

随着怀特和其他探员深入挖掘这段医院对话的内容,他们开始怀疑这两位医生安排与比尔·史密斯进行私人会面的目的,并非为了获取证言那么简单,相反,是出于更为隐秘的动机。在会面过程中,詹姆斯·肖恩被指定为比尔·史密斯遭谋杀的妻子——丽塔——的遗产执行人,从而使他可以负责具体落实她的遗嘱。白人对于这样的良机趋之若鹜,因为可以收入不菲的佣金,更可以在其中大肆中饱私囊。

在怀特及手下发现其中隐藏的猫腻后,一名检察官开始据此质询大卫·肖恩。"你学过医,应当知道宣告一个人死亡时的具体要求,"他说道,"你是绝对不可以做这种事的。"

"是的,不可以。"肖恩平静地回答。

现在,终于搞清楚为何这两位医生没有找当地警长或某位检察官,而是找了比尔·史密斯的私人律师。他们叫律师带着准备好的法律文件,趁着比尔还有口气,赶紧让他签字画押。

另外一位检察官质问大卫·肖恩,比尔是不是当时神志不清,以至于作出了上述决定。"他知道自己签的是什么吗?"

"我推测他知道,他应该是理性的。"

"你不是医生吗?比尔是清醒的?"

"他是清醒的。"

"他安排你兄弟作为自己妻子的遗产执行人?"

"是的,先生。"进一步追问后,他承认:"一笔非常丰厚的遗产。"

随着怀特对于按人头分配石油财富的权利的调查逐步深入,一层又一层腐败黑幕得以曝光。尽管还是有些白人监护人努力为印第安人争取最大利益,但他们当中的绝大多数只是在利用这个制度,从被其宣称呵护照料的被监护人身上大肆鱼肉、巧取豪夺。例如,很多监护人会从自己的商店用悬殊的价格为被监护人采办商品(一位监护人把自己用250美元买来的一辆轿车,以1 250美元的价格卖给了自己的被监护人),抑或监护人会要求被监护人只能与特定的商店或银行打交道,以获取高额回扣。有时,监护人宣称为被监护人购置的土地或房屋,实际的权利人却是监护人自己。更有甚者,很多监护人明目张胆地公然窃取。一项政府统计估计,1925年之前,白人监护人直接从其奥色治族印第安被监护人的账户里,拿走了800万美元之巨的资金。"本州最为黑暗之历史篇章,莫过于印第安人财产监护人的中饱私囊,"一位奥色治族头人如是说,"奥色治人数以百万计美元的财产——不是数千——遭到监护人的挥霍浪费。"

所谓印第安人的买卖,怀特发现,根本就是一整套复杂绵密的犯罪勾当,社会的各个阶层都堪称共犯。恶贯满盈的奥色治族财产监护人或执行人,大多都算是当地声名显赫的白人士绅:商人、牧场主、律师乃至政客。对于为上述侵吞侵占行为提供帮助或者打掩护的执法人员、检察官以及法官,也是一丘之貉(有时,这些人本身便是财产执行人或监护人)。1924年,旨在保护土著社群利益的印第安权利协会(Indian Rights Association)[①],对于所谓"大肆侵占掠夺"印第安人财富的行径进行过一项调查。这个组织详细记载了俄克拉何马州的印第安富人如何被以"简单粗暴或深奥复杂的手段"无耻地劫掠,以及监护人如何"将自己的赃物分给法官伙计,以报答后者对自己罪行的大力

---

① 印第安权利协会,1882年成立于费城,是由白人民权主义者成立的旨在保护印第安土著族群福祉利益的社团组织,曾对美国政府制定印第安民族政策发挥过重要作用。

支持"。曾有法官公然宣称:"投票选我,我就会想办法让你搞到一份好的监护人差事。"一位嫁给某奥色治族男子的白人妇女曾向记者吐露当地白人的图谋:"一群商人、律师纠集在一起,瓜分被相中的印第安人猎物。他们官面上有人……这些人彼此默契十足。他们会十分冷血地说道,'你拿走谁、谁和谁,而我想要的是这些'。"他们对那些拥有完全人头权及大量土地的印第安人青睐有加。

培根·林德抗议称"每个人都想跻身进来,分得一杯羹"。

有些计划堪称丧心病狂。印第安权利协会曾详细列举过一个事例：某位印第安寡妇的监护人将她大部财产悉数吞掉后，虚构事实，隐瞒真相，告诉这位已经搬出奥色治郡的妇女，已经无钱可用，后者只能在贫困中艰难抚养自己年幼的一双子女。"她及她的两个孩子居住的房子里，连一床一椅一餐都没有。"调查显示，即便孩子病重，这位寡妇一再恳求，监护人还是一毛不拔。"因为得不到及时治疗，缺衣少食，这个孩子最终夭折。"调查人员表示。

奥色治人对于上述图谋心知肚明，但无力阻止。在上面那位寡妇失去孩子后，面对摆在眼前的诈骗证据，该郡某法官依然熟视无睹。调查认定："只要任由现在的局面持续，就别寻思什么公平正义。""这位女士的嚎泣，为美国敲响了警钟。"在向记者抱怨监护人制度时，一位奥色治人表示："你的钱让这些家伙闻风而动，而你却对此毫无办法。法律乃至国家机器全部掌握在这些人手里。告诉所有人，当你在撰写报道的时候，他们正在扒我们的皮，喝我们的血。"

15 真实嘴脸

金秋九月的一天,假扮保险推销员的卧底探员在费尔法克斯的一间加油站歇脚,并与在这里工作的一位妇女搭话。当得知探员正在此地到处看房准备购买时,这位女士表示,威廉·黑尔"掌控着这里的一切"。而她自己的家也是从黑尔手上购得,位于后者牧场边缘。她回忆称,有一天晚上,黑尔的数千英亩草场突然燃起熊熊大火,所有的一切均灰飞烟灭。虽然大多数人并不知道火灾如何引起,但是她知晓内情:黑尔的雇工,在他授意下,点燃了草场以骗取保险金——总计30 000美元。

怀特同时还在努力厘清另外一件可疑事项:黑尔缘何成为亨利·罗恩25 000万美元寿险的受益人?1923年,当罗恩脑袋后部中弹而亡后,黑尔显然最有动机杀人。然而,警长却从未展开调查,其他当地执法人员也没有采取动作——这种疏失显然并非偶然。

怀特一路追查到1921年向罗恩销售这份寿险的保险代理。黑尔始终坚持,罗恩作为其密友之一,因为经年累月向自己借钱,遂将自己指定为受益人。但代理讲述的故事却与此迥然不同。

根据保险代理的回忆,黑尔自己前来强行购买了这份保单,并表示:"丧钟已鸣,正好瓮里捉鳖。"同时承诺为此支付额外保费,代理应承道:"好吧,我们就给他写个10 000美元。"

"不,我要的是25 000美元。"黑尔说道。

保险代理告诉黑尔,因为不是罗恩的亲属,因此只有成为其债权人,才能变成这份保单的受益人。"好吧,他欠我很多钱,大约10 000至12 000万美元。"

怀特很难相信这笔债务的真实性。如果罗恩已经欠了黑尔如此多的债务,后者只需要提出相关凭证,便可从罗恩的庞大资产中得到赔偿。黑尔无需以自己朋友的生命为代价获取一纸保单——除非当时年仅三十多岁的罗恩突然暴毙,否则这份保单一文不值。

与黑尔过从甚密的这位保险代理承认,自己在没有看到债权凭证的情况下,为了赚取佣金便对此睁一只眼闭一只眼。他只是另外一个做"印第安人生意"的吸血鬼而已。罗恩对于这些阴谋诡计似乎并不知情:他对黑尔,这位热心帮助自己的所谓"好朋友",信任有加。黑尔的计划百密一疏。医生必须对罗恩这位曾经酒驾肇事的酒鬼进行诊断,并认定他对保险公司来说属于低风险客户。黑尔到处打听,终于在波哈斯卡找到了愿意为罗恩打包票的医生,似乎无处不在的肖恩兄弟中的一人,同意为罗恩签字。

怀特发现保险公司起初并未批准这份保单。公司负责人后来就黑尔迫不及待想要获得这份价值25 000美元保单的行径评价道:"我不认为这看起来很正常。"百折不挠的黑尔又开始与第二家保险公司接触。在填写申请书时,需要回答是否此前曾与其他保险公司接触过,黑尔签写的内容是"没有"。负责审查申请的保险代理后来告诉当局:"我知道对这个问题的回答是虚假的。"

这一次,黑尔提交了借款合同,以证明罗恩欠自己钱。此前他宣称的债务总数——10 000美元至12 000美元——令人费解地暴增至25 000美元,与保险额度惊人地重合。借款合同上有据称是罗恩的签名,标注日期为1921年1月。这一点至关重要,因为合同时间早于黑尔试图购买保险的日期,从而可以证明其相关主张具有合理性。

笔迹与文件鉴定,当时在犯罪调查领域刚刚出现。尽管对此类新兴的痕迹物证鉴定科技手段，人们大多敬畏有加，认为其具有上帝般的魔力，但在应用过程中还是经常会出现人为疏失。1894 年，法国犯罪学家贝迪永就提交过一分荒腔走板的笔迹鉴定结论，导致了著名冤狱"德雷弗斯叛国案"（Dreyfus）。但如果能够仔细、认真地加以应用，笔迹与文件鉴定就会极具实效。在 1924 年臭名昭著的"内森·利奥波德（Nathan Leopold）与理查德·洛布（Richard Loeb）谋杀案"①中，调查人员便准确地捕捉到了利奥波德使用打字机打印的学校作业与其打印的勒索信之间的共同点。

负责调查罗恩谋杀案的探员，将这份借款合约提交给美国财政部的一位分析专家，此人被称为"疑难文件的克星"。这位专家经过分析发现，合同中最初打印的日期应该是六月，后来，有人非常小心翼翼地擦掉了其中的字母，"通过斜光照射后所拍照片清楚显示，纸张纤维存在因物理蹭磨所造成的顿边现象"。他认定，有人用 a 替代了 u，用 e 替代了 y，从而将六月（June）变成简写的一月（Jany）。

怀特由此怀疑黑尔在试图申请保险前便已伪造了这份借款合同，并在意识到问题所在后加以篡改。后来，一位联邦官员对黑尔所称负责打印合同的人进行讯问，后者断然否认，并声称自己从未见过这份文件。当询问他黑尔是否撒谎时，他的回答是："绝对是。"

在黑尔带着罗恩再次前往波哈斯卡并获得医生诊断后，第二家保险公司批准了这份购险申请。医生回忆，当时他问黑尔："你要干什么，难道要干掉这个印第安人？"

黑尔闻之莞尔："见鬼，是的。"

---

① 内森·利奥波德(1904—1971 年)，理查德·洛布(1905—1936 年)，均为出身富人家庭的高智商青年，曾在芝加哥大学就读，两人为显示自己的高智商，于 1924 年杀害了年仅十四岁的受害人弗兰克斯，并因此被判处终身监禁。

黑尔在罗恩葬礼上出任抬棺人之后，当地的执法人员不仅没有将他列为嫌疑人，反而网罗罪名，将焦点转移至曾与罗恩妻子有染的罗伊·邦奇身上。怀特和手下探员接触邦奇，后者坚称自己无辜，并吐露了一个与黑尔有关的奇闻。在罗恩遭谋杀后，黑尔找到邦奇，并表示："如果我是你的话，就会卷铺盖离开这里。"

"我为什么要选择逃亡？我什么都没做。"

"大家都这么认为。"黑尔说道。

他给了邦奇一些钱，供其跑路。随后，邦奇就此事与朋友交流，后者说服其最好还是别走，否则只能让自己看起来有罪。"如果你跑了，他们就肯定会把屎盆子扣在你头上。"他的朋友提醒。

怀特等人彻底调查后，排除了邦奇的嫌疑，如一名探员所言："邦奇与罗恩妻子之间有辱风化的不伦关系，遭人精心炒作，以掩盖真实疑凶。"而最有可能陷害邦奇的人，便是那位奥色治众山之王。罗恩遇害后，黑尔曾数度找到其遗孀，试图说服她签署大量文件，从而让黑尔染指罗恩的大笔遗产。一次，黑尔给她带去了一瓶威士忌作为礼物，但这位遗孀非常警觉，并未开封小酌，她显然害怕遭人投毒。

161　　尽管怀特收集到大量黑尔谋杀罗恩的间接证据，但依然存在一定漏洞。没有证据——指纹，或者可靠的目击证人——证明黑尔亲手或者命令自己的外甥乃至其他打手枪杀了罗恩。同时，尽管那份可疑的人寿保险似乎可以将黑尔与罗恩的谋杀案联系在一起，但无法为杀害其他奥色治族人的罪行提供必要的动机。

然而，随着对罗恩一案调查的逐渐深入，怀特又发现了一个重要细节。在黑尔取得罗恩的寿险保单前，曾试图购买这名印第安人的人头权——即分配部落矿产资源基金的权利——这显然要比金银财宝更具价值。黑尔当然知道，法律禁止任何人买卖人头权，但他笃定这一禁令很快便会因为有影响力的白人的游说而被废止。事实上,黑尔曾言:"本人,和其他品行端正的公民一样,相信不久之后,国会就将通过法律,批准任何一位有教养的印第安人获得权利,将其名下的矿产资源利益分配权,出售或转让给任何其所信任的人。"然而,修法却迟迟未见动静,怀特怀疑,正是因为预判失误,才导致黑尔退而求其次,决定实施杀人以骗取保险金。

尽管如此,还是有一种办法可以搞到人头权,这便是继承。怀特查阅诸多谋杀案件的卷宗后,事实变得非常显而易见,接二连三的死亡,将越来越多的人头权集中到了一个人身上——莫莉·伯克哈特。更加凑巧的是,她嫁给了黑尔的外甥欧内斯特,这个调查局探员在报告中描述为"完全受制于黑尔"的男人。私酒贩子兼调查局线人的凯尔茜·莫里森就曾向探员透露,欧内斯特·伯克哈特和布赖恩·伯克哈特对于他们的舅舅言听计从。莫里森进一步补充说,黑尔"无所不能"。

怀特对于莫莉家人的死亡规律进行了总结。接二连三的死亡绝非偶然,而是一个残忍计划的组成环节。安娜·布朗离婚无后,并将所有财产遗赠给了母亲莉齐。这样,首先除掉安娜,就可以确保她所享有的人头权不会被人瓜分。因为莉齐将大多数人头权留给了在世的两个女儿莫莉及丽塔,遂顺理成章地被阴谋主脑列为第二个下手的目标。随后被送上黄泉的是丽塔和她的丈夫比尔·史密斯。怀特意识到,最后这次杀人采取的异乎寻常的手段——爆炸——存在着残忍的内在逻辑。这是因为丽塔和比尔在遗嘱中列明,如果两人同时死亡,那么丽塔的人头权就会转移给姐姐莫莉。但是,主谋者在这里出现了漏算。因为比尔偶然间比丽塔多活了几天,因此继承了丽塔的大部分人头权,之后又因为他也一命呜呼,导致这份人头权被比尔自己的亲属继承。即便如此,这个家族大部分人头权还是最终汇聚给莫莉·伯克哈特,而这个女人的所有财富又都掌握在欧内斯特手上。

欧内斯特与莫莉·伯克哈特

怀特坚信,黑尔秘密谋划了上述行径,以让自己的奴仆——也就是自己的外甥——拿到这笔钱。如同怀特后来向胡佛所报告的那样,"莫莉俨然成为吸引黑尔通过伯克哈特染指整个家族财富的跳板"。

怀特无法断定欧内斯特与莫莉的婚约——发生在安娜遭谋杀四年之前——自始至终便是阴谋计划的一部分,抑或黑尔在外甥结婚后说服他背叛了自己的妻子。无论如何,这一计划都堪称厚颜无耻,罪孽深重得无以复加。因为这要求欧内斯特与莫莉同床共枕,生儿育女,同时处心积虑地阴谋杀害妻子全家。正如莎士比亚在《裘力斯·凯撒》(*Julius Caesar*)①一书中所言:

> 那么你在白天什么地方可以找到一处幽暗的巢窟
> 遮掩你的奇丑的脸相呢
> 不要找寻吧,阴谋
> 还是把它隐藏在和颜悦色的后面

---

① 《裘力斯·凯撒》,莎士比亚创作的一部罗马题材历史悲剧,中译本可参见〔英〕威廉·莎士比亚:《裘力斯·凯撒》,裘克安译,商务印书馆1998年版。此处译文亦参考了上述中译本。

16 部门利益

怀特等人感觉到，案件已经取得突破。美国司法部的一位联邦检察官致信胡佛表示，怀特主导案件调查虽然仅仅数月，"但已成功发掘出若干重要线索"，以至于"我们内心重燃希望与热情"。

同样，在调查莫莉·伯克哈特家人遭谋杀一案过程中，怀特仍然需要面对与他侦破罗恩谋杀案类似的困难：缺乏证明黑尔亲自实施或下令实施系列杀人犯罪的物证或人证。如果不把本案办成铁案，怀特十分清楚，根本没有办法扳倒这位将自己重重隐藏保护起来的对手——一位以牧师自诩的杀人犯——利用裙带关系打造起足以左右当地警界、检法乃至某些州府高官的人情网络。

在一份措辞僵硬的报告中，有探员写道，斯科特·马西斯，大山商贸公司老板，同时也是安娜·布朗以及莉齐的财产监护人，"是个歹徒，明显受制于黑尔"，而马西斯的一名合伙人，则是"黑尔及大山商贸公司的耳目"，实际负责落实这些人所策划的鱼肉印第安人的阴谋诡计。彭家城警察负责人"收了黑尔的贿赂"，"无论如何不会对黑尔不利"。当地一位同样担任印第安人财产监护人的银行业者"因为对其多有亏欠，因此在黑尔一党面前大气都不敢出"。费尔法克斯市市长乃是"道貌岸然的混蛋"，属于黑尔的挚友。长期担任地方检察官的家伙也是黑尔构建的政治网络的重要组成部分，"一无是处""腐败堕落"。甚至连派驻此地的联邦印第安事务办公室官员，都慑于黑尔的淫威，对其予取予求，听之任之。

怀特认识到,自己捍卫正义的征途,才刚刚启程。如一份调查局报告所言,黑尔"左右当地政治生态,看似根本没办法对他加以追惩"。起初,胡佛对怀特褒奖有加,表示因为他对案件处理得当,"局势得到缓和,本人对此毫无差评之余,感觉如释重负"。然而,胡佛"就好像一条加载了高压电的细电线",耐心正在逐渐消耗殆尽。

胡佛迫切希望拿这次全新调查为自己领导并正在重组的调查局装点门面。为了改变此前伯恩斯以及其他老派且贪腐的探员给公众留下的恶劣印象,胡佛采取了推崇冷血高效管理范式的改良派思想家所倡导的领导体制,他效法主张科学管理公司的工程师弗雷德里克·温斯洛·泰勒(Frederick Winslow Taylor),在调查局内部推行对每位工作人员的绩效实时分析量化的管理机制。通过将上述机制应用于政府机关,进步主义思潮终结了行政机构(包括执法部门)结党营私的传统陋习。取而代之的则是以胡佛倡导的方式执掌日益勃发的官僚机构的技术官僚阶层。而胡佛这位"伟大的工程师",也因为十分迅即地解决了第一次世界大战期间的人道主义救济危机而声名鹊起。

这不仅赋予胡佛践行他所中意的组织性与社会控制理念的完美契机,更为重要的是,借此可以让胡佛这个只会坐在办公桌后面的书呆子摇身一变,成为推动科技时代进步的先行者。他从未开过枪的事实,此时反倒愈发映衬出他形象的高大。记者们开始纷纷报道:"'老派侦探'的时代已然结束,胡佛彻底改变了调查局探员足蹬胶鞋,拎着遮光提灯,脸上贴着假胡须的刻板印象,转而采用商业管理模式及工作流程。"一篇文章报道称:"他打高尔夫,谁能想象一下老派侦探会这样做?"

然而,进步主义改良派人士的热情背后,却隐藏着些许丑陋。很多进步主义者——基本上都是中产阶级白人新教徒——对于外来移民及黑人抱持根深蒂固的歧视态度,对自己固有的道德权威深信不疑,对于民主程序不屑一顾。而此种进步主义思潮,同样是胡佛内心阴暗面的真实写照。

就在胡佛理顺调查局管理流程,裁撤冗余机构,强化中央集权之时,怀特像其他特侦组负责人那样,一方面在指挥下属办案方面获得了更大授权,同时也必须为这些人的所作所为——无论好坏——向胡佛负责。怀特不得不频频填写绩效考核表,为手下每一位探员依据0到100的分值打分,其中包括"知识力""判断力""工作表现""公文写作"和"忠诚度"等类别,取其平均分作为被评测者的总成绩。在听到怀特报告称自己偶尔给某位探员打满分的时候,胡佛的答复颇为刻薄:"很遗憾,实在没有办法让我相信,在我所管理的这个调查局,有哪位探员的表现堪称完美,该当满分。"

胡佛坚信所有人都可以像自己克服与生俱来的结巴那样,改善自身缺点,于是对所有未达严苛标准的人不断施压。"我已经迫使很多雇员离职,"他这样告知怀特及其他特侦组成员,"有些人是因为天生鲁钝,有些人则是因为道德低下。"胡佛经常挂在嘴边的一句名言,便是"人,不进则退"。

尽管胡佛承认,有些人可能会认为自己是"疯子",但一旦发现有人违规,他还是会怒不可遏。1925年春,当时怀特尚在休斯敦,胡佛曾当着他的面大发雷霆,因为他获悉派驻旧金山的几位探员经常饮酒。将这些人火速开除后,胡佛下令怀特——跟弟弟"刀客"以及很多牛仔不同,他对瓶中物兴趣不大——立即通知下属,如果被发现沉溺酗酒,就将面临同样下场。他告诉怀特:"我认为,一旦加入调查局,成为其一部分,就必须规范自己的言行,避免任何可能让调查局遭人诟病的举止。"

汤姆·怀特与胡佛

这些新规，结集为厚厚一册，被戏称为"胡佛的调查局圣经"，内容不仅包括行为规范，还包括探员如何收集、处理信息的严格程序。过去，探员可以通过电话、电报或者当面向上级做简报等形式提交案件侦查报告，结果经常造成关键线索甚至整本案卷不翼而飞。

加入调查局之前，胡佛曾担任过国会图书馆工作人员——"我敢肯定，如果他一直在我们这里干下去，就一定会当上馆长"，一位曾经的同僚如是说——学会了如何通过使用类似杜威十进制图书分类法（Dewey Decimal Classification）的系统处理海量数据。胡佛采用了与之类似的分类及数字表述方式，对调查局的文件及索引方式加以编排。（胡佛的"私人档案"，包括大量可以用来勒索其他政治家的黑材料，单独保存在他秘书的办公室中。）探员被要求以标准化模板，用单张文件纸提交案件报告，此举不仅大幅减少了文牍工作量——另外一项数字化效率评估手段——而且也可以让检察官及时作出是否继续追查案件的决定。

怀特本人算得上要求颇高的上司。曾跟随他在俄克拉何马州工作的一位探员后来回忆，怀特要求自己所有的手下"都需要明确任务并加以落实"。另外一位后来跟随怀特工作的下级表示，这位老板"诚实得有些伤人"。即便如此，跟胡佛相比，怀特仍算得上宽厚仁慈，并且经常试图保护自己的下属免受老大苛责。当胡佛因为怀特的一名下属未能使用单张纸模式汇报奥色治谋杀案而大发雷霆时，怀特告诉自己的老大："我感觉，我本人，也应当受到责难，因为这份报告是经过我的审阅和批准后才提交上来的。"

在胡佛的管理下，所有探员都变得像大公司的雇员一般，被视为可以互换的标准件。这种做法在很大程度上摆脱了此前长期以来所奉行的从当地人中遴选执法人员的传统做法。借此，可以让探员与地方上的腐败隔离绝缘，并建构起一种真正的全国性执法力量。然而，这样做的弊端是无视地方差异，探员的频繁调动也会导致非人性化的诟病。本着"更好开展工作"的初衷,怀特致信胡佛,指出熟悉当地风土人情的探员工作效率更高,并举例称,自己手下一位参与侦破奥色治谋杀案(乔装成得克萨斯牧牛人)的卧底干探,特别适合在边疆地带开展工作,"但是如果把他安排在芝加哥、纽约或波士顿,就几乎毫无用处"。但胡佛不为所动。正如他手下一位弄臣在备忘录中所写:"在此问题上,无法苟同怀特先生的见解。一个只熟悉这个国家特定地区风土人情的探员,最好从事其他类型的工作。"

在一间位于纽约的临时培训学校,调查局探员需要学习适应这些新规矩、新办法。[后来,胡佛将培训项目升级,在弗吉尼亚州的匡蒂科(Quantico)设立了门类齐全的正式培训机构。]探员们开始逐步接受被胡佛鼓吹为"科技警务"的收集指纹、弹道比对等技能培训。同时,他们还需要学习有关证据采集的法律规定,从而避免案件(如第一次奥色治案件调查那样)遭到打压或陷入停滞。

一些探员,特别是老资格的那帮家伙,对于胡佛本人及其所宣称的一切都嗤之以鼻。一位资深探员这样告诫新入职的探员:"你要做的第一件事,就是不要去学他们在首都教给你的那些东西。第二件事,便是扔掉那些所谓的守则。"1929年,一名探员在辞职时,指控胡佛的创新措施"针对的不是犯罪分子,而是调查局的内部职员"。

怀特有时也对胡佛的条条框框以及颐指气使的作派颇有非议。但显然,他对成为新调查局的一员,以及被裹挟入远超个人掌控的事件感到乐在其中。他努力让自己的报告看起来干净利落,同时大肆应和科技警务的巨大优势。后来,他甚至还用软呢帽换掉了此前的牛仔帽,并效仿胡佛打起了高尔夫,学着如何将小白球送过平整的青青绿茵。这里,已经成为美国新贵追逐的金钱、权力与休闲享乐之所。怀特开始变得跟胡佛从大学毕业生中培养出来的官僚一般模样。

17 神笔大盗

171 1925年秋天,怀特试图向胡佛保证,自己已经收集到足够证据,足以彻底根除黑尔及其同党。怀特在给胡佛的一封备忘录中报告称,已经在黑尔的牧场安插了一名卧底探员,进行实时监视。怀特的压力,不仅仅来自胡佛。虽然接手本案时间不长,但他每天都能看到奥色治家家户户门外在夜间点亮的不熄灯火,看到这里的居民从不让孩子单独来到镇上,看到越来越多的住户卖掉自己的房产,远走他乡,甚至迁居他国,如墨西哥或加拿大(后来,一位奥色治人将此称为"散伙")。毫无疑问,奥色治人深陷绝望,同样坠入深渊的,还包括这些人对于政府方面调查的信心。美国政府究竟为他们做了什么工作?为什么只有他们,和其他美国人不同,需要靠自己的钱资助司法部的这次案件调查?为什么尚无一人遭到逮捕?一位奥色治头人表示:"此前,我和白人媾和,放下了自己手中的武器,并且再也没有动用过武力。但现在,我和我的族人,却在遭受痛苦的折磨。"

172 怀特逐渐意识到,充满偏见、腐化堕落的当地白人绝对不会指认自己的同类戕害印第安人的罪行,于是,决定改变侦查策略。他希望从一群最为臭名昭著且极具危险性的俄克拉何马人身上寻求突破,这些人,便是奥色治群山间流窜的不法之徒。探员及线人莫里森都报告称,一些亡命徒手里可能掌握谋杀案的线索。这些人的种族偏见当然同样根深蒂固,但因为最近曾遭逮捕,或者被判罪名成立,这就让怀特手中至少掌握若干与其讨价还价的砝码。在这些不法之徒中,尤为值得一提的便是迪克·格雷格,这位时年二十七岁的打手,曾是艾尔·斯宾塞领导的匪帮中的得力干将。如今,他因为抢劫,正在堪萨斯州一所监狱中蹲苦窑,刑期十年。

格雷格之前曾向探员伯格透露过自己知晓一些谋杀案的内幕,但同时口风很紧,声称自己不会泄露天机。在一份报告中,伯格不无沮丧地写道:"格雷格这个彻头彻尾的犯罪分子,一定会尽可能守口如瓶。"兼具律师以及印第安人财产监护人身份的科姆斯托克,认识格雷格的父亲,因此为其提供法律咨询。虽然胡佛对他并不信任,但事实证明,的确是科姆斯托克利用自身与格雷格父亲的关系,说服这位年轻匪徒选择与调查局合作。

最后,怀特亲自会见了格雷格,他喜欢在头脑里为每一名自己见过的罪犯进行画像,在记忆中对其加以固定——这是他在边疆地带执法时,因为没有指纹以及大头照等技术手段而磨炼出的一项技能。数十年后,当被要求描述格雷格的体貌特征时,他的报告依然精准:"个子瘦小,身高五英尺六英寸,体重一百二十五磅,肤色白皙,蓝眼睛,淡褐色头发,算得上很英俊的年轻人。"但这副好皮囊却颇具欺骗性,根据一名检察官的说法,格雷格称得上是"残忍冷酷且处心积虑的歹徒","会毫不犹豫地痛下杀手"。但怀特坚持认为,格雷格并非"天生犯罪人",甚至如果改造得法,还可能挖掘出某种"好的方面"。

虽然众所周知,格雷格敢于充当打手,但他却在指认黑尔时显得畏首畏尾。"如果消息泄露,"格雷格表示,"我这辈子就完蛋了。"但为了减免此前因抢劫罪被判的刑罚,他最终同意向怀特等政府探员和盘托出自己知道的一切。据他回忆,1922 年夏日的某一天,匪首艾尔·斯宾塞告诉自己,黑尔希望和匪帮接触,于是斯宾塞、格雷格和其他几名团伙成员动身前往黑尔位于费尔法克斯附近的一处牧场。黑尔骑马从高可没人的荒草中疾驰而出。这群人在一条小溪边碰头,并

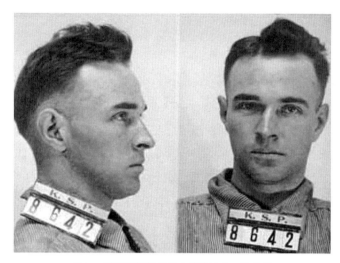

艾尔·斯宾塞匪帮的得力干将迪克·格雷格

饮了些威士忌。随后,黑尔要求斯宾塞借一步说话,两人单独密谈了许久。回来后,这次会面便宣告结束。斯宾塞向手下透露了谈话的内容。

黑尔告诉斯宾塞,可以向他及手下支付最少2 000美元,条件是崩掉两个人——一个老家伙,以及他那位披毯子的女人,即印第安妻子。斯宾塞询问黑尔想干掉的目标是谁。"比尔·史密斯和他的老婆。"黑尔回答。斯宾塞已向黑尔表示,自己虽然冷血,但绝对不会为了金钱杀害一名女人。如其所言:"这不是我的做事风格。"黑尔声称希望起码让格雷格去落实他的杀人计划,但格雷格的答复与斯宾塞一样。

怀特寻思,格雷格还算"心胸坦荡",他拒绝受雇杀人,表明他称得上"讲江湖道义的匪徒"。但是,尽管格雷格的证言明白无误地表明黑尔曾要求实施谋杀,但这一证据的法律意义不大。毕竟作证的是想要以此减刑的一个混蛋,而能够为上述证言提供佐证的斯宾塞,此时已被执法人员击毙。(《波哈斯卡大字报》报道称,一手攥着 10 000 美元,一手握着温切斯特来复枪,匪首马革裹尸,成也这片大山,败也这片大山。)

在一次接受讯问时,格雷格告诉探员,应当锁定布莱基·汤普森匪帮的打手柯利·约翰逊(Curley Johnson)。"他对史密斯被炸死一事知根知底,并且会在迫不得已的情况下吐露秘密",格雷格对天发誓。然而,约翰逊也已化作一冢腐土。不到一年前,他突然暴毙,据称死于毒酒。

怀特的穷追猛打,很快便将目标指向了亨利·格拉默,这位前马术明星,以及现在逞勇斗狠的私酒贩。就在一年前,这个家伙刚刚因为口角便将人杀死("亨利·格拉默再次枪杀他人",报纸头版如是说)。尽管格拉默和黑尔各自混迹于不同的圈子,但怀特明白,两个人早就相识,世纪之交,黑尔刚刚来到奥色治地盘时,便与格拉默打过交道。在1909年举办的一次马术比赛中,两人曾共同代表奥色治牛仔与切诺基牛仔同场竞技,"切诺基骑手不敌奥色治骑手",《马斯科吉民主时报》(*Muskogee Times-Democrat*)的通栏如此报道。虽然到了1925年,黑尔已经成功地洗白了自己的过去,但依然可以从一张幸存下来的照片上看到,在那次比赛结束后,黑尔和格拉默骄傲地骑在马上,高举着套马索。

艾尔·斯宾塞,摄于1923年9月15日被击毙后

1909年,参加完套马比赛后,黑尔(左数第四人)与格拉默(左数第三人)合影

就在史密斯被炸身亡前不久,黑尔曾向朋友透露,自己将要动身前往得克萨斯州的沃思堡(Fort Worth)观看马戏。怀特对黑尔的此项不在场证明作调查时,被告知他和格拉默共同前往。而有证人曾听到,在爆炸案发生前,黑尔和格拉默曾嘀咕过已经准备好做那单"印第安人生意"。

然而,跟其他可能对黑尔不利的证人下场类似,格拉默也死于非命。1923年6月14日,史密斯的房子被夷为平地三个月后,格拉默所驾驶的凯迪拉克轿车突然失控,翻车倾覆。在空旷的乡间公路上,这位传奇的快手明星流干了自己最后一滴血。

最终,一位专撬保险柜的窃贼,向怀特及其手下供出了爆炸阴谋的另外一名目击证人——此前长期担任格拉默打手的金牙匪徒阿萨·柯比。该窃贼表示,柯比人称"肥皂人"——即使用硝酸甘油炸药

威廉·黑尔

的行家里手——正是他设计制造了作案用的炸弹。结果发现,柯比也没办法作证了。格拉默致命车祸发生不过数周,柯比试图夜入一家店铺,抢劫隐匿在此的钻石,没想到,店长已经提前接到通报,正握着十二连发的霰弹枪坐等匪徒送上门来。柯比当场便被送入了地狱。令怀特难以置信的是,为店主提供情报的人,恰恰正是威廉·黑尔。

通过成功挫败抢劫图谋,黑尔维护法律与正义的声誉日隆。然而,有其他不法之徒偷偷告诉怀特,事实上,黑尔设计了抢劫计划——是他告诉柯比哪里有钻石,并向他建议破门而入的最佳时机。显然,这是计中计。猛然间,怀特开始对证人接二连三辞世产生了怀疑。他对造成格拉默死亡的那场车祸进行调查,被认识格拉默的人告知,他们相信那辆凯迪拉克的转向及刹车系统遭到了人为破坏。同时,柯利·约翰逊的遗孀也坚持认为自己的丈夫遭人谋杀——被黑尔及其马仔在酒中投毒。后来,怀特还发现了罗恩谋杀案的一名潜在证人,但此人也已遭人棒击头部而死。看起来,任何可能对黑尔不利者,都已遭到铲除。这名保险柜大盗自嘲,黑尔"已经照顾了太多人",而"我也可能会受到他的照顾"。

没能找到任何活口证人的怀特,感觉进退维谷,而黑尔此时似乎已发现自己被调查局盯上。"显然黑尔对一切都了如指掌。"线人莫里森告诉探员,同时还有迹象显示,连莫里森本人都可能是在里外通吃。探员了解到,莫里森曾告诉自己的一位朋友,迄今为止,谋杀案都是他自己在背锅,"一直在保着黑尔的那条狗命"。

黑尔则开始变本加厉拉拢人心,以巩固自己的权势地位。在一份报告中,探员雷恩写道:"黑尔正通过到处送人高级衣物乃至直接送钱——提供借款——等方式收买人心。"黑尔甚至还直接将小马驹送给一些男孩子。

扮演牧牛人的卧底探员,终于逐渐与黑尔拉近了关系,两人开始分享彼此年轻时的牛仔经历,并相互结伴巡视黑尔饲育的牛群。这名探员密报,黑尔似乎对调查局派来的探员多有戏谑,曾表示"我太机灵,对伤风感冒都敏感得可以"。

怀特不时就会在费尔法克斯街头看到打着领结、趾高气扬的黑尔——怀特兄弟,乃至他们的父亲,毕生都在追踪这样的典型犯罪人。这个家伙装模作样,怀特心想,"就好像全世界都是他的一样"。

每当压力倍增或者陷入绝境时,怀特都会带上自己的步枪,消失在原野尽头。一旦看到野鸭及其他飞禽,他便会举枪瞄准,不断射击,直到天空满是烟尘,地上遍布血痕。

18　游戏状态

179　　1925年10月底,怀特拜会俄克拉何马州州长。在审慎讨论案情期间,他从州长身边的助手处得到一个重要情报。"我们目前已经从麦卡莱斯特(McAlester,该州州立监狱所在地)关押的一名罪犯处收集了相关线索,"这位助手告诉怀特,"他宣称自己掌握大量有关奥色治谋杀案的内情,此人名叫伯特·劳森(Burt Lawson),找他聊聊或许是个好主意。"

　　迫切希望发现新线索的怀特带领探员弗兰克·史密斯旋即火速赶往麦卡莱斯特监狱,对于劳森这个人,他们其实并不太了解,只是知道他来自奥色治郡,此前曾有过数次前科。1922年,劳森被指控谋杀了一名渔夫,但他却因为主张是渔夫先拿刀子试图伤害自己而开脱了罪名。距此不到三年,劳森因为二级夜盗罪,被判七年有期徒刑。

　　怀特喜欢在对方不熟悉的地点进行讯问,以造成被讯问者紧张不安。因此,他从典狱长办公室那里借了一间房。怀特仔细打量出现在
180　自己面前的这个人:身材矮小,体态肥满,中等年纪,白发披肩,形同恶鬼。而劳森则将怀特及史密斯称为"辣手条子"。

　　怀特对劳森开门见山:"我们从州长办公室方面了解到,你了解一些有关奥色治谋杀案的情况。"

　　"我的确知道,"劳森回答,又补充道,"我想一吐为快。"

　　在后续一连串讯问过程中,劳森解释,1918年,他开始在比尔·史密斯的牧场当帮工,并借此与黑尔及其外甥欧内斯特和布赖恩有了接

触。在一份他签名画押的供述中,劳森表示:"1921年年初的某一天,我发现自己的妻子和史密斯有染,最终导致我的家庭破裂,并丢掉了这份工作。"欧内斯特知道劳森恨死了史密斯,一年多后,欧内斯特前来拜访,据劳森回忆,他"转过来对我说,'伯特,我有个想法,想和你说说'。我回答,'什么想法,欧内斯特?'欧内斯特说,'我希望你能去炸死比尔·史密斯和他老婆'"。

看到劳森不太同意,黑尔前来看望,并承诺为此向他支付5 000美元酬金。黑尔告诉他,可以使用硝酸甘油,而他所需要做的仅仅是在史密斯家安装一枚引信。"接下来,黑尔把手伸向口袋,"劳森回忆,"掏出了一根长约三英尺的导火索,说道'下面我给你演示怎么用'。接下来,黑尔用随身携带的水果刀从导火索上割下六英寸长的一段……再从兜里掏出一盒火柴,将导火索的一段点燃。"

劳森仍旧一口拒绝。随后不久,他便因杀害渔夫被捕,而身为预备役副警长,可以随心所欲进出当地监狱的黑尔再次前来探视,并表示:"伯特,你现在需要马上找律师,我知道你没有钱,同时,我特别希望那件工作能有人做。"劳森回答:"好吧,黑尔,我去干。"

不久后的一天深夜,劳森回忆,另外一位副警长打开自己的牢门,将他带出监狱,跟在一辆汽车里等候的黑尔见面。黑尔则拉着劳森前往费尔法克斯的一栋建筑,欧内斯特正在那里候着。黑尔让欧内斯特去取"那个箱子",欧内斯特随后捧出了一只木箱,里面塞满了硝酸甘油,箱口处连着一长卷导火索。小心翼翼地将箱子放在车上后,三个人开着车前往史密斯家。"我带着箱子和导火索下车,黑尔和欧内斯特则将车开走,"劳森继续回忆,"接下来,我走到房后,钻进史密斯家地窖,将箱子放在地窖深处,并按照黑尔教给我的方法安装导火索,坐在黑暗中开始等待时机。"劳森表示:"看见灯亮,我想所有人应该准备脱衣就寝了。果然,不久,灯就灭了。我坐在那里等了好一会儿,不知道具体有多久,但起码也有三刻钟,等到觉得所有人都已睡熟,我便点燃了一小段导火索,看到导火索的长端冒烟后,我赶紧以最快的速度逃之夭夭。"劳森能够听到房子被炸飞时发出的巨响。黑尔和欧内斯特在附近的某个地方接到他,并将他送回了监狱。副警长将劳森带回牢房。黑尔离开前警告劳森:"如果敢将这个消息泄露给任何人,我们就一定干掉你。"

怀特和探员史密斯感到一阵狂喜,虽然还留有一些问题,例如,劳森并未提及"肥皂人"柯比与此事有关,但很可能柯比是在劳森不知情的情况下为黑尔准备的炸弹。怀特需要将这些松散的线索整合起来,但他最终至少还是找到了一位可以直接指证黑尔参与犯罪阴谋的证人。

1925年10月24日,怀特在接手本案三个月后,向胡佛拍发了一封密电,内容难言胜利之感:"伯特·劳森已经供述他安放并引发爆炸装置,炸毁了比尔·史密斯的房子,而说服、促使、帮助他这样做的,正是欧内斯特·伯克哈特以及黑尔。"

胡佛大喜过望。通过电报,他马上向怀特发送了信息:"祝贺。"

182　　就在怀特及其手下探员对劳森的供述加以核实的过程中,他们迫切感觉,应当立即逮捕黑尔和他的外甥。现在看来,毫无疑问的是,帮助调查、说服证人开口作证的律师兼印第安人财产监护人科姆斯托克,正在面临生命威胁。每天他只能睡在自己位于波哈斯卡的办公室里,枕边放着他那把点四四口径的英国造斗牛犬左轮手枪。"一次,他在开窗户的过程中,发现窗台下面放置了炸药包。"一位亲戚回忆称。虽然最终成功拆除了炸弹,但这位亲戚补充道:"黑尔及其爪牙是铁了心要除掉他。"

让怀特感到担心的还有莫莉·伯克哈特的命运。尽管接到报告称她罹患糖尿病,但对此怀特颇有质疑。黑尔已经成功地策划了一个又一个杀人事件,目的就是让莫莉继承大部分家族财富。然而,这个阴谋显然尚未最终实现。黑尔只能通过莫莉的丈夫欧内斯特拿到这笔财富,目前,他的这位外甥在莫莉死亡并将财产遗赠自己之前,尚无法实际控制这笔巨款。莫莉家的一名仆人向探员透露,一天晚上,喝多了的欧内斯特向她嘟囔,担心莫莉会有不测。看起来,连欧内斯特自己都对这一不可避免的结局感到害怕。

约翰·雷恩,那位犹他探员,最近在跟莫莉的牧师沟通过程中得知,莫莉已经不再来教堂做礼拜,这不像她的风格。这位牧师了解到,莫莉的行动受到了家人的控制。这位牧师同时充分预警,表示自己这样做已经僭越了为教民保守秘密的仪轨。稍后不久,牧师又报告称,自己接到了莫莉传来的秘信,她担心有人正在试图对她下毒。而使用毒酒,是这位幕后杀手的惯用伎俩。牧师回话,警告莫莉:"不得在任何情况下饮用任何酒类。"

然而,莫莉所罹患的糖尿病,却为他人提供了太多的下毒机会。镇上的某些医生,如肖恩兄弟,正在为她注射据称是胰岛素的药物,但莫莉的状况非但没有好转,反而每况愈下。在印第安事务办公室工作的政府官员同样担心莫莉遭人慢性投毒。一位司法部官员报告称:"病情非常可疑。"事态紧急,该官员表示:"需要让这位病人尽速去口碑良好的医院接受诊断,同时排除她丈夫的阻挠与干扰。"

1925年12月底,怀特感觉,不能再坐等了。此时,劳森的供述尚有很多细节未能得到证实,内部也存在诸多矛盾之处。除了柯比的问题,他还始终坚称爆炸发生时,黑尔就在费尔法克斯,而不像某些证人所言,正在沃思堡与格拉默一同看马戏。然而,怀特还是立即着手申请对黑尔及欧内斯特的逮捕令,理由是杀害比尔·史密斯和丽塔·史密斯,以及他们的仆人妮蒂·布鲁克赛尔。1926年1月4日,逮捕令正式签发。因为探员无权实施逮捕,只能求助于美国法警以及当地执法人员,其中就包括弗里亚斯警长,后者在被赶下台后再次当选此职。

几位执法人员很快便在欧内斯特最喜欢流连之所——位于费尔法克斯的一间台球厅——将他抓获,押送至位于波哈斯卡西南八英里的加斯里监狱。然而,黑尔却无处可寻。探员雷恩打听到,黑尔定制了一身新西服,并表示计划离开一阵子。就在当局担心黑尔人间蒸发的时候,他突然踱入了弗里亚斯警长的办公室:西服颇为得体,鞋子擦得锃光瓦亮,头上戴着一顶高档呢帽,外套领子上别着那枚镶钻的共济会胸针。"我知道自己被通缉,"他说道,"因此主动前来投案,无需再派人四下搜寻。"

在被带往加斯里监狱途中,黑尔正好撞见了一位当地记者。黑尔两眼深陷,遍布血丝,走起路来"像一只被拴着的猛兽"。

黑尔在加斯里监狱门口的留影

记者询问:"是否有话要说?"

"你是什么东西?"黑尔呵斥道,显然,他并不习惯这样遭人盘问。

"报社记者。"

"我不会让媒体审判自己,只有本郡法院才有权审理我的案子。"

寄希望于能够从黑尔口中打听出一些与他有关的情况,这位记者继续询问:"您今年多大?"

"五十一岁。"

"您在俄克拉何马州待了多久?"

"二十五年,差不多。"

"您相当有名望,不是吗?"

"我想是吧。"

"听说您交游广阔?"

"借您吉言。"

"难道不想说点什么?哪怕只是'我是无辜的'。"

"我要在法庭,而不是报纸上审我的案子。今晚很冷,不是吗?"

"好吧,今年的养牛业怎么样?"

"马马虎虎。"

"从波哈斯卡一路而来颇为舟车劳顿,是吧?"

"是的,好在我们有一辆拉起窗帘的汽车。"

"现在,就案子有什么要说的吗?"

黑尔再次婉拒,并被当局带走。如果这时的黑尔略微手足无措,那么等到怀特和他对话时,已是气定神闲,甚至有些趾高气扬,显然,他现在感觉到自己的地位依旧不可撼动。看起来惹了一身麻烦的不是他,而是怀特。

怀特心里嘀咕,黑尔肯定不会认罪,无论是对执法人员,还是他经常挂在嘴边的上帝。唯一的机会,只能寄希望于欧内斯特·伯克哈特主动供认。"你不能看着他,指望他会像弱女子那样服服帖帖。"怀特观察。一位与他共事的检察官说得更加直白:"我们所有人都认为应当将欧内斯特·伯克哈特作为突破口。"

伯克哈特被带至加斯里一幢联邦大楼三层某个房间,这里被改造成了一间小黑屋,用作临时审讯室。他穿的依然是被逮捕时那身衣服,在怀特看来,他的穿着打扮像极了"小镇公子哥,按照西部风格来看颇为光鲜,蹬着价格不菲的牛仔靴,穿着花哨的衬衫,打着鲜艳的领带,身披昂贵的手工定制西服"。伯克哈特看起来有些紧张,举止不安,不时舔着嘴唇。

负责讯问的是怀特及探员弗兰克·史密斯。"我们想和你谈一下比尔·史密斯一家以及安娜·布朗遭人谋杀的案子。"怀特说道。

"活见鬼了,我什么都不知道。"伯克哈特坚决不吐口风。

怀特向他挑明,已经和监狱里蹲苦窑的一名叫伯特·劳森的罪犯谈过此事,而他的说法显然与伯克哈特所言存在明显差别。据劳森说,伯克哈特对于上述谋杀案知情颇多。但谈及劳森的做法,似乎并未吓住伯克哈特,后者依然坚称自己从未与这个人打过交道。

"他说,你就是史密斯爆炸案的联络人。"怀特表示。

"他在撒谎。"伯克哈特情绪有些激动。怀特心中不禁浮起一丝疑云,且一直萦绕不去,无法根除。如果劳森确实在撒谎,他仅仅是道听途说大牢里其他罪犯间的流言,该怎么办?他这样做,或许是想借此获得检方的减刑处理,抑或整个有罪供述都是黑尔自导自演的结果——另外一出计中计。此时,怀特依然不知道究竟该相信什么。但假设劳森是在撒谎,迫使伯克哈特认罪就变得愈发重要;否则,整个案子将彻底泡汤。

长达数个小时,在闷热幽闭的小黑屋里,怀特与史密斯反复利用此前收集的间接证据,试图借此锁定伯克哈特。怀特认为,自己能够从被讯问对象的身上感觉到些许懊悔之意,他似乎想要卸下包袱,以保护自己的妻儿。然而,只要怀特或史密斯谈及黑尔,伯克哈特便会僵坐在椅子上,看起来,他惧怕自己舅舅的程度,远甚于对于法律的敬畏。

"我对你的建议是,有什么说什么。"怀特近乎在请求。"无可奉告。"伯克哈特答道。

时近午夜,怀特和史密斯不得不暂时作罢,将伯克哈特押回牢房。等到第二天,怀特的案件调查遭遇到了更大的麻烦。黑尔突然宣称,自己可以证明爆炸的时候他正在得克萨斯,因为他在那里签字接受过一封电报。如果这一切属实——怀特的确倾向接受这一点——那么劳森就是一直在撒谎。因为特别希望能够捉到黑尔,怀特犯下了一个取证之人能够犯下的终极错误,尽管矛盾重重,依然片面相信自己所希望证明的线索。他知道,再过数个小时,黑尔的律师就会取得这封最为关键的电报,并借此让黑尔以及伯克哈特重获自由,再过数个小时,调查局自取其辱的消息就会闹得满城风雨,并最终传到胡佛的耳朵里。胡佛的一位助手如此评价这位调查局长:"如果他不喜欢你,就会让你万劫不复。"黑尔的律师则立即收买一位记者,撰写了有关黑尔百分百不在场证明的报道,并强调,他根本"无所畏惧"。

穷途末路的怀特,将所有希望全部寄托在曾经给胡佛脸上抹黑,并被调查员视为贱民一枚的布莱基·汤普森身上,这位有部分切诺基族血统的匪徒,曾被调查局招募为线人并获释,但最终只换来一位警官遭他杀害的结果。因此再次被捕的汤普森,一直被押在俄克拉何马州立监狱,他给调查局造成的伤害,似乎最好被深埋起来,避人耳目。

然而,根据调查局的早期报告,怀特怀疑,布莱基或许知道有关谋杀案的重要情报,遂在没有征求胡佛意见的情况下,决定将此人押送至加斯里。如果出现任何差错,布莱基脱逃或者伤人,怀特的职业生涯就将画上句号。怀特为了确保万无一失,决定由拉瑟·毕绍普(Luther Bishop)——曾经击毙艾尔·斯宾塞的俄克拉何马州执法者——负责押送布莱基。当布莱基抵达加斯里的联邦大楼时,身上满是镣铐,身后则是一支堪称小型军队的押送队伍。在附近的屋顶上,怀特还安排了枪手,用瞄准镜将布莱基牢牢锁定。

布莱基依旧充满敌意,阴郁愠怒,尖酸刻薄,但当怀特向他问及黑尔及伯克哈特在奥色治系列谋杀案中扮演的角色时,布莱基的态度似乎为之一变。这个心态恶毒且颇为偏执的家伙,曾抱怨黑尔和欧内斯特·伯克哈特"像极了犹太人——一方面什么都想要,一方面又一毛不拔"。

不法之徒布莱基·汤普森

探员明确告诉布莱基,他们不能与他达成任何减刑方面的交易,而布莱基则在开始时对谋杀案惜字如金,但慢慢地,他越说越多。布莱基表示,伯克哈特和黑尔曾与自己以及另一位老伙计柯利·约翰逊接触,授意他俩杀害比尔·史密斯及丽塔·史密斯。作为报酬的一部分,黑尔等人建议布莱基将伯克哈特的车偷走。一到晚上,等伯克哈特和莫莉上床后,布莱基潜入车库,将车开走。后来,布莱基因为盗窃汽车被捕,因此未能实施此前商定的杀人计划。

虽然还不清楚布莱基是否会同意就上述问题在法庭上作证,但怀特还是希望自己所收集的线索,能够让案件柳暗花明。他留下布莱基,由警卫严看死守,随即率同探员史密斯再次赶去讯问伯克哈特。回到小黑屋,怀特告诉伯克哈特:"我们对你昨天晚上的答复非常不满意。我们相信,有一个好买卖你并没有告诉我们。"

"我知道的都是一些老生常谈。"伯克哈特说道。

怀特和干探史密斯最终打出了手里的最后一张王牌。他们告诉伯克哈特,又找到了一名可以指认他与黑尔参与谋杀比尔·史密斯及丽塔·史密斯的证人。此前曾被糊弄过一次的伯克哈特表示不相信。

"那好,如果你不相信,我们可以去把他带来。"史密斯说道。

"那你带他来啊。"伯克哈特回答。

怀特和史密斯回去将布莱基押回小黑屋。在屋顶上守候的枪手始终用枪瞄准的情况下,这位不法之徒和伯克哈特面对面坐着,而后者被惊得目瞪口呆。

探员史密斯转向布莱基,说道:"布莱基,你是否告诉过我欧内斯特·伯克哈特向你所提建议的有关事实?"

布莱基回答道:"是的,先生。"

探员史密斯继续问道:"要杀死比尔·史密斯?"

"是的,先生。"

"你告诉过我们,欧内斯特给你一辆车作为任务的报酬,是否属实?"

"属实,先生。"

布莱基显然十分自得,直盯盯地看着伯克哈特,说道:"欧内斯特,我把一切都告诉他们了。"

伯克哈特的心理防线被彻底击溃了。布莱基被带走后,怀特本以为伯克哈特已然做好了认罪的准备,同时指认黑尔,但每次伯克哈特都欲言又止,显得顾虑重重。午夜时分,怀特让其他探员留下继续看守伯克哈特,自己返回宾馆房间。已经无计可施,筋疲力尽且近乎绝望的怀特,瘫倒在床上,昏昏睡去。

随后不久,怀特便被刺耳的电话铃声惊醒。怀着是不是哪里又出了错的预期——布莱基·汤普森逃跑了之类——他拿起听筒,里面传来一位探员急迫的声音,"伯克哈特准备好供述了,"他说道,"但他不肯对我们说,只希望向你坦白。"

当怀特再次进入小黑屋时,伯克哈特瘫倒在椅子里,疲惫不堪,看起来十分配合。伯克哈特告诉怀特,自己并未杀人,但是他知道谁是凶手。"我想说。"他喃喃道。

怀特向伯克哈特宣读了相关权利,后者在一张纸上签字,内容为:"在被警告并未得到承诺获得不被起诉的豁免权情况下,基于本人的自由意志,现作如下陈述。"

伯克哈特开始讲述与威廉·黑尔相关的一些情况:自己如何从小就对他十分崇拜,自己如何为他鞍前马后地效劳,自己如何对他言听计从。"我需要仰仗黑尔舅舅的决策判断。"他说道。黑尔运筹帷幄,伯克哈特表示,自己虽然并非黑尔这些计谋的核心人物,但这位舅舅还是向他透露了一些谋杀细节,如何杀死丽塔·史密斯及比尔·史密斯。伯克哈特表示,当黑尔告知他想要炸飞整栋房屋以及里面的所有人,包括自己的亲戚时,他曾表示反对。但黑尔则反问:"你操哪门子心,你老婆将得到这些钱。"

伯克哈特说,他认同黑尔的计划,和此前一样。黑尔最初想要找到不法之徒布莱基及柯利·约翰逊来做杀手。(在一份后来的笔录中,伯克哈特回忆:"黑尔曾告诉我去见柯利·约翰逊,调查他是否足够凶悍,如果发现他想要赚些钱的话,就让我告诉约翰逊,任务就是炸死个印第安人,即比尔·史密斯。")后来,因为约翰逊及布莱基无法完成使命,黑尔又找到了艾尔·斯宾塞。遭到拒绝后,黑尔将事情告知了私酒贩子兼马术明星亨利·格拉默,后者承诺会找到胜任此项工作的最佳人选。"就在爆炸案发生前几天,格拉默告诉黑尔,艾希(Acie)——阿萨·柯比的昵称——可以完成任务,"伯克哈特回忆道,"这是黑尔告诉我的。"

伯克哈特表示,劳森和爆炸一点关系都没有,并解释道:"你们按图索骥找错了人。"(后来,劳森向怀特承认:"我讲的全部都是假的。我所说的与史密斯爆炸案相关的全部情况,都是在监狱里面的道听途说。我做了错事,撒了谎。")事实上,伯克哈特指出,黑尔与格拉默前往沃思堡的目的,就是为自己制造不在场的证明。在离开前,黑尔告诉伯克哈特,给当地曾经的盗牛贼兼私酒贩子,同时也是亨利·格拉默的手下约翰·拉姆齐发一封电报。目的是借此让拉姆齐告诉柯比,是时候动手"做工"了。伯克哈特发了电报,并在爆炸发生当晚与莫莉一直待在家里。"事情发生时,我正和妻子躺在床上,"他回忆道,"我看到北方冲起一道亮光。我妻子走到窗前向外看。"她说,应该是谁家的房子着火了。"一听她这么说,我便知道是怎么回事了。"

伯克哈特同时还为黑尔如何为获得保险金而策划罗恩之死提供了至关重要的关键细节。"我知道谁杀了亨利·罗恩",伯克哈特表示,他指认拉姆齐——那位盗牛贼——便是扣动扳机的人。

案件至此变得明朗了。怀特给此时正在野外出差的探员雷恩打电话。"你那里有一名叫约翰·拉姆齐的嫌犯,"怀特告诉他,"立即逮捕他。"

落网后,拉姆齐也被带进了小黑屋。他又高又瘦,套着一条工装裤,黑发油腻,走路时略微跛脚,看起来颇具进攻性。一位记者报道称,他似乎"有些神经质,或许是个十分危险的人物"。

根据怀特及其他探员的说法,拉姆齐十分警觉地注视着对手,坚称自己什么都不知道。随后,怀特将伯克哈特签名画押的笔录丢到拉姆齐面前,后者盯着这份文件,似乎是在确认文件是否伪造。就像怀特及史密斯让布莱基与伯克哈特对质一样,他们现在将伯克哈特带来,向拉姆齐证明供述笔录的真实性。此时的拉姆齐挥舞手臂,叫道:"我猜现在死到临头了。拿笔来!"

根据拉姆齐经宣誓后所作供述及其他证言,1923年年初的某个时候,格拉默告诉拉姆齐:"黑尔有一点小事想找人做。"当拉姆齐问是什么工作时,格拉默表示,黑尔需要灭掉一名印第安人。拉姆齐最终同意了这个被他称为"游戏状态"的阴谋,以提供威士忌为名,将罗恩骗下山谷。"我们俩坐在车沿踏板上开始喝酒,"据拉姆齐回忆,"这个印第安人后来爬进汽车,想要离开,我便对准他后脑开了一枪。此时,我距离他大概一两步的距离。随后,我便回到自己车上,返回了费尔法克斯。"

怀特注意到,拉姆齐一直都在说,"这个印第安人",而非罗恩的大名。宛如要为自己的罪行正名一般,拉姆齐表示,即便现在,"俄克拉何马州的白人都认为,像1724年那个时候一样,杀死个印第安人可以不用眨眼"。

怀特对于莫莉姐姐安娜·布朗遭人谋杀一案,依然存在疑问。欧内斯特·伯克哈特对自己弟弟布赖恩的角色始终半遮半掩,明显不希望让他被牵连。但他还是解开了曾被看到在安娜死前和她在一起的神秘第三方身份之谜。这便是探员们熟悉得不能再熟悉的卧底线人,本来被寄予厚望厘清神秘第三方身份的凯尔茜·莫里森。此人不仅是双面间谍,为黑尔及其手下通风报信,而且根据欧内斯特的说法,正是莫里森将致命的子弹打入了安娜·布朗的脑袋。

就在当局继续盘问莫里森的同时,他们还派出一位医生去给莫莉·伯克哈特体检。她看起来离死不远,根据临床症状,当局确认,有人长期对她秘密投毒,以此避免引发他人怀疑。在一份后来的报告中,一位探员表示:"事实便是,一旦她摆脱伯克哈特及黑尔的控制,莫莉就立即恢复了健康。"

伯克哈特拒绝承认自己了解莫莉遭人投毒的事实。或许这是连他自己都无法承受的罪恶感,或许黑尔并不相信他会对自己的妻子下毒。

肖恩兄弟被带来,就他们究竟如何对莫莉进行治疗一事接受讯问,一名配合怀特工作的联邦检察官询问詹姆斯·肖恩:"你给她的不是胰岛素?"

"或许吧。"他答道。

检察官变得有些不耐烦:"难道她不是被从你身边带走,到波哈斯卡的医院接受治疗的吗?""难道不是你给她开的胰岛素吗?"

詹姆斯·肖恩表示,或许自己的表述有问题,"我不想把事情搞砸,我不想被牵扯到什么不好的事情里"。

检察官再次询问他是否为莫莉开了胰岛素。"是的,我给她开了一些。"他答道。

"为什么?"

"治疗糖尿病。"

"她的病情加重了?"

"不了解。"

"她被从你那里带走,到波哈斯卡的医院接受治疗时,情况很糟,但在接受其他大夫治疗后,情况立刻得到了好转。"

詹姆斯·肖恩和其兄弟否认存在任何恶行,怀特也没有办法证明究竟谁应该为投毒负责。当莫莉的病情好转后,她也接受了当局的质询。虽然不是那种喜欢被当成受害人的类型,但莫莉首次承认,自己的确感到害怕,有些迷茫。时不时,她在使用英语之余,还需要翻译的帮忙,这门语言现在对她来说,似乎变成了传递某种不可理喻的神秘信息的存在。一位帮助检方工作的律师向她解释:"我们都是你的朋友,并为你效劳。"他还告诉莫莉,她的丈夫欧内斯特已经供认对系列谋杀案知情,同时黑尔显然操纵他们实施了包括对她妹妹家进行爆炸等罪行。

"黑尔和你的丈夫沾亲带故,不是吗?"他追问道。

"是的,先生。"莫莉回答。

这位律师曾经询问,在爆炸发生时,黑尔是否在她家。

"不,他不在。当时在家的只有我的丈夫和孩子。"

"当天晚上没有人来?"

"没有。"

"你丈夫当天晚上一直在家?"

"是的,整晚都在。"

律师询问莫莉,欧内斯特是否曾经向她透露过黑尔的阴谋。莫莉表示:"他从来没有和我说过这些。"而她所希望的,便是让对她家人下毒手的家伙得到应有的惩罚。

"这些人是谁,重要吗?"律师询问。

"不。"她斩钉截铁地回答道。但她不能也不会相信欧内斯特卷入了这一阴谋。后来,一位作者曾如此引用莫莉所说的话:"我的丈夫是一个好人,善良的人。他绝对不会做这样的事情,他也绝对不会伤害其他人,更不会伤害我。"

这时,律师问道:"你爱你的丈夫?"

过了一会儿,她说道:"爱。"

手上有了欧内斯特·伯克哈特以及拉姆齐的口供，怀特与探员史密斯决定当面与黑尔对质。坐在一副绅士模样的对手面前，怀特坚信，就是这个人，杀害了莫莉几乎所有的家人，并且将自己的共谋及目击证人灭口。同时，怀特还发现了一个更为令人感到不安的隐情，根据几位与安娜·布朗过从甚密者的证词，黑尔与安娜其实存在私情，他正是那个胎儿的父亲。如果一切为真，便意味着黑尔杀死了自己的腹中骨血。

当黑尔以被逮捕后就一直展现出来的礼貌态度跟怀特及史密斯打招呼时，怀特只能强压心中怒火。伯克哈特曾经形容："黑尔绝对是你能遇到的最好的人，除非你能够认清他，了解他。"同时补充道："遇到他之后，你就会不由自主地喜欢上他，女人也不例外。但和他接触的时间越长，他就会对你越是予取予求，会以某种方式让你吃尽苦头。"

怀特不会浪费时间。像他后来回忆的那样，他告诉黑尔："我们现在掌握了经过签字画押的确凿口供，指认你便是杀害亨利·罗恩以及史密斯家人的主犯，我们现在有证据将你定罪。"

即便怀特将对他不利的证据一一铺开，黑尔依然不为所动，仿佛依然处于上风一般。凯尔茜·莫里森曾告诉探员，黑尔十分笃定，"花钱，可以让奥色治郡中任何一个人得到保护，或者洗清罪责"。

怀特此时尚无法预知随后即将出现的那场艰苦异常且引发轰动的讼战——最终一直打到联邦最高法院，几乎毁掉自己的职业生涯。他依旧希望能够尽可能快速、利落地结案，于是最后一次尝试说服黑尔认罪。"我们不认为你希望让自己的家人面临案件长期审理及相关刻薄证言、羞辱与尴尬所带来的不堪与痛苦。"怀特说道。

黑尔用不无欢快的眼神盯着怀特，说道："我将全力应战。"

18　游戏状态

19　出卖血亲

196　　嫌犯遭逮捕的消息一经披露,犯罪行径之残忍耸人听闻。媒体上用"明目张胆的犯罪团伙,令人发指的残忍手段,枪杀、毒杀乃至炸死奥色治石油产地的富二代"之类的描述,报道这些"远比边疆开拓期更为血腥的犯罪",以及联邦政府侦探如何将号称"杀手之王"的歹徒绳之以法。

　　怀特此时已经被罗恩及莫莉·伯克哈特家族成员被谋杀的案子搞得筋疲力尽,因此尚未将黑尔与所有二十四起奥色治谋杀案,以及沃恩律师和石油老板麦克布赖德之死联系起来。然而,怀特及手下至少可以证明,黑尔的确从上述两起谋杀行径中获利。首先,便是死前曾向沃恩律师通风报信的奥色治族印第安人乔治·比格哈特疑似遭人毒杀。怀特从证人处了解到,有人看到在被紧急送医前,比格哈特曾和黑尔在一起。而在他死后,黑尔提供了一份伪造的借据,试图从比格哈特的遗产里分走 6 000 美元。欧内斯特·伯克哈特则透露,黑
197　尔在填写借据前,曾练习模仿比格哈特的签名。黑尔还涉嫌于 1921 年毒杀另外一名奥色治族印第安人乔·贝茨。这位当时已经结婚且育有六名子女的男子突然暴毙。此前,黑尔与他进行过一次颇为令人生疑的土地交易。后来,贝茨的遗孀致信印第安事务办公室,表示:"黑尔把我的丈夫在过去的一年间都灌得迷迷糊糊,之后,便会来到我家,要求我丈夫将从祖上继承下来的土地权利出让给他。但我的丈夫无论醉成什么样子,对此总是一口回绝。我不相信他会卖地,因为他始终对我说,即使死到临头也不会这样做……但是,黑尔还是拿到了这些地。"

虽然罪行残忍，但很多白人还是难掩自己对于这个血腥故事的强烈好奇。"奥色治印第安人谋杀阴谋耸人吸睛。"《里诺晚间公报》(Reno Evening Gazette)如此报道。以"奥色治谋杀案发生地依旧是狂野西部"为题，一份发向全国各地的电报稿描述的故事内容如下："虽然令人感到沮丧，但这一切的确发生在我们都误认为早已逝去的兼具某种浪漫色彩，同时魑魅横行的蛮荒西部。故事的情节也堪称引人入胜。因为太过离奇，以至于起初会让人感觉恍如隔世，不相信这一切发生在二十世纪的现代美国。"电影院甚至还放映了一部纪录片，名为《奥色治远山的悲剧》。"史上最令人困惑的系列谋杀犯罪的真实历史，"影片的宣传单上写着，"一个有关真爱、仇恨与人类对于金钱之贪欲的故事——基于伯克哈特触目惊心的供述改编。"

就在举国轰动的热潮中，奥色治人关注的却是想办法确保黑尔及其同党无法逃脱法网，他们当中很多人担心其会逃脱。贝茨的遗孀曾表示："我们印第安人在法庭里根本讨不到权利，我也根本没机会为孩子夺回本来应当属于他们的土地。"1926年1月15日，俄克拉何马州印第安人协会(Society of Oklahoma Indians)通过了一份决议，称：

> 奥色治族印第安人因为其所享有的人头权，正在惨遭赶尽杀绝……
>
> 因此，政府方面应当积极追诉实施上述犯罪的罪魁祸首，并判定其有罪，依法严惩……
>
> 如果案件得到妥善解决，我们将对致力于搜捕、起诉犯下残忍罪行的凶手的联邦及州执法人员提出表扬。

然而，怀特深知，美国的司法机制，和其警察机关一样，腐败肆虐。很多律师与法官都在收黑钱，证人遭到恐吓，陪审员被收买。即便是受压迫者的伟大捍卫者克拉伦斯·丹诺(Clarence Darrow)，也曾因为试图收买陪审员候选人而遭到指控。《洛杉矶时报》的一名编辑后来回忆，丹诺告诉他:"当你需要面对一群混蛋时,就必须以其之道还治其身,为什么不这样干呢?"黑尔对于俄克拉何马州孱弱的法律体制拥有无比强大的影响力,一位前往当地采访的记者这样报道:"当地人,无论身份地位,当谈到黑尔时,都显得低声下气。他及其同党的影响力无处不在。"

鉴于黑尔的淫威,有联邦检察官警告称,利用该州法律系统对他进行审判,"不仅毫无裨益,而且还有可能非常危险"。但是,像很多针对北美印第安人的刑事案件一样,究竟哪个政府部门对此享有管辖权,实属一本烂账。如果谋杀发生在印第安领地,联邦当局当然可以主张管辖权,问题是奥色治地区的土地已经被划分为不同区块,发生谋杀犯罪(包括安娜·布朗遇害)的大部分地区,都已不受部落控制。因此,美国司法部判定,这些案件只能在俄克拉何马州接受审判。

检察官罗伊·圣路易斯正在审阅堆积如山的奥色治谋杀案卷宗

然而，随着对于各个案件材料的进一步深挖，调查局官员发现，可能找到了一个例外情况，即亨利·罗恩被害的地点位于尚未出售给白人的奥色治族领地，而且，这块奥色治土地的所有人正处在联邦政府的监护下。与怀特合作的检察官决定首先将该案提起公诉，在联邦法院指控黑尔及拉姆齐谋杀罗恩，而这两名被告人将面临死刑指控。

检方组成的阵容，令人叹为观止，加盟者包括司法部两名位阶最高的检察官，一位初出茅庐的联邦检察官罗伊·圣路易斯（Roy St. Lewis），以及一位名叫约翰·莱希（John Leahy）的当地律师。莱希和一位奥色治族妇女结婚，并受雇于印第安人议会，为案件审理提供帮助。

黑尔身边也汇聚了自己的律师团队——多位堪称俄克拉何马州"最有能力"的律师，其中包括前俄克拉何马州总检察长、州权的积极捍卫者萨金特·普林特斯·弗里林（Sargent Prentiss Freeling）。此人经常游走全州各地，做"律师视角下之末日审判"的演说，同时警告大众："如果一个脾气暴躁的家伙，沉溺于利用自己所有的能力为非作歹，肆意妄为，那么他就需要雇用一位名声不好的律师为自己提供帮助。"为了给被指控枪杀罗恩的约翰·拉姆齐辩护，黑尔雇用了一位名叫吉姆·斯普林格（Jim Springer）的所谓"摆事"律师。在斯普林格的建议下，拉姆齐很快便翻供，声称自己"从未杀死任何人"。欧内斯特·伯克哈特告诉怀特，黑尔此前就曾向拉姆齐打包票，让其"不用担心，他——黑尔——里面有人，可以将从公路监工到州长的各色人等悉数搞定"。

就在大陪审团（Grand Jury）程序①开始前的一月初，黑尔的一位密友——某牧师——被指控出庭作伪证。随后，他的另外一名同伙因为

---

① 大陪审团程序，作为仅有美国及非洲国家利比里亚仍在继续使用的普通法传统，主要指在联邦检察官、地方检察官的监督下，由十二至二十三名不等的大陪审团成员，根据相关证据，判断是否存在盖然性理由认定某人实施了某种犯罪，并据此签发起诉票，将案件提交法院审理的程序。目前在美国，这一程序虽然依然适用，但已日渐式微，只有不到一半的州实际使用。

试图毒杀证人遭到逮捕。随着审理期限日益迫近,一些出卖良心的私家侦探开始频繁骚扰证人,甚至试图让证人销声匿迹。调查局甚至还贴出告示,详细描述了在其看来很有可能受雇充当杀手的一位私家侦探的体貌特征:"长脸……身着灰西服,头戴浅色软呢帽……镶有几颗金牙……素以诡计多端著称。"

还有其他枪手受雇刺杀凯尔茜·莫里森的前妻——一位同意替检方作证的奥色治族印第安人——凯瑟琳·科尔(Katherine Cole)。这位杀手后来回忆:"凯尔茜说,他希望安排一下,除掉自己的老婆凯瑟琳,因为她知晓太多有关安娜·布朗遭谋杀的内幕。凯尔茜让我给黑尔送封信,说他能够安排好这一切。"黑尔给了这个杀手一些钱,告诉他"把她灌醉然后干掉"。但在最后时刻,这名杀手还是没有能够说服自己下此毒手。在实施抢劫遭逮捕后,他向当局坦白了上述计划。即便如此,阴谋依然在徐徐展开。

命令自己手下必须出双入对以确保安全的怀特接到线报,艾尔·斯宾塞匪帮前成员已经抵达波哈斯卡,试图杀害联邦探员。怀特告诉史密斯:"我们最好先下手为强。"带着点四五口径的自动手枪,他们将此人堵在他所居住的房屋前面。"我们听说你威胁要把我们从这里赶走。"怀特说道。

这名歹徒上下打量着执法人员,说道:"我只是黑尔的朋友,刚到贵宝地,仅此而已。"

怀特随即向胡佛通报:"在这个人还没来得及做什么'肮脏'的勾当前,他就被迫离开了……因为他明白了,去别的地方对他的健康更为有利。"

对于欧内斯特·伯克哈特的安危,怀特尤为挂记。黑尔后来曾向自己的一名同党私下承认,伯克哈特是唯一让自己感到有些害怕的证人。"无论如何,都必须干掉欧内斯特,"黑尔告诉他,"否则,我就将身败名裂。"

1926 年 1 月 20 日,伯克哈特——当时尚未被起诉,政府方面声称要静观其变,根据其配合程度再做定夺——告诉怀特,他敢肯定,自己就要被"崩掉"。

"我会给你安排政府方面能够提供的所有保护措施,"怀特向其保证,"任何必要的措施。"

怀特吩咐探员雷恩及自己的另外一名手下护送伯克哈特前往其他州,对他加以安全警戒,直至审判开始。探员们在酒店登记时,并未使用欧内斯特·伯克哈特的真名,而是用 E. J. 欧内斯特的别名来称呼。后来,怀特告诉胡佛:"我们认为他们非常有可能在想尽办法杀死伯克哈特。当然,对此我们已经采取了万全的预防之策,但依然可能会出事,拉姆齐及黑尔的死党可能会对他下毒。"

与此同时,莫莉依然不相信欧内斯特"故意犯罪"。同时,因为他长期不能回家,莫莉开始变得有些歇斯底里。她家人死伤殆尽,现在,看起来连自己的丈夫也要最终失去了。一位协助检方工作的律师询问,如果能够带她去见欧内斯特,情况是否可能会出现好转。

"我就想要这样。"她说道。

随后,怀特会见莫莉,并向其承诺,欧内斯特很快就能回家。在此之前,怀特表示,他能够确保两人书信往来。

莫莉接到了欧内斯特的来信,信中表示他身体尚好,也很安全。随后,她在回信中写道:"亲爱的老公,今早接到你的来信,我感到十分高兴。我们都很好,伊丽莎白即将返校。"莫莉提到,自己的身体状况大有改观,"现在感觉好多了",她表示。依然对于这段婚姻心存幻想的莫莉写道:"好吧,欧内斯特,我必须长话短说,希望能够尽快接到你的回信。再见。你的妻子,莫莉·伯克哈特。"

1926 年 3 月 1 日,怀特与检方遭遇致命一击。法官同意辩方动议,判决即便罗恩遇害地点位于奥色治人的个人土地,也不等于就是部落属地,因此,案件必须交回州法院进行审理。检方向联邦最高法院提起上诉,但距离作出判决还需较长时日,因此,必须暂时将黑尔及拉姆齐释放。"看起来,黑尔的律师——诚如其亲友所预测的那样——毫发无损地摆脱了政府的镣铐。"一位作家这样评论道。

就在黑尔和拉姆齐在法庭内弹冠相庆之际,弗里亚斯警长走上前,在和黑尔握手致意后说道:"黑尔,我这里有一张你的逮捕令。"怀特与联邦检察官及俄克拉何马州总检察长合作,通过在该州法院提起公诉的方式,将黑尔与拉姆齐继续羁押起来。

怀特与检察官并无选择,只能在奥色治郡治所在地,同时也是黑尔的老巢波哈斯卡着手提起公诉。"即使有,也只有很少人相信我们能够在奥色治郡组织起审理这些家伙的陪审团,"怀特告诉胡佛,"阴谋诡计,无所不用其极。"

3月12日,首次聆讯期间,奥色治族男女——很多都是受害人亲属——将法庭挤得密不透风,前来为证人撑腰。黑尔的妻子、年方十八的女儿以及诸多支持者,则聚集在辩护席后面。到处都是记者。"此前法庭还从未出现过如此多的人,"《塔尔萨论坛报》(*Tulsa Tribune*)记者这样写道,"衣冠楚楚的商人,与贩夫走卒,争抢法庭内的立锥之地。上流社会的女士则与披着艳丽毛毯的印第安妇女并肩而坐。头戴宽檐帽的牛仔与镶嵌珠宝玉石的印第安头人共同旁听证人作证。女学生前倾着身子,听得入神。""世界上最富一隅——奥色治——的各个阶层,都挤在一起,追看这出满是鲜血与金钱的大戏。"一位当地的历史学者后来大胆提出,媒体对于奥色治谋杀案审判的重视程度,甚至超越了一年前在田纳西州关于公立学校讲授进化论是否合法一事对被告斯科普斯(Scopes)进行的所谓"猴子审判"(Monkey Trial)①。

---

① "猴子审判"(*The State of Tennessee v. John Thomas Scopes*),发生于1925年,在田纳西州一所接受该州政府补贴的高中,教师斯科普斯因教授进化论,被指控违反了该州教育法,案件轰动全美。

走廊里,很多人对独自安静坐在法庭内长椅一角的一位奥色治族女子评头论足,此人正是莫莉·伯克哈特。她被始终纠缠不清的两个世界所抛弃:站在黑尔一方的白人,对她避之犹恐不及,同时很多奥色治人则怪罪她将杀手引来,且在这个时候依旧死忠于欧内斯特。记者则将她描写成一位"无知的印第安女人"。媒体围追堵截,试图从她口中撬出些什么,但莫莉闭口不言。后来,一位记者抓拍到了她的一张照片,表情咄咄逼人;很快,这张"莫莉·伯克哈特的最新独家照片"就传遍了整个世界。

黑尔和拉姆齐在戒护下进入法庭。尽管拉姆齐一副冷漠的样子,但黑尔却信心满满地和自己的妻女及支持者打了招呼。"黑尔颇具领袖气质,"《塔尔萨论坛报》记者写道,"只要一休庭,他的朋友就会围拢上前,男男女女愉快地互致问候。"在监狱中,黑尔曾抄写下几句自己还记着的诗句:

> 不要论断人!貌似有罪的乌云,可能会侮蔑教友兄弟的声誉,因为命运,有时也会将疑犯的阴影,投射给最为磊落的清名。

怀特刚在控方一侧的桌子后面坐定,须臾之间,黑尔的一名律师便发言道:"法官大人,辩方请求法庭对坐在那里的怀特,调查局驻俄克拉何马州负责人进行搜查,确定他是否携带武器,并将他驱逐出本法庭。"

黑尔的死忠者开始跺脚鼓噪。怀特则站起来,掀开衣襟,证明自己并没有带枪。"如果法庭要求,我自然便会离开。"怀特说道。法官表示,并无此必要,怀特闻言落座,人群也开始逐渐安静下来。此后,庭审进行得波澜不惊,直到下午,已经在奥色治郡销声匿迹长达数周之久的欧内斯特·伯克哈特被带入法庭时,情况才为之一变。莫莉注视着不安地走过长长的过道而直奔证人席的丈夫。黑尔对自己的外甥怒目而视,黑尔的律师们将伯克哈特贬斥为"背叛自己血亲的无耻之徒"。就在不久前,伯克哈特曾偷偷告诉一位检察官,如果自己出庭作证,"他们会杀了我",而他的屁股刚一沾到证人席的椅子,很明显,此前支撑他走到这里的全部勇气,业已消耗殆尽。

黑尔的一位律师站起来,要求与伯克哈特私下对话。"这个人是我的当事人!"他表示。法官询问伯克哈特,此位律师是不是他的律师,伯克哈特看了一眼黑尔,说道:"他不是我的律师……但我愿意和他谈谈。"

怀特和检察官不敢相信自己的眼睛,眼睁睁地看着伯克哈特走下证人席,与黑尔的律师们走进法官办公室。五分钟过去了,十分钟过去了,二十分钟过去了,最后,法官下令法警前往办公室将他带回。随即,黑尔的律师弗里林走出法官办公室并说道:"法官大人,辩方希望与伯克哈特先生进行接触,直至明天。"法官照准,甚至黑尔还曾一度在法庭内拉住伯克哈特不放,整个阴谋,就这样在怀特面前展露无遗。受雇于奥色治部族议会的检方律师莱希认为此举"手段高超,是我担任律师以来未曾碰到的罕见之举"。伯克哈特离开法庭时,怀特曾试图上前提醒他注意,但此时黑尔的一伙支持者蜂拥而上,将伯克哈特裹挟而去。

次日上午,法庭上,一名检察官宣布了怀特以及人声嘈杂的走廊里所有人都已经有所预期的消息:欧内斯特·伯克哈特拒绝为本州检方作证。在一份提交给胡佛的备忘录中,怀特解释,伯克哈特"又开始焦虑,一旦允许他见到黑尔,更遑论还将他置于黑尔的主导之下,便已经不太可能指望他为检方作证了"。更有甚者,伯克哈特摇身一变成为辩方的证人。黑尔的一名律师询问他是否曾就谋杀罗恩或任何其他奥色治族印第安人的问题与黑尔有过交流。

"从未有过。"伯克哈特喃喃道。

当律师询问黑尔是否要求过他雇凶杀害罗恩时,伯克哈特表示:

"他从未要求过。"

有条不紊,用一种单调的声音,伯克哈特开始翻供。检方试图通过对他提起单独指控,将他列为炸死史密斯夫妇的共谋者的方式,挽救败局。他们将希望寄托在首先赢得针对伯克哈特的起诉,再以此为基础将矛头指向黑尔及拉姆齐,因此将对他进行的审判安排在最前面。但对黑尔最为不利的两大证据——伯克哈特及拉姆齐的有罪供述——全部哑火。怀特回忆,此时,法庭内"黑尔及拉姆齐露出了胜利者的微笑",同时还补充道,"众山之王重回巅峰"。

当针对伯克哈特的审判于5月底开始时,怀特意识到,自己正在面临一场更为严重的危机。黑尔在经过宣誓后作证,当庭指控怀特及其手下探员,包括史密斯在内,在对他讯问时使用残忍手段威逼利诱,企图迫使他认罪。黑尔表示,调查局的人告诉他,有的是办法让人开口说话。"我回头看,"黑尔说道,"让我回头的原因在于,我听到了身后有人放了空枪。就在我回头张望之际,史密斯从屋子那边跳过来,抓住我的脖领子,拿着一把大手枪,在我的面前挥舞个不停。"

黑尔表示,史密斯威胁要把自己的脑子打出来,而怀特也曾对自己说:"我们一定想办法送你上电椅。"随后,黑尔指控探员将他塞进一把特制椅子,在他身上插满电线,给他戴上黑头套,以及一个类似接球手在棒球比赛时所佩戴的头盔。"他们一直说要在我身上浇水,然后通上电,真把我吓坏了。"黑尔表示。

伯克哈特与拉姆齐作证称,自己也受到了类似的虐待,并因此才会承认有罪。轮到黑尔作证时,他的举证颇为夸张,刻意夸大他所谓遭受电击时的情形。黑尔指控,当时有一位探员嗅了嗅鼻子,喊道:"你难道没有闻到人体烧焦的味道吗?"

6月初的一个清晨,胡佛在华盛顿。胡佛喜欢早餐时吃烤面包加荷包蛋。他的一位亲戚曾形容,"在吃食方面,胡佛堪称暴君",只要蛋黄稍有渗出,便需要拿回厨房重做。然而,那个早上让胡佛心焦的并不是食物。当他拿起当天的《华盛顿邮报》时,被上面的大标题惊得目瞪口呆:

> 罪犯指控遭遇司法部探员电刑威胁……
> 当庭表示探员试图迫使其承认自己杀人……
> 调查局探员闻着"人体烧焦"的气味,他表示。

虽然胡佛本人在遵纪守法方面也并不十分热衷,但他显然不太相信怀特能够实施如此手段。让他担心的是由此引发的"丑闻",或者用他喜欢的词儿,"尴尬局面"。他马上给怀特拍发了一封急电,要求他作出解释。尽管怀特并不想为此种"荒腔走板"的指控正名,但还是立即回电,坚称上述指控"从一开始便是有意捏造,因为对方根本没有第三条路可走。我这辈子从未使用过类似的手段"。

怀特及其手下探员出庭否认上述指控。尽管如此,威廉·潘(William B. Pine)——俄克拉何马州联邦参议员,一位富有的石油商人,同时也是印第安人财产监护制度的坚定捍卫者——依然开始积极游说政府要员,试图迫使调查局开除怀特及其手下。

欧内斯特·伯克哈特审判过程中的火药味十足,堪称一触即发。当某辩护律师指控政府方面欺诈作假时,一位检察官不禁大喊:"说这句话的人,和我到法庭外面会会!"最终,人们不得不将这两个人隔离开来。

面对陷入泥沼的案件,检察官最终传召了一位在他看来可以一举扭转陪审团印象的证人:私酒贩子兼前调查局线人凯尔茜·莫里森。此前,了解到此人吃里爬外的怀特及手下,曾当面与莫里森对质。看起来,这个人唯一在乎的便是自身的利益。当他认为黑尔要比美国联邦政府更有优势时,就会为这位奥色治之王充当双面间谍。但一旦被抓获,命运掌握在联邦政府手中时,他就会见风使舵,承认自己在共谋中的作用。

如今，就在法庭外雷雨大作之际，法庭内的莫里森作证，承认黑尔曾计划杀掉莫莉的全部家人。黑尔曾告诉自己，想要将"这一群狗娘养的统统除掉"，以便让"欧内斯特拿到全部财产"。

针对安娜·布朗，莫里森表示，黑尔曾招募自己"崩掉这个印第安女人"，同时还给了自己凶器——一把点三八口径的自动手枪。布莱恩·伯克哈特则是与他配合的共犯。在确定安

安娜·布朗

娜喝醉后，他们开车来到了三里溪，当时，莫里森的妻子科尔也和他们在一起，莫里森告诉科尔待在车里。之后，他便和布赖恩抓住安娜，当时安娜已经烂醉，根本没有办法自己走路，莫里森回忆，因此，他们将她架到了峡谷下面。

最终，布赖恩帮助安娜在溪流边的一块石头上坐稳。"他让她坐起来。"莫里森说道。一位辩方律师询问："拉起来的？"

"是的。"

法庭内一片死寂。莫莉·伯克哈特眼睁睁地看着眼前的一幕，侧耳倾听。

检察官继续问道："你是否告诉过他，在你向安娜头部开枪时，应当如何扶着她？"

"是的,先生。"

"在峡谷里,你站在那儿,一边准备将子弹射入受害人脑袋里,一边告诉他如何扶着那位喝得烂醉、孤立无援的印第安女人?"

"是的,先生。"

"接下来,当布赖恩扶着受害人摆出你希望的姿势后,你从那把点三八口径的自动手枪里发射了一枚子弹?"

"是的,先生。"

"在你开枪后,是否移动了尸体?"

"没有,先生。"

"在你开枪后,发生了什么?"

"放开尸体,她跌倒在地。"

"仅仅就是跌倒?"

"是的,先生。"

"她发出任何喊叫了吗?"

"没有,先生。"

检察官继续问道:"你是否站在那儿看着她死去?"

"没有,先生。"

"你认为将子弹射入她的大脑就足以将她杀死,是不是?"

"是的,先生。"

当被问及开枪后还干了些什么的时候,他回答:"回家吃了晚饭。"

莫里森的前妻科尔——她表示自己之所以没有在谋杀发生后马上站出来指认凶手,是因为莫里森威胁要"活活把我打死"——印证了上述说法。她表示:"我一个人在车里待了二十五到三十分钟左右,直到他们回来。安娜·布朗并没有和他们在一起,我也没有再见过活着的她。"

6月3日,审理进程已过半,莫莉被人叫走,她与欧内斯特所生的小女儿安娜死了。莫莉病重期间,将安娜托付给一位亲戚抚养,死时已经四岁了。小安娜,人们都这么叫,最近的状态并不好,医生诊断的死因为罹患疾病,并无非正常死亡的迹象。但对于奥色治族人而言,每次生离死别,每次神迹的出现,现在都蒙上了一层疑云。

　　莫莉参加了葬礼。此前她将自己的女儿忍痛托付给其他家庭抚养,目的就是为了能够确保女儿的安全。现在,她眼睁睁地看着小安娜躺在那口小棺材里,消失在坟冢之下。通晓对往生者传统悼词的奥色治人已经少之又少,现在,又有谁能够在每个清晨的黎明为她颂唱圣歌?

　　葬礼结束后,莫莉径直返回法庭——这幢冰冷的石头建筑里,似乎承载着一切导致她悲伤、绝望的秘密。她一个人坐在过道里,一言不发,默默聆听。

　　6月7日,就在女儿死亡几天后,欧内斯特·伯克哈特被从法庭押解回奥色治郡监狱。看到没人注意,他偷偷将一个纸条塞给副警长。"别现在看。"他小声嘟囔道。

　　后来,当副警长打开纸条时发现,收件人是为检方工作的律师约翰·莱希,内容也非常简单:"今晚来监狱见我。欧内斯特·伯克哈特。"

　　副警长将纸条交给莱希,后者赶到监狱时,发现伯克哈特正在不安地踱来踱去。他有着重重的黑眼圈,仿佛已经好几天没有睡好。"我一直都在撒谎,"伯克哈特说道,"我再也不想继续参与庭审了。"

　　"作为检方,我对此无可奉告,"莱希表示,"你为什么不找自己的律师?"

　　"我不能告诉他们。"伯克哈特说道。

莱希盯着伯克哈特,无法确定这次坦白是否又是一计,但他看起来态度真诚。女儿的死,每天庭审过程中妻子如鬼魅般的面容,以及很明显对自己越来越不利的证据,都使他难以招架。"我彻底孤立无援。"伯克哈特表示,他祈求莱希传话,让他此前认识的律师弗林特·摩西(Flint Moss)前来会见。

莱希表示同意。6月9日,在与摩西会谈后,伯克哈特返回法庭。这一次,他并没有和黑尔的辩护人一起坐在辩方一侧,而是走到审判席旁边,与法官耳语了一番。接下来,他往回撤了几步,深呼一口气,说道:"我希望更换自己的辩护律师,现在,摩西先生将作为我的代理人。"

虽然辩方表示反对,但法官还是同意了这个请求。摩西站在欧内斯特身边宣称:"伯克哈特先生希望撤回自己的无罪申请,转而请求认罪。"

法庭内一片哗然。"这是你的想法吗,伯克哈特先生?"法官问道。

"是的。"

"州或联邦当局是否承诺,如果你改变诉求,就会对你加以赦免或给予宽恕?"

"没有。"

他已经决定,将自己的命运交给法庭裁决,伯克哈特此前告诉摩西:"我对这一切感到厌倦恶心……我想对我所做的一切供认不讳。"

伯克哈特接下来宣读了一份声明,承认自己曾经替黑尔向拉姆齐传递信息,内容是让柯比了解,是时候动手炸毁史密斯的家了。"我发自内心地说,之所以这样做,就是因为黑尔是我的舅舅,"他说道,"对于事情真相,我曾经告诉过很多人。对我来说,承认事实,结束庭审,是诚实且高尚的做法。"

法官表示，在接受上述请求前，需要询问一个问题：联邦探员是否用枪，或用电刑，威胁伯克哈特签署过认罪书？伯克哈特表示非但没有这样，调查局的人对他可谓不错。（后来，伯克哈特表示，黑尔的一些律师唆使他当庭作伪证。）

法官表示："那么，法庭接受你的认罪请求。"

法庭瞬间沸腾。《纽约时报》头版报道："伯克哈特承认了俄克拉何马州杀人案：供称自己雇凶炸毁了史密斯家……声称一切都是舅舅的阴谋。"

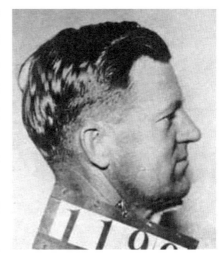

欧内斯特·伯克哈特的大头照

怀特向胡佛做了汇报，称伯克哈特"情绪非常激动，眼含热泪地告诉我，他撒了谎，现在要说实话……并且保证会在美国任何一个法庭这样说"。

在伯克哈特认罪后，开除怀特及其手下的暗流戛然而止。俄克拉何马州总检察长表示："给这些先生们多少赞美都不为过。"

然而，整个案件到目前为止也仅仅完成了一小部分，怀特及联邦当局还需要扳倒其他犯罪人，包括布赖恩·伯克哈特以及拉姆齐，乃至最为穷凶极恶的黑尔，确保这些人被认定有罪。亲眼见证了欧内斯特审判过程中出现的种种阴谋诡计后，怀特越来越无法确定能够将黑尔绳之以法。但他也收到了一个令人振奋的好消息：联邦最高法院判定，罗恩被谋杀的地点属于印第安人属地。"借此，我们可以重返联邦司法系统。"怀特写道。

1926 年 6 月 21 日，伯克哈特被判处终身监禁并服苦役。即便如此，人们还是可以从他脸上发现明显的如释重负。一位检察官表示，现在，"他说出了沉积心底的恐怖秘密，心里的重压得到释放，进而有机会寻求宽恕及救赎"。在被带往州监狱的铁窗后面之前，伯克哈特转过脸，对莫莉惨笑了一下，但她的表情却是无动于衷，甚至有些冷漠。

20　上帝保佑

1926年7月的最后一周,黑尔及拉姆齐被控谋杀亨利·罗恩一案开始在加斯里一座红砖砌筑的法庭内进行。"舞台搭好,奥色治惨绝人寰的悲剧——万众期盼审判两位老派牛仔的大幕徐徐拉开,"《塔尔萨论坛报》报道称,"欧内斯特·伯克哈特的审判,尽管以其戏剧性地承认参与黑尔杀害史密斯一案收场,但这也仅仅是今天上演的这场生死悲剧的序曲而已。"

在有人试图劫狱以放走将在法庭上做对黑尔不利证言的不法之徒的行径败露后,怀特加强了监狱的警卫力量。后来,被关押在不同楼层牢房里的黑尔,通过暖气管子附近的一个小洞,给布莱基·汤普森传了一张纸条,后者向探员坦白,黑尔要求其"不得做对自己不利的证言"。布莱基补充道:"我写了一张纸条,主张如果能够让我出狱,我就不会替检方作证。"黑尔回信答应安排布莱基脱狱,但需要答应一个条件——布莱基出去后需要绑架欧内斯特·伯克哈特,并赶在他作证前,让他彻底消失。"他想让我把欧内斯特·伯克哈特带往墨西哥",布莱基补充说道,黑尔"不希望伯克哈特在这个国家被杀,要死不见尸"。

考虑到针对黑尔及拉姆齐的入罪证据很多,怀特相信,判决结果将在很大程度上取决于证人及陪审员是否遭到收买。在欧内斯特受审的过程中,随着黑尔试图贿赂的证据浮出水面,第一组候选陪审员被悉数解散。这一次,在遴选陪审员的程序开始前,检方详细调查了每一名潜在的候选人,以确定是否有人试图与其接触。法官接下来要求获得选任的十二名陪审员发誓,会根据证据及法律作出公正判决——"愿上帝保佑你!"

法官、检方抑或辩方,在遴选陪审员的过程中,对一个非常重要的问题都闭口不提:由十二名白人男子组成的陪审团,是否会判处杀害一名北美印第安人的白人有罪?一份对此表示怀疑的报告称:"对于堪称拓荒者的牛仔,与一名纯种印第安人之间的态度差别……高低立见。"奥色治部落的一位头面人物将这一问题表达得更为直接:"我心里怀疑的是,陪审团正在考虑的,到底还是不是这个谋杀案件。他们考虑的问题或许是白人杀死奥色治人不属于谋杀,而只是对付牲口的手段残忍了些而已。"

黑尔(左数第二人)及拉姆齐(左数第三人)与两名美国法警合影

7月29日,即将开始传召证人出庭作证,看热闹的人群早早赶来占座位。外面的温度飙至90华氏度,法庭内更是连呼吸都困难。检察官约翰·莱希起身,发表开场陈词。"陪审团的各位先生,"他说,"威廉·黑尔,被指控教唆、帮助谋杀了亨利·罗恩;而约翰·拉姆齐,则被控实施了杀人行为。"莱希以实事求是的口吻,择要论述了谋杀骗保的整个犯罪计划,一位在场旁听者记录道:"老手之间的法律战,绝非如花火大会或法庭剧目般夸张,但他的确非常稳健地表达了所有对己方有利的法律观点。"静观其变的黑尔,脸上洋溢着淡淡的微笑,而拉姆齐则仰靠在椅背上,不停扇风降温,嘴里还叼着一根牙签。

7月30日,检方传召欧内斯特·伯克哈特出庭。虽然传言称伯克哈特还会临阵易主,再次转投自己舅舅的怀抱,但这次他对于检方的诘问,回答得颇为干脆。伯克哈特回忆称,黑尔及亨利·格拉默曾讨论过如何除掉罗恩。伯克哈特表示,最初的计划并非是由拉姆齐枪杀罗恩。相反,黑尔本来希望使用自己惯用的伎俩——下了毒的私酒。这份证言,终于将奥色治人早就心知肚明的内幕公之于世:这个部落中,有很多人,因为误饮被人下毒的酒品,遭到有计划的系统谋杀。在罗恩被害一案中,伯克哈特表示,黑尔最终决定将他枪杀,但当他后来了解到拉姆齐并没有按照他的指示,从正面枪击罗恩头部并将凶器遗留在现场后,依然火冒三丈,大发雷霆。"黑尔告诉我,如果约翰·拉姆齐按照他的安排去做,所有人都不会想别的,只能认为罗恩是自杀。"伯克哈特回忆称。

8月7日,检方举证告一段落,辩方很快便传召黑尔本人出庭作证。在将陪审团的各位称为"绅士"后,他始终嘴硬,"我从未涉及任何杀掉罗恩的计划。我也不希望他死"。尽管黑尔让自己看上去颇为令人信服,但怀特依然坚信,检方已经证明自己的起诉主张。除了伯克哈特的证言,怀特就拉姆齐的认罪供述出庭作证,其他证人也证明黑尔实施了保险欺诈行为。检察官罗伊·圣路易斯将黑尔形容为"残酷无情的死亡捕食者"。其他检察官表示:"地球上最为富庶的印第安部落,已成为白人非法捕食的猎物。印第安人正在逐渐凋零。本案涉及一个基本原则,全美人民都在通过媒体报道实时跟踪本案。现在该是陪审团的诸位绅士恪尽职守,履行本分的时候了。"

8月20日,周五,陪审团开始合议,并一直持续了好几个小时。第二天,僵局依然没有被打破。《塔尔萨论坛报》报道称,尽管检方的指控颇为有力,但加斯里地下赌局对陪审团无法作出决断的赔率达到了五比一。历经五天漫长合议后,法官传召控辩双方到庭。他询问陪审员:"是否有可能作出任何判决?"陪审员代表起身称:"没有可能。"

法官询问检方是否有意见发表,圣路易斯起身,脸涨得通红,声音颤抖着说道:"陪审团中,有好人,也有一些不怎么好的人。检方接到线报,陪审团中至少有一名成员收受了辩方贿赂。"

法官考虑到检方意见后,下令解散陪审团,择期对被告人进行下一步审理。

怀特目瞪口呆。自己一年多的经营,调查局历时三年的工作,现在走进了死胡同。指控布赖恩·伯克哈特谋杀安娜·布朗的案件审理,同样以陪审团悬而未决告终。看起来,似乎根本没有办法找到肯定自己的同类谋杀北美印第安人有罪的十二名白人男子。奥色治人出离愤怒,商量要自己动手讨回公道。突然间,怀特不得不加派人手,保护黑尔这个自己曾经迫切要将其绳之以法的家伙。

同时,检方还是准备对黑尔及拉姆齐谋杀罗恩一案进行再审。作为这项工作的一部分,怀特被司法部要求就首次审判中出现的腐败问题进行调查。他很快便发现,存在行贿及作伪证等妨碍司法公正的阴谋活动。根据一位证人的口供,辩方律师吉姆·斯普林格曾试图收买

黑尔离开法庭

其出庭作伪证,遭到回绝后,斯普林格用口袋里好像是手枪的东西瞄准这位证人,并表示:"我要杀了你。"10月初,一个大陪审团对斯普林格及若干证人提出公然妨害司法公正的指控,大陪审团发表的声明称:"此类行径不能容忍,否则我们的法院将形同虚设,我们的司法将名存实亡。"随后,几位证人遭到检方起诉并被定罪,但其中不包括斯普林格本人,这是因为一旦他也遭到起诉,便会主张将黑尔及拉姆齐的案件押后至他自身的案件处理完毕之后再行审理。

就在黑尔及拉姆齐遭遇再审前的10月底,一位司法部官员建议检察官圣路易斯:"辩方所言全部子虚乌有,应当轮到我们去证明事实了。"他补充道:"如果他们成功搞定了陪审团,那么最应该受到谴责的其实应当是我们自己。"随即,怀特的手下受命为陪审团成员提供人身保护。

检方的指控与此前大体相同,只是在形式上更为顺畅了。但让法庭内所有人都感到吃惊的是,辩方律师斯普林格居然将矛头主要指向莫莉,并传召她出庭作证。

"能否告诉大家你的名字?"他询问。

"莫莉·伯克哈特。"

"你是不是欧内斯特·伯克哈特的现任妻子?"

"是的,先生。"

他随即揭开了莫莉一直都没有告诉欧内斯特的那个秘密,即亨利·罗恩是否曾经与她有过短暂的夫妻关系。

"是的,先生。"她回答。

检方抗议,认为辩方的问题与本案无关,法官对此表示同意。实际上,辩方这样做,除了让她遭受更多痛苦折磨,毫无其他意义。在指认了一张罗恩的照片后,莫莉从证人席上退下,返回了法庭的过道。

当欧内斯特·伯克哈特出庭作证时,检察官莱希就他与莫莉的婚姻关系发问:"你的妻子是一名奥色治族印第安人?"

"她是。"欧内斯特答道。

在此前的审理过程中,在被问及职业问题,他的回答是:"我不用工作,我娶了一名奥色治族老婆。"

黑尔的一名律师询问欧内斯特,是否承认检方所指控的在自己小姨子在家的情况下,通过炸毁房屋的方式将她谋杀的犯罪。

"没错。"他说道。

本着将责任都推到欧内斯特身上的想法,黑尔的律师开始宣读遭到谋杀的莫莉家人名单,一个又一个。"除了和你所生养的两个孩子,你妻子还有其他健在的亲戚吗?"

"没有了。"

莫莉目睹着这一切;法庭内鸦雀无声,众人都在凝视着她。控辩双方的举证质证仅仅持续了八天,便宣告结束。一名检察官在结案陈词过程中表示:"现在,是你们这些人站出来捍卫正义、法律与尊严,推翻这位奥色治之王的时候了。你们应当用判决证明自己是勇敢、体面的公民。而这些家伙,应当被吊死在绞首架上。"法官建议陪审员必须放下自己的同情或者偏见,无论对任何一方。他警告称:"如果一个国家的公民说,'我们无法在自己的法庭上寻求公平正义'时,这个国家就将堕入万劫不复的深渊。"10月28日,陪审团开始合议。到了翌日清晨,有消息称,陪审员已经作出决定,法庭内,再次挤进了已经混得脸熟的诸多看客。

法官询问陪审员代表,陪审团是否已经作出决定。"是的,法官阁下。"他答道,同时将一张纸呈交给法官。法官端详片刻,随后交给法庭工作人员。法庭内鸦雀无声,静得连墙上挂钟的滴答声都清晰可闻。有记者后来报道:"黑尔的表情多少有掩饰不住的期待,而拉姆齐则犹如戴着面具一般。"站在悄无声息的法庭前面,这位工作人员宣布,陪审团认定,约翰·拉姆齐及威廉·黑尔一级谋杀罪名成立。

黑尔及拉姆齐显然惊得不轻。法官说道:"陪审团认定你们谋杀了一名奥色治族印第安人的罪名成立,黑尔先生及拉姆齐先生,现在,本人依据职权,需要对你们进行量刑。根据法律,陪审团可以依据一级谋杀的罪名,对你们判处死刑,但陪审团认定,你们应当被判处终身监禁。"陪审团希望惩罚杀害北美印第安人的凶手,但却不愿意将凶手处以极刑。法官告诉黑尔及拉姆齐,"请站到法官席前",黑尔闻言马上起身,而拉姆齐则略显犹豫。法官宣布,他判处两人"有生之年"都需要在监狱里服刑。接下来,他询问道:"你还有什么话要说吗,黑尔先生?"

黑尔凝视前方,目光空洞。"没有,先生。"他说道。

"那你呢,拉姆齐先生?"

拉姆齐只是摇了摇头。

记者奔出法庭,忙着进行报道,《纽约时报》的标题是,"奥色治众山之王,被判谋杀罪"。检方律师莱希也对这个结果感到欢欣鼓舞,"这个国家迄今为止践行法律正义的最伟大的标志性判决之一"。对此判决,莫莉也表示欢迎,但怀特深知,调查还有许多不尽人意之处,对此,没有任何司法体系能够加以弥补。

一年后,当安娜·布朗谋杀案的审理开始时,莫莉再度出席庭审。此时,莫里森再一次改变口供,转而效忠黑尔,并希望能够从他那里获得补偿。当局查扣了莫里森在监狱中写给黑尔的一张纸条,内容是承诺"只要找到机会",就"会想办法让检方下地狱"。检察官同意给予布赖恩·伯克哈特豁免权,认为只有如此,才能够确保莫里森被判有罪。审判过程中,莫莉再次详细了解到了自己的小叔子布赖恩是如何将自己的姐姐灌醉,然后扶着她的身体,以便让莫里森从脑后开枪将她打死——或者,用布赖恩的话,淹死她——这番令人毛骨悚然的犯罪细节。

布赖恩回忆,枪杀发生一个星期后,自己陪伴莫莉及其家人前往犯罪现场,对安娜已经腐败的尸体进行辨认。这一幕记忆,在莫莉的脑海中一直盘桓不去。但直到现在,她才终于彻底弄明白当时的一幕:布赖恩站在自己身边,假装悲伤,凝视着地上躺着的尸体。

"你去看尸体了?"一位检察官询问布赖恩。

"我们大家去看的就是这个。"他说道。

震惊不已的检察官接着询问:"你明知安娜·布朗的尸体就在那儿,不是吗?"

"是的,先生。"

莫里森当时也站在围观者当中。同样在现场的欧内斯特试图安抚莫莉,尽管他明知杀害安娜的两名凶手离他们只有咫尺之遥。同样,欧内斯特在丽塔·史密斯和比尔·史密斯家遭爆炸时,也明白谁应当为此负责；当天晚上，他爬上床与莫莉相拥而眠时，他就知道真相；其实自始至终他都明白，自己的妻子迫切地想要抓住凶手。在莫里森被判谋杀安娜罪名成立的时候，莫莉已经不再探视欧内斯特，很快两人便离婚，只要听到有人提起前夫的名字，莫莉都会吓得蜷缩成一团。

对于胡佛而言，奥色治谋杀案的成功侦破，成为他领导下的现代意义的调查局可供炫耀的政绩。如他所希望的那样，通过此案可以向全美其他地方证明，一个全国性的、专业性的、技术性的执法力量有多么重要。《圣路易斯邮报》（St. Louis Post-Dispatch）对于谋杀案的报道便是："当地警长调查，一无所获；州检察官调查，一无所获；州检察长调查，一无所获。唯独当联邦政府派遣司法部探员前往奥色治郡时，法律才重新找回威仪。"

胡佛小心翼翼，以确保调查局早期经历的惨痛教训不会曝光。他并没有公开布莱基·汤普森从调查局眼皮底下脱逃并杀死一名警官，以及在侦破其他谋杀案件的过程中所走的大量弯路等不堪过往。相反，胡佛自己编造了一个调查局如何在他领导下，解决狂野西部最后一块不法之地残留的惊天大案的神话故事。认识到新型公共关系有助于扩展调查局的权力，同时为了塑造自己的个人崇拜，胡佛要求怀特为他提供可以向媒体散布的案件细节："当然，如你所见，法律层面及民众兴趣层面存在区别，而新闻记者感兴趣的，应当是民众兴趣层面的东西，因此，我希望你能够着重从这个角度出发。"

胡佛将自己的故事提供给交好的记者——即所谓的"调查局之友"。一篇由威廉·伦道夫·赫斯特（William Randolph Hearst）旗下的媒体帝国所撰写的报道就曾大肆鼓吹：

闻所未闻！

拥有地球上最为强大指纹库的政府机关,如何通过闻所未闻的精良科技打击犯罪,揭开聪明干探如何终结奥色治印第安属地遥远群山间的谋杀与恐怖当道,并最终捣毁这个国家最穷凶极恶匪帮的幕后秘闻。

1932 年,调查局开始与广播节目"好彩时间"(*The Lucky Strike Hour*)合作,将自己侦破的案件改编为广播剧,其中最初几集剧目的原型就包括奥色治谋杀案。探员伯格甚至还撰写了一些虚构的情节,提供给节目的制作方。其中的一幕,便是拉姆齐向欧内斯特展示计划用来杀害罗恩的手枪,同时说道:"看看这家伙,是不是很靓?"这个广播节目总结道:"于是,又一个故事结束了,和这一系列的其他故事一样,道德得以捍卫……罪犯在和华盛顿联邦探员的斗智斗勇中再次落于下风。"

尽管胡佛曾私下对抓获黑尔一伙的怀特及其手下进行褒奖,并对他给予稍许加薪——"对于手下的高效履职尽责加以承认的小手段"——但他从未在大肆推广本案的时候提及这些人的名字。毕竟,他们的形象与受过大学教育的毕业生形象并不太契合,而从大学毕业生中遴选探员已经成为胡佛神话的一部分。更为重要的是,胡佛从来不想让手下的风头盖过自己。

奥色治部族议会,是唯一公开点名表扬怀特及其手下,包括卧底探员的政府组织,在一份决议案中逐一列举了他们的姓名,同时表示:"谨此向在调查并将罪犯绳之以法方面做出杰出贡献的你们,表达由衷感谢。"同时,奥色治人也开始行动起来采取措施,让自己未来免受其他阴谋的荼毒。他们游说国会通过了一部新法,禁止任何不具有二分之一以上奥色治族血统的人从部落成员处继承人头权。

黑尔及拉姆齐被判有罪后不久,怀特也面临着自己人生中的一次重大抉择。负责联邦监狱系统的联邦副总检察长征求怀特意见,询问他是否有意担任位于堪萨斯州的莱文沃思监狱（Leavenworth prison）典狱长。当时，这座美国历史最为悠久的联邦监狱，被看作是最为可怖的羁押场所之一。因为监狱内部腐败多发，副总检察长告诉胡佛，怀特是理想的典狱长人选："如果放弃找到像怀特这样理想典狱长的机会，我将懊悔不已。"

胡佛并不想放走怀特，因此告诉副总检察长，这对调查局意味着严重损失。然而，胡佛也表示："如果我反对提拔，对怀特来说也不公平，如您所知，我对他的评价甚高，无论从私人层面，还是从工作层面。"

思考了一阵子后，怀特还是下定决心离开调查局。新工作的薪酬更高，同时自己也不用抛妻弃子，在外奔波。更为重要的是，自己终于有机会像父亲那样管理一座监狱，当然，规模要大上很多。

1926年11月17日，怀特还没在新位子上把屁股坐热，在监狱的马蹄形车道上，美国法警又押解来了两名新囚犯。囚犯抵达的这个目的地令人望而生畏，莱文沃思监狱是一座占地三十六万六千平方英尺的巨大堡垒，突兀在四周一望无垠的玉米田当中，恰似一位服刑犯所形容的那样："虚无中漂浮着的一座巨大陵墓。"当这两位囚犯戴着镣铐走进大门时，怀特迎了上去。虽然因为长期见不到阳光而略显苍白，怀特还是一眼便认出了他们：黑尔和拉姆齐。

"为什么在这儿，你好，汤姆。"黑尔向怀特打招呼道。

"你好，黑尔。"怀特回答。

拉姆齐则用方言对怀特说："无恙？"

怀特和他们两人分别握手，随后，狱卒将他们带至各自的牢房。

21　热锅蚂蚁

当怀特在不同囚室间巡视时,仿佛是在记忆的坟墓里穿行,因为可以看到曾经在自己生命中出现过的一些人,他们的眼神在铁栏后飘忽张望,他们汗流浃背。他看到了黑尔及拉姆齐,他遇到了艾尔·斯宾塞匪帮的歹徒,他见到了丑闻频出的哈定总统执政期间因为收受贿赂被判入狱的退伍军人事务部(Veterans Bureau)前负责人。怀特还遭遇到杀害自己兄长达德利的两名亡命徒,但他从未旧事重提,以免给对方带来任何压力或负担。

怀特和家人都住在监狱里,他的妻子起初觉都睡不着,一直寻思:"在这种环境下,怎么能够将两个小男孩养大成人?"管理监狱所需面临的挑战同样巨大。这里最初设计关押 1 200 名囚犯,但实际关押的人数三倍于此,人满为患。夏天,牢房内的温度可能高达 115 华氏度,这也是为什么囚犯将莱文沃思监狱调侃为"热锅"的原因。1929 年 8 月的某一天,彻夜高温,导致监狱厨房的牛奶变馊,进而在牢房大厅引发了骚乱。臭名昭著的保险柜大盗"雷德"·鲁登斯基(Red Rudensky)曾回忆,当时那里"丑态百出、危险四伏、杀机重重",而怀特随即赶来,平息了危机,"典狱长怀特英勇无畏,冲锋在前,与我的距离不过数英尺,尽管砍肉刀、碎瓶子就在眼前"。

怀特尽力改善监狱条件。一位曾在他手下供职的看守后来回忆道:"典狱长对于罪犯的管理堪称严格,但从来不会实施虐待或刻意刁难。"怀特还曾经给鲁登斯基写过一张字条:"改变日积月累形成的行为习惯,需要莫大勇气——程度或许超出我的认知,但如果你有这种勇气的话,是时候显露一下了。"正是因为得到了怀特的支持,鲁登斯基回忆称:"我才获得了一线希望。"

尽管怀特鼓励改过自新,但对于大量被关押在"热锅"的囚犯,他也没有过多的幻想。1929 年,卡尔·潘兹拉姆(Carl Panzram)——一位主动供认杀害了二十一人,依然号称"我毫无悔意"的家伙——将一名看守活活打死,被判在监狱内执行绞刑。怀特虽然反对死刑,但作为典狱长,需要履行监刑的痛苦职责,这一点跟他父亲在得克萨斯州所做的工作十分类似。1930 年 9 月 5 日,随着太阳跃升至监狱上方,怀特将潘兹拉姆从牢房带到新建的绞刑架前。当绞索套在受刑人脖子上时,怀特还特地确认了一番,肯定自己的两个男孩并不在场。潘兹拉姆一直大声呼喊,要求赶紧行刑:"有你们磨蹭的工夫,我都能吊死十几个人了。"上午六点零三分,活动门打开,潘兹拉姆挣扎了一阵子,最终被吊死。这也是怀特首次帮助终结他人的生命。

来到莱文沃思监狱后,威廉·黑尔被分配至肺结核病人的隔离牢房值班,后来又被派至监狱农场劳作,在那里,他利用自己早年在边疆地区练成的身手,喂猪以及饲养其他牲畜。一位监狱记者写道:"在照顾牲畜方面,他堪称高手,能够劁猪骟马,为动物放脓治病。"

1926 年 11 月,当某记者给怀特写信,试图从他口中打探黑尔的小道消息时,怀特断然拒绝,坚持"黑尔有权利得到和其他囚犯一样的对待"。怀特对此一以贯之,黑尔的妻女也从未受到过监狱方面的任何为难。一次,黑尔的妻子写信给怀特:"下周一我能否去探视我的丈夫?距离我上次探望已经过去了差不多三个星期,我也知道监狱方面的规矩是一个月只能探视一次⋯⋯但如果能够得到您的特许,我将感激不尽。"怀特回信,表示监狱方面欢迎她前来探视。

莫莉·伯克哈特

这么多年来,黑尔从未承认自己曾下令实施过相关谋杀,甚至包括他被判决罪名成立的杀害罗恩一案,以及被判处终身监禁之后,并未对他加以起诉,但有证据证明他曾策划的其他大量谋杀犯罪。尽管拒绝承担罪责,但黑尔的确在法庭作证时,就检方指控他试图骗取人头权发表过颇为冷酷的言论,而这一发言也多少彰显出他所秉持的价值观:"对我来说,这只不过是一种商业主张。"

尽管怀特曾试图求助宗教人士对人性的黑暗加以阐述,但他现在也尝试提出科学解释。黑尔在监狱内接受了心理及精神科检验。测试者认定黑尔并没有"心理压抑或者精神失常"的明显迹象,但在"人性中包括极端邪恶的部分"。黑尔则将自己的野蛮贴上了文明的标签,进而把自己包装为"帮助这个国家走出原始荒蛮的开拓先锋"。评价者指出:"不断否认自己显而易见的罪责,进一步证明了黑尔的判断力之差。这样做显然不太合适……他将本来可能会有的羞耻心或悔悟心,悉数抛在脑后。"怀特看到了这份有关黑尔的心理学研究报告,但他身上所体现的某些罪恶,显然超过了科学解释的适用范围。虽然黑尔表面上看起来遵规守纪,但依然在秘密谋划,设法获释出狱。他曾宣称计划行贿上诉法院,在上述尝试未能让自己重获自由后,黑尔依然吹嘘,如一位评价者所记录的那样:"很可能会通过朋友的影响力离开这里。"

然而,奥色治人的生活,首次摆脱了长久以来黑尔无处不在的影响力。莫莉·伯克哈特再次开始社交活动,到教堂做礼拜。最终,她与一位叫约翰·科布(John Cobb),兼具白人及克里克族印第安血统的男子坠入爱河。在亲戚们看来,他们的爱颇为真诚。1928年,两人结婚。

莫莉的生活还发生了另外一个巨大的变化。莫莉和其他奥色治人一道,经过努力,终结了腐败不堪的财产监护人制度。1931年4月

21日,法院判决,莫莉的身份不再是俄克拉何马州的被监护人:"本庭谨此判决,并依法要求本案当事人莫莉·伯克哈特,第285号奥色治族被分配人,重新恢复完全行为能力,此前判令其不具备行为能力的判决,据此作废。"四十四岁时,莫莉终于可以随心所欲花钱,并被正式承认为完全意义上的美国公民。

1931年12月11日,典狱长办公室里的怀特听到一阵喧哗。他站起来,走到门前,发现眼前正在爆发一场枪战。七名最为危险的囚犯——包括两名艾尔·斯宾塞匪帮成员,以及一位因为块头大而被称为"货车"的匪徒——试图脱狱逃跑。这伙人手里有一支温切斯特步枪、一把锯断枪管的霰弹枪,以及六枚爆炸物,这些武器显然是被偷偷夹带进监狱的。这些囚犯绑架了怀特及其他八名狱卒作为人体盾牌,且战且走。等到逃出正门,这些逃犯便释放了其他人质,仅仅押着怀特——他们所谓的"保险单"——沿着主路继续脱逃。他们拦下了一辆驶过来的汽车,将怀特塞了进去,绝尘而去。

绑架怀特的匪徒告诉他,万一出错,就让他死无葬身之地。但一切似乎都出了问题。汽车滑出泥泞的道路,随后熄火。逃犯们被迫步行脱逃。此时,驻扎在莱文沃思堡的士兵已经加入搜索行动,飞机划过长空。这些歹徒闯入一间农舍,抓住了一名年仅十八岁的少女及其小弟。怀特向群匪求情:"我知道你们要杀了我,但不要杀这两个孩子,他们和这件事一点关系都没有。"

"货车"和另外一名逃犯押着怀特搜寻下一辆用来逃跑的汽车。这时,怀特看到女孩挣脱逃跑,而匪徒似乎就要大开杀戒。怀特一把抓过一名绑匪的枪管,此人向"货车"大喊:"开枪打他,他要抢我的枪。"就在"货车"将霰弹枪指向怀特胸口的同时,怀特伸出左臂护住自己,接下来,他听到了一声枪响,同时感觉到弹片击穿了自己的血肉骨头,铅弹的碎片透过胳膊飞入他的胸膛。然而怀特依旧屹立不倒,这看起来近乎奇迹。虽然遍体鳞伤,但他依然能够呼吸到冰冷的冬日空气。后来,他感觉到有一颗步枪子弹击中自己的脸部,此时,体重225磅的庞大身躯才轰然倒地,鲜血直流,静待死神的到来。

将近十年之后,1939年12月,著名记者恩尼·派尔(Ernie Pyle)在得克萨斯州埃尔帕索(El Paso)附近的拉图纳监狱(La Tuna prison)驻足期间,被邀请与典狱长会面,因此结识了汤姆·怀特,后者当时已年近六旬。"怀特邀请我共进午餐,"派尔后来写道,"我应邀前往,两个人坐下来边吃边聊,最后,他对我讲了这个故事,这个我一直希望他能够讲述的,关于他左臂的故事。"

据怀特描述,自己被"货车"开枪打中后,被人发现躺在一条水沟里,并被火速送医,在长达数天的时间里,都无法确定究竟能否存活,医生一度试图截肢,结果不知为何,怀特苏醒了过来,并且保住了自己的胳膊,虽然里面还残存着弹片,并且只能耷拉着无法用力。但怀特并没有向派尔透露一个细节,曾被绑架的女孩感谢怀特保护了自己和弟弟。"我敢肯定,他们其实是要杀死我俩,而怀特典狱长勇敢地救了我们。"她说道。

没有一名囚犯最终脱逃。他们深知,如果你向监狱官员,尤其是对典狱长下手,如其中一人所说,"就最好别再被送回到那里,否则,你的日子将会非常非常难熬"。因此,在当局试图抓捕"货车"及两名同伙时,这个家伙先是开枪打死了其他两人,随后饮弹自尽。其他的逃犯则准备拉响炸药包,但在点燃导火索之前便被制服。其中一人说道:"出乎意料,当我们被押回监狱时,他们并未对我们下手。怀特典狱长真是个人物,他下了死命令:'不许动这些人,让他们自己待着,对待他们要跟对待其他囚犯一样。'"这名逃犯补充道:"否则,我们会在里面头破血流。"

怀特了解到，这伙逃犯曾接触鲁登斯基，试图让后者为逃狱提供帮助，但遭到了鲁登斯基的拒绝。"他现在开始产生了一些责任感，"怀特告诉另外一名作家，"他认识到我对他一碗水端平，是在真心帮助他成为'合法'社会的一员。"1944年，鲁登斯基获得假释出狱，并成功转型为作家及出色的商人。

怀特康复后，专任拉图纳监狱典狱长，这里的工作负担相对较轻。派尔在描述遭枪击事件时写道："像对任何人一样，此次经历影响着怀特典狱长。这并没有让他变得胆怯，但的确让他有些神经质，甚至疑神疑鬼。"派尔继续写道："我不知道如果你经历了类似的遭遇后，再与囚犯接触时会夹杂多大的仇恨。但怀特典狱长却并非如此，他十分专业，作为一个严肃、和善的人，他知道如何控制自己的情绪。"

232　　如果说埃德加·胡佛利用奥色治谋杀案为调查局壮了门面，那么通过连续侦破二十世纪三十年代一系列引发公众恐慌的耸人听闻的案件，胡佛最终让自己所管理的这个组织跻身最为强力的美国政府机构之列，直至今日。前述案件包括"查尔斯·林德伯格（Charles Lindbergh）幼子遭绑架案"，以及所谓"堪萨斯城屠杀案"——该案中，几名执法人员在押送艾尔·斯宾塞匪帮成员弗兰克·纳什（绰号"果冻"）途中，遭遇伏击身亡，怀特的老伙计、探员弗兰克·史密斯也在其中，但侥幸逃生。[记者罗伯特·恩格（Robert Unger）后来曾如实描写了史密斯及其他本来表示无法辨认杀手的探员，是如何在胡佛破案的压力下，突然十分鲜活地恢复记忆的经过。]在一系列类似事件发生后，美国国会通过了一揽子新政改革法案，首次为联邦政府制定了较为完备的刑事成文法，同时赋予调查局以重大使命。联邦探员得到授权，可以实施抓捕行动并佩带武器，而调查局也被重新命名为"联邦调查局"。"调查局位卑言轻的时代就此画上了句号，"胡佛的传记作家科特·詹崔（Curt Gentry）指出，"同样结束的，还包括特侦组成员只能进行调查的时代。"怀特的弟弟"刀客"亲身参与了这一时期调查局的许多大案——从追捕全民公敌约翰·迪林杰（John Dillinger）到击毙枭雄"妈妈"巴克（Ma Barker）及其子弗雷德（Fred）。汤姆·怀特的儿子后来也加入了调查局，成就了怀特家族的三代执法之缘。

  胡佛一直想办法确保调查局由他只手遮天。总统去了又来，但这位官僚，虽然现在腰上生出了许多赘肉，下颚肥厚，看起来像极了斗牛犬，依旧纹丝不动。"我抬起头，仰视站在阳台上的埃德加·胡佛，他高高在上，遥不可及，同时又默不作声，只是和他身后的那个神秘帝国一道，静静观察着一切，历经一任又一任总统，一个又一个十年。"《生活》（*Life*）杂志的一位记者如是说。直到1972年逝世后，胡佛滥权的许多细节才被公之于世，尽

埃德加·胡佛

管怀特颇具洞察力,依然没有办法发现这位老板的狂妄自大以及调查局过度政治化的倾向,同时也忽视了胡佛针对不断增长的被监视对象的偏执性打压,后者就包括北美印第安人中的激进分子。

多年来,怀特时常会给胡佛写信。一次,怀特邀请胡佛到自己亲戚的牧场做客:"我们不需要在他的牧场吃苦头,因为他这里便利设施一应俱全,只是没有空调而已,但在这里,不需要这种东西。"胡佛礼貌地婉拒了这一邀请。现在他日理万机,以至于不得不抽空才能给自己从前的明星探员回复上几句话。后来,当七十岁的怀特于 1951 年从拉图纳监狱典狱长的位子上退下来时,还是在其他探员提醒"怀特在退休的时候如果能够得到局长的私人问候,将会感激涕零"的情况下,胡佛才给怀特寄了张卡片表示祝贺。

二十世纪五十年代末,怀特了解到,好莱坞正在计划拍摄一部名为《联邦调查局》(*The FBI Story*)的电影,计划由詹姆斯·斯图尔特(James Stewart)出演对抗犯罪的联邦调查局探员,其中会涉及有关奥色治谋杀案的些许片段。怀特遂致信胡佛,表示如果制片人希望与自己讨论该案,"将会非常乐意从头到尾将许多内情与其分享"。胡佛回信称,他"一定把这件事当回事",但却从未履行自己的承诺。在这部 1959 年的大热影片中,胡佛也露了一个脸,让自己已经被奉上神坛的公众形象锦上添花。

然而,即便影片大卖,奥色治案件本身却已逐渐被人们淡忘。很快,它便从大部分美国人的脑海中彻底消失。二十世纪五十年代末,怀特曾计划撰写一本有关本案的小说,借此记录针对奥色治人犯下的累累罪行,同时确保侦破此案的探员们能够名垂青史。他们当中的大多数人,都已经在贫病交加中悲惨离世。一位曾经的卧底探员咽气前,他的妻子致信调查局,请求拨付退休金,一位认识他的探员告诉胡佛,其家庭正"遭遇非常凄惨的处境"。

就在奥色治谋杀案的调查结束几年后，来自犹他州的探员雷恩被迫离开了调查局，这次，他再也没有能够回来。离职时，他满口怨言，将办公桌里的东西扔得到处都是。在写给胡佛的信中，他表示，给自己的待遇"不公、不正、不明"。最终，雷恩的火气平息了下来。1939年，临终前的他在给胡佛的一封信中表示："每每获悉您和您手下的丰功伟绩，我都会深感荣耀，并开始不自觉地追忆往昔。我深以您为荣，依旧认为您是自己的老长官。"他继续写道："我的很多老友，现在都长眠在那片美丽的猎场。那里很多美丽的大树已经遭人砍伐，其中很多是白人小子们干的好事。野鸡、麋鹿、野马、野牛等，均不复往昔，在那片秀美的群山中，已难觅它们的踪迹。"

在记录其他探员角色的过程中，怀特无疑也想为自己在历史中寻找到一片立足之地，尽管他从未明言。在他所撰写的略显生硬的文字中，撷取一段如下：

> 埃德加·胡佛局长简要向我通报了案情的重要性后，指示我返回休斯敦，安排好那里的事务，尽速前往俄克拉何马城负责当地的工作。他对我说，可以挑选任何我认为胜任调查工作的调查员……当我们抵达当地，发现印第安人是如何胆战心惊后，愈发明白卧底工作比以往任何时候都更重要。

怀特意识到，自己并不是当作家的材料，于是在1958年与西部小说作家弗雷德·格罗夫（Fred Grove）合作。格罗夫具有部分奥色治族血统，史密斯爆炸案发生时，还是孩子的他就生活在费尔法克斯，并对这个事件一直耿耿于怀。在撰写过程中，怀特致信格罗夫，询问是否能够以第三人称的角度去写这部小说。"我希望尽可能不突出自我，我本身并不是故事的全部，"他解释道，"如果不是当时我手下探员们的良好表现，我们根本无法完成任务，另外，也应该鸣谢埃德加·胡佛，我们的老板，联邦调查局局长。"

汤姆·怀特

在一封致胡佛的信中，怀特询问调查局能否提供一些文件，帮助自己准备书稿材料，同时他还请求胡佛能否拨冗撰写序言。"我希望上述要求不会让您感到过分，"怀特写道，"我认为，这对当时所有从事本案侦破的伙计们来说，都无比珍贵，同样，这也符合我们联邦调查局这个伟大组织的核心利益。您和我，是参与本案的为数不多的幸存者。"在一份内部备忘录中，局长助理、胡佛的长期密友（以至于引发出二人关系暧昧之传闻）克莱德·托尔森（Clyde Tolson）写道："即便要提供，也只能提供一些有限的常规资料。"

怀特的身体状况每况愈下。他罹患了关节炎，在走路（走路！）时跌倒并弄伤了自己。1959年9月，怀特的妻子告诉格罗夫："任何一点疾患对他来说都很难熬，会让他付出惨痛的代价。我们现在依然希望他身体状况有所好转，能够在10月末前往达拉斯，参加调查局前任探员的年度聚会。"即便身体羸弱，但怀特好像投身于未破之案那样，积极协助格罗夫，直至初稿完成。在一封写给格罗夫的信中，怀特表示："我希望世界上所有的好运能够眷顾你我，让我们找到一家好的出版社。"同时补充道，他会一直祈祷下去。但大部分出版商都认为，故事写得不算引人入胜。尽管格罗夫最终出版了以虚构为主的小说《惊恐之年》（*The Years of Fear*），但原有历史记述始终未获出版。"对于这封信未能带来任何好消息，深表歉意。"一位编辑说道。

1969年2月11日，"刀客"在他与汤姆共同长大成人的牧场去世，享年八十四岁。在一封信中，怀特将这个消息告诉胡佛，同时提到自己及另外四个兄弟姊妹生于斯长于斯，但他不无悲伤地补充道，现在"只有自己还在苟延残喘"。

1971年10月，怀特因为罹患中风而卧床不起。这个年逾九旬的老者再也无力奇迹般逃脱升天。12月21日凌晨时分，他停止了呼吸。

他的一位朋友表示："和生时一样,他走得非常安静,淡然而又不失尊严。"一位探员要求胡佛向怀特的遗孀致电慰问,强调怀特的档案中没有任何与"此举相矛盾"之处。胡佛送去的鲜花,被安置在棺椁上,并随同遗体一起葬于黄土。

238　　怀特一度被颂扬为让奥色治谋杀案沉冤得雪的好人,直至其寿终。很多年后,联邦调查局为了保存这个国家的共同记忆,解密了若干有关奥色治案调查的内部文件。然而,这些文件,以及其他历史文件中,缺失了某些非常重要,连怀特本人都忽视不见的重要信息。至于本案更为深刻、黑暗,更为令人毛骨悚然的一层阴谋,调查局从未将其示人。

三部曲之三

报告之人

我们有少许口口相传的故事
我们从老箱底、盒子与抽屉里翻出几封没有称呼语或是签名的信
信里曾经在世上活过,呼吸过的男人女人
现在仅仅是几个缩写字母或是外号
是今天已不可理解的感情的浓缩物
对我们来说,这些符号就像梵文或楔形文字一样弄不明白了
我们依稀看到一些人
我们自己就是潜伏在、等待在他们鲜活的精血里
在这一个如今多少也有几分英雄色彩的时代的黑黢黢的稀释物里
他们做出了单纯激情与单纯狂暴的行为
不受时代的影响,也无法解释

——威廉·福克纳,《押沙龙,押沙龙!》①

---

① 上述译文参见〔美〕威廉·福克纳:《押沙龙,押沙龙!》,李文俊译,上海译文出版社2000年版,第95页,有改动。

22　幽灵之所

万物凋零。随着石油资源的日益枯竭,很多大型石油公司以及如林般的起重机,迅速消失不见。同样凋敝的还有百万桑榆和通向那里的铁路(其中就包括艾尔·斯宾塞匪帮于1923年在俄克拉何马境内最后实施火车抢劫的那一段)。不法之徒们,也大多步入坟墓,很多人的死,跟生一样令人触目惊心。事实上,几乎所有此前从早到晚熙熙攘攘的新兴城镇,悉数变成死城。少数残留的建筑,已成为蝙蝠和老鼠、鸽子和蜘蛛的栖身之所。说到威兹邦,没有什么能够阻挡那里的石制遗迹被草海淹没。几年前,一位曾经长期在石油时代的新兴城镇上生活的老住户哀叹:"商店没了,邮局没了,火车没了,学校没了,石油没了,青年男女也没了——唯有剩下的墓园,越变越大。"

波哈斯卡虽然也到处都是遭人弃置的空屋,但仍然算得上少数残留的城镇之一。此地人口,约为三千六百人。这里有学校、法庭(欧内斯特·伯克哈特曾在这里受审)和几家餐厅,包括一家麦当劳。同时,波哈斯卡依然是颇具生机的奥色治部落的首都,后者曾于2006年批准了新的基本法。这个部落约有二万成员,以及一个民选的管理机构,其中大多数成员散居于俄克拉何马州乃至全美境内,长居奥色治郡的约有四千人。据奥色治历史学家路易斯·伯恩斯观察,这些曾经"只剩下残骸碎片"的印第安人,挣扎着挺了过来,实现了"凤凰涅槃"。

拉尔斯顿镇上一座破败的酒吧,安娜·布朗被害当晚,正是与布赖恩·伯恩斯特在这个小镇共饮

2012年夏的一天,我从作为记者工作及生活之所的纽约出发,首次造访波哈斯卡,指望能够收集到距今已一个世纪之久的奥色治谋杀案的某些资料。像大多数美国人一样,我在学校时,从未在任何教科书中了解到这些谋杀案的介绍,仿佛这些罪行被从历史中彻底消除了。因此,当我误打误撞发现提及上述谋杀的文献后,便开始着手调查。自此,我便醉心于解决某些悬而未决的问题,以填补联邦调查局侦破工作留下的空白。

在波哈斯卡期间,我在"奥色治部落博物馆"驻足,计划与长期担任该馆馆长的凯瑟琳·雷德·科恩(Kathryn Red Corn)会面。她年过七旬,四方脸庞,银白短发,温文尔雅的学者做派难掩古道热肠。凯瑟琳向我展示了奥色治部落2 229位获得分配权成员中很多人的照片,其中还包括她本人在1906年获得人头权的几位亲属。在其中一个展示柜里,我瞥见一张莫莉·伯克哈特与姐妹坐在一起的照片,众人表情愉悦。另外一张照片的主人公,则是这些姐妹的母亲莉齐。无论我走到哪里,总是能从照片展中辨认出恐怖当道时期的一些受害人。这里,是带着牛仔帽、年纪轻轻且相貌出众的乔治·比格哈特;那里,则是梳着长辫子的亨利·罗恩;远方,打扮光鲜的查尔斯·怀特霍恩穿着西服,打着领结。

最具视觉冲击的一幅照片,挂满了博物馆的一面墙。这张全景照片拍摄于1924年的某个仪式,上镜的是奥色治部族成员与当地白人士绅等头面人物。就在我浏览照片时,发现照片的一部分有缺失,好像被谁刻意剪裁过一样。我就此询问雷德·科恩这块照片的下落,"不忍观看。"她说道。

我询问究竟,她指着空白处表示:"那个恶魔就站在这里。"

科恩离开一阵子后,拿回来一张尺寸较小、像素模糊的缺失部分的相片:上面的威廉·黑尔冷冷地凝视着镜头。奥色治人之所以切除他的照片,不是因为他们像绝大多数美国人那样,想要彻底遗忘这一梦魇般的经历,而是因为他们根本就无法忘却。

雷德·科恩告诉我,几年前,她在巴特尔斯维尔(Bartlesville)参加一个社交活动时,有人前来打招呼,并表示"安娜·布朗的头骨在自己手上"。很显然,安娜的头骨于1921年被入殓师取得后交给了调查局探员用于分析。出离愤怒的雷德·科恩告诉此人:"必须安葬在这里。"她随即致电奥色治族头人,想办法取回了安娜的头骨,并举行了一个低调安静的仪式,将头骨与其他遗骨合葬在一起。

全景照片缺失的部分中，黑尔（偏左）身穿西服，戴着眼镜。至于这张照片的全貌——黑尔在整张照片中的位置同样偏左——参见本书文前页。

  雷德·科恩向我推荐了几位奥色治人，在她看来，他们可能会知道一些有关谋杀案的隐情，同时还答应稍后向我透露她祖父的相关遭遇。"对我们来说，恐怖当道时期所发生的一切，都很难言说。"她表示。"太多奥色治人失去了自己的父母兄妹子侄。这种痛，永远不会减轻半分。"

  每年 6 月份的各个周末，奥色治人都会组织舞蹈仪式——"艾恩-龙-舒卡"（I'n-Lon-Schka）①——轮流在霍米尼（Hominy）、波哈斯

---

  ① "艾恩-龙-舒卡"，印第安方言，意为"长子的乐园"。

花月杀手

卡以及灰马镇这三个奥色治族印第安人于十九世纪七十年代最初定居的保留地举行,借此留存日渐凋零的传统,同时凝聚族群的人心。来自四面八方的奥色治人汇聚于舞蹈仪式,并借机交朋会友、追忆往昔。历史学家伯恩斯曾言:"如果认为奥色治人可以毫发无伤地从过往的苦难中生存下来,显然是失了心神。一切可能得到救赎的,都已经被留存下来,并且因为留存下来,更为亲近人心。之所以珍视过往,是因为那是曾经的我们。过往的一切,都应被收集起来并深藏在每个人的内心深处,以更好地面对明天。我们依旧是奥色治人。我们生活在这里,追忆父辈的往昔。"

在这一地区的后续走访过程中,我前往灰马镇参加舞蹈仪式,并遇到了一位雷德·科恩推荐的寻访对象——一位曾深受谋杀案影响的人。灰马镇的原址几乎完全废弃,野草间,只剩下残垣断壁、朽木坏梁,野风吹过时,发出阵阵瘆人的共鸣声。

为了给舞蹈仪式创造条件,奥色治人在荒野中搭建起一个舞台,配上了蘑菇形状的金属穹顶,圆形地面周围则是一圈一圈的木制板凳。当我于周六下午抵达时,舞台四周已经挤满了人,中心簇拥着用来跟神灵"瓦空大"交流的一面神鼓,以及几位男性乐师与歌手。环绕他们的则是一圈所谓"女性歌者",再外一圈则是更多的男性舞者。无论老幼,都打着绑腿,身着色彩艳丽的饰有缎带的衬衫,膝下还系着若干铜铃,每个舞者均有头饰——大致包括雄鹰的羽毛、豪猪的剑刺以及麋鹿的尾巴——支棱起来后很像莫霍克族(Mohawk)的发髻。

伴着鼓鸣与歌声,这些舞者排成一圈,逆时针方向且舞且走,以纪念地球的转动,脚步拍击地面,铃声叮咚。随着鼓乐节奏与伴唱和声的逐渐加强,舞者们的身体开始略微弯曲,步伐加快,行动精确统一。有人点头,有人振臂,宛若雄鹰。其他人的姿态却好似在警戒或者搜寻着猎物。

女性一度被禁止参与此类活动,如今也可以加入舞蹈的队伍。身着长裙及宽松上衣,系着手工编织的腰带,这些女性舞者围绕男性舞者,形成了一个速度较慢、形态庄重的圆圈,举手投足间,她们始终挺胸抬头、方寸不乱。

还有一些奥色治人在旁观看,不停扇风降温,其中几个人一直盯着自己的手机,但绝大多数人都看得津津有味。每条长凳都写有特定奥色治家族的姓氏,我一直转到舞台南侧,终于发现了自己一直苦苦找寻的目标:伯克哈特。

随后不久,一位奥色治族女子朝我走来,此人五十出头,身着一席浅灰蓝套装,戴着款式时髦的眼镜,一头黑色长发向后梳成了马尾辫。她的表情生动,让人感觉似曾相识。"嗨,我是玛吉·伯克哈特(Margie Burkhart)。"她边说边向我伸手致意。玛吉是莫莉·伯克哈特的孙女,现在就职于一个负责奥色治人健康医疗服务的委员会,此次,她和自己的丈夫安德鲁·洛(Andrew Lowe),一位克里克族与塞米诺尔族(Seminole)印第安人的后代,驱车从位于塔尔萨以南七十英里的塔勒阔(Tahlequah)家中赶来参加舞蹈仪式。

我们三人坐在木制长凳上,一边观看舞蹈,一边聊起了玛吉的家庭情况。她的父亲,是人称"牛仔"的詹姆斯·伯克哈特(James "Cowboy" Burkhart)——莫莉与欧内斯特·伯克哈特之子。现在,从自己父亲充满秘密的房间里亲眼见证过恐怖当道的"牛仔"和他的姐姐伊丽莎白,均已过世。在谈到欧内斯特时,玛吉表示:"他把我父亲的一切——他的阿姨、表兄弟乃至信任——悉数剥夺殆尽。"尽管"牛仔"深受欧内斯特的罪行困扰,但他依然对母亲莫莉崇敬有加。"他经常满怀爱意地谈起自己的母亲,"玛吉回忆,"在我父亲很小的时候,曾罹患非常严重的耳痛,他说,'这个时候妈妈就会轻轻地向我耳朵里吹气,以缓解疼痛'。"

莫莉与欧内斯特的孙女玛吉·伯克哈特

莫莉与欧内斯特离婚后,和新任丈夫约翰·科布共同居住在这块印第安保留地。玛吉听说,这是一段美好的婚姻,给祖母留下了十分幸福的回忆。1937年6月16日,莫莉去世。她的死亡被认为没有什么可疑之处,因此并未得到媒体太多关注。《费尔法克斯头人》(*Fairfax Chief*)刊登了一则简单的讣告:"莫莉·科布女士,享年五十岁……于周三夜间十一点在自宅去世。此前莫莉女士长期患病,她具有纯正的印第安血统。"

同年晚些时候,欧内斯特·伯克哈特获得假释。奥色治部落议会为此通过一项决议,抗议称:"任何犯下如此邪恶残忍犯罪之人,都不应以自由之身重返他们的犯罪之地。"《堪萨斯城时报》(*Kansas City Times*)在其社论中点评道:"欧内斯特·伯克哈特从俄克拉何马州立监狱获得假释,重新唤起人们对美国西南部历史上最为引人注目的谋杀的惨痛记忆——大规模杀戮奥色治族印第安人以夺取其所享有的人头权……对于如此血腥阴谋的主犯,在被判处终身监禁的情况下,仅仅服刑十多年便予以释放,充分彰显出假释制度的内在缺陷。"

玛吉表示,欧内斯特出狱后,因为抢劫一户奥色治族人家,再次入狱服刑。1947年,在欧内斯特依然被关在监狱的时候,黑尔在莱文沃思监狱蹲了二十年后获释。假释委员会的官员坚持认为,自己的决定建立在黑尔年纪越来越大——他时年七十二岁——以及良好的服刑表现基础上。对此,一位奥色治族领导人表示,黑尔"本来应该因自己所犯下的罪行被绞死"。部落成员大多认为,假释委员会的决定,彰显出黑尔残存的政治影响力的淫威。他被禁止再次踏入俄克拉何马州半步,但据其亲属回忆,黑尔曾来拜访过自己,并且表示:"如果欧内斯特能够闭嘴,我们现在会很有钱。"

玛吉告诉我,她从未见过黑尔,后者于1962年在亚利桑那州一间养老院去世。但她的确在欧内斯特于1959年再次出狱后见过自己的这位祖父。因为被禁止返回俄克拉何马州,他起初在新墨西哥州一间养羊场打工,月薪七十五美元。当时一位记者写道:"这显然和当年他作为一位富有的奥色治族印第安妇女的丈夫所享有的优渥生活相去甚远。"1966年,欧内斯特申请特赦,以重新回到俄克拉何马州。当年的档案已经无从寻觅,但他向俄克拉何马州由五名委员组成的审查委员会所提起的申请,至少部分基于他配合调查局进行了谋杀案的调查这一事由而被受理(怀特也一直认为依靠伯克哈特的认罪才让他最终侦破此案)。尽管面临奥色治人的强烈反对,但审查委员会依然以三比二的投票结果,同意特赦,并得到了州长的批准。"人头权杀手赢得赦免投票,"《俄克拉何马人日报》还报道称,"奥色治人被吓坏了"。

弯腰驼背、头发稀疏的欧内斯特最终得以返回奥色治郡,和自己的兄弟布赖恩共同生活。"当我初遇欧内斯特时,只有十多岁,"玛吉回忆道,"看到他如此有爷爷样,我感到十分惊讶。他身材消瘦,头发花白,眼神和蔼。即便在监狱中蹲了这么久,他依然看起来不甚粗鲁。我真的想象不到,这个人会做那些事情……"她的声音淹没在持续轰鸣的鼓声中。隔了一会儿,她继续说道:"对我父亲来说尤为艰难。他和伊丽莎白姑妈遭到同族人的排斥,这伤人太甚。他们迫切需要家庭与支持,但一无所有。"

此种人生体验,让她的父亲脾气暴躁,仇恨世界。玛吉的丈夫安德鲁指出,伊丽莎白同样深受其害。"她显得有些偏执。"安德鲁表示。

玛吉点头说道:"伊丽莎白姑妈在任何一个地方都住不长,总是频繁搬家并更换电话号码。"

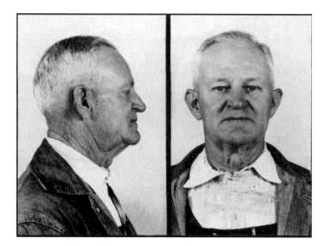

欧内斯特·伯克哈特

"牛仔"与伊丽莎白同父亲欧内斯特的合影,后来欧内斯特的头部被人为扯去

伊丽莎白对探望欧内斯特并不感冒,后者最终搬到了奥色治郡郊外一辆老鼠肆虐的拖车里寄居,但"牛仔"却偶尔前来造访。"我认为他或多或少仍渴望父爱,"玛吉表示,"但他深知自己父亲的所作所为,甚至称之为'老恶棍'。"1986年欧内斯特去世后,遗体被火化,骨灰则被装在一个盒子里,根据欧内斯特的遗愿,"牛仔"应将骨灰撒在奥色治群山之间。

"骨灰放在家里好几天,"玛吉回忆道,"最终,一天晚上,我爸爸真的发了狂,拿起盒子,把里面的东西从桥上倒个精光。"

舞蹈仪式间歇期间,太阳开始向天际线处滑落,玛吉提出,开车带我在灰马镇转转。于是三个人钻进她的汽车,沿着一条路面狭窄、暴土扬尘的马路前行。距离舞台不远,有几幢房屋掩映在栎树林间,而这是灰马镇留存下来的少数建筑之一。"这便是我成长的地方。"玛吉说道。出乎我意料的是,这只是一些面积不大、外形简约的木屋而已,更像是度假小屋,而不是什么广厦豪宅。大萧条导致被监护人及盗匪大肆侵吞的奥色治族财产进一步大幅缩水。莫莉自然也不例外,玛吉表示。石油价格从全盛期的每桶3美元,跌至1931年的65美分,人头权的年度分红也随之骤降至不足800美元。翌年,《文摘》杂志曾发表过一篇名为"奥色治石油财富持续缩水"的报道:"这些印第安人过惯了锦衣玉食的奢华生活。但是现在……他们的石油收入正在急剧降低,而这实际上也是他们的全部收入来源。"让局势雪上加霜的是油田的日益枯竭。1929年,在股票市场尚未崩盘前,一份全国性的报纸就曾报道:"再过五年,随着石油储量的不断下降,印第安部族或许只能选择自力更生。"

在随后不久,大多数新兴城镇,包括灰马镇,都开始走向末路。"儿时,还能听到油井泵油的声音,"玛吉回忆,"但后来有一天,声音停止了。"

现在，印第安保留地上还零星分布着约 10 000 口油井，但大多是石油业界所称的"贫油井"，每口井每天产油不过十五桶左右。2012 年，在塔尔萨进行的一场奥色治石油开采权招标活动中，三份开采权总共才拍出了 15 000 美元。从父亲处继承了超过一半人头权的玛吉，依然每季度会收到部族矿产信托基金的分红支票，数额会因为石油价格的波动略有差别，但总体上不过几千美元。"肯定对生活有帮助，但尚不足以养家糊口。"她表示。

奥色治人开发了若干新的收入来源，其中便包括七个在领地上兴建的赌场（正式名称为"百万桑榆赌场"），能够为奥色治人带来数以千万计的收入，并借此维系部族治理、教育及医疗开支。奥色治人也最终能够收回此前长期为联邦政府所滥用的石油基金。2011 年，历经十一年争论，联邦政府同意向奥色治人支付 3 亿 8 000 万美元，并与其达成和解。

在我们驾车穿越灰马镇时，经过林间一片开阔地，这里曾是历史悠久的老墓地。众人下车，玛吉在镌刻有莫莉·伯克哈特的一块墓碑前驻足。墓志铭上写道："这里埋葬着一位善良的好妻子、一位充满爱心的好母亲、一位所有人心中的好朋友。"附近，便是莫莉遭到谋杀的姐妹、妹夫比尔·史密斯、同样被暗害的母亲莉齐及被害的前夫亨利·罗恩的坟茔。玛吉环顾四周，慨叹道："什么样的人才能下此毒手？"

此前，玛吉曾将鲜花点缀坟前。她弯下腰，整理着花束。"我总是试图为这片墓碑装饰点什么。"她说道。

我们继续开车，径直穿过原野。视线所及，净是些肆意生长的野草，一望无际的绿色间，点缀星星点点满是污渍的油井，以及走走停停忙于啃青的牛群。早些时候，当我驾车抵达灰马镇时，被眼前的一幕惊呆了，大草原上野牛成群，躬头缩背，庞大的身体压在四条似乎无法承受其重的细腿上。十九世纪，野牛曾一度在这片草原上绝迹，但近

莫莉及其家人的墓地

些年环保主义者又将其引入这里。媒体大亨特德·特纳(Ted Turner)此前一直在他位于费尔法克斯与波哈斯卡之间的 40 000 英亩草场上饲育野牛,而这片草场在 2016 年被奥色治部落购得。

就在玛吉夫妇和我继续穿越草原之际,悬浮在地平线上的太阳起初像一个橙子,很快便被吞掉了一半,再后来只剩下了四分之一。此时的落日发出一簇令人目眩神迷的光线。玛吉说道:"我喜欢这样,晚霞如血。"

我们漫无目地开着车,随着地势起伏忽上忽下,宛如浪里行舟一般。突然,在一个高地,玛吉猛踩刹车。远处可见一处峡谷,底部则是蜿蜒的溪流。"就是这里,他们在这里枪杀了安娜,"玛吉说道,"爸爸曾骑着马带我指认过现场。我当时还很小,身边只有马儿做伴,感觉害怕极了。"

2009 年,一位名叫埃尔西·帕琴(Elise Paschen)的奥色治人,发表了一首题为"维基"(Wi'-gi-e,奥色治语"祈祷者"的意思)的诗歌。作者从莫莉·伯克哈特的视角,描述了安娜·布朗惨遭谋杀的悲剧:

> 因为,她葬身山水交接之所
> 因为,凶徒将她拖至小溪边
> 死时,她还身着蓝长裙
> 尽管冰霜依然覆盖着春草
> 她依然赤裸着双脚
> 怪我,用脚转动原木
> 害她,鞋子顺流漂走
> 残雪消融后,猎人才发现了她的尸骨

诗的最后,还写着下面几行:

> 在"艾克斯他-西卡-支-嘎-茨-德"(Xtha-cka Zhi-ga Tze-the),即"花月杀手"来临之际
> 我要蹚过满是黑鱼、水獭、河狸的溪流
> 我要爬上垂柳永不凋零的河岸

玛吉驾车穿行时,原野开始被暗夜笼罩。唯有车灯照亮着前行的土路。据玛吉回忆,在自己还是孩子的时候,便被父母告知了欧内斯特及黑尔的所作所为。"淘气的时候,我不禁会自责,'我是不是坏坯子?'"她说道。有时,当地电视台会播放《联邦调查局》那部电影,而她和家人就会边看边哭。

在她的言谈举止间,我认识到,那段恐怖当道时期曾经摧残,并依然在摧残一代代奥色治人。亨利·罗恩的重孙在谈及谋杀惨案时曾说:"我认为,它就深藏在我们的心底。我们或许没有意识,但它就在那里,特别是如果遇害的是你的家人,你就会从内心深处不再相信任何人。"

车辆驶出原野,向费尔法克斯镇进发。尽管名义上依然被称为市

镇,但已沦落到凋敝的边缘。人口逐年减少,现在不足一千四百人。主街两侧净是些景气时期修建的西式建筑,现在大多已被废弃。我们在最大的门脸前停下脚步,门窗污秽,满是蛛网。"这里便是大山商贸公司的旧址,"玛吉说道,"我成长时,这里还营业。里面空间很大,到处都是气势恢宏的栏杆及颇具历史感的木制地板,到处都能闻到木材的气息。"我顺着街巷张望,努力想象莫莉·伯克哈特与汤姆·怀特曾经看过的风景——"皮尔斯-箭牌(Pierce-Arrow)汽车、咖啡馆、石油商人与奥色治上流人物,以及曾经在这里燃烧过的熊熊怒火"。现在,即便是在周末的傍晚,这里依然堪比"鬼城",诚如玛吉所言。

她再次发动汽车,驶离主路,转到一小片住宅区。这里依然残留着几栋老房子,均无人居住,任由风雨侵蚀,其中若干更是只剩下了栋梁框架。玛吉放慢车速,仿佛是在搜寻着什么。

"你在找什么?"她丈夫问道。

"被炸掉的房子所在地。"

"不是在后面一条街上吗?"他说。

"不在,它在——啊,在这儿。"她说道,同时将车子停在一块宅基地旁边,这里似乎曾经建有一栋房子。

玛吉接下来谈到了一些我并未从联邦调查局档案中发现的东西。父亲曾告诉她,爆炸当晚,他和姐姐以及母亲莫莉本来计划在史密斯家过夜,但因为自己耳朵疼,所以只好改变计划住在自己家中。"正因如此,他们才侥幸留下一命,"玛吉说道,"一切都是命运的安排。"过了好久,她的情绪才有所平复。"我父亲只能活着,并在活着的时候了解到,亲生父亲曾想要杀了自己。"玛吉说道。

暗夜中,众人坐在车里,坐了好一会儿,试图理解时隔这么多年依然无法理解的某些东西。最后,玛吉挂上前进挡,说道:"好吧,为什么不回去继续跳舞呢?"

23　未结之案

256　　历史无情。它会将我们所经历的惨痛挫败、愚蠢挫折大白于天下,会将我们最为私人的秘密公之于世,会像一位从最开始便已知晓结局的傲慢神探那样,挥舞着后知后觉的大棒。在我翻阅历史档案的时候,能够发现很多莫莉无法从丈夫身上发现的信息(一位奥色治人曾告诉我:"谁会相信有人为了钱和你结婚,并要杀死你的全家?"),能够发现怀特根本无法辨别劳森的虚假供述或胡佛的阴险动机。随着我对奥色治谋杀案调查的深入——埋头于尸检报告、证人笔录以及假释报告所组成的无边深海——可以清楚地发现调查局的若干调查漏洞。

　　当局坚持,黑尔及其同谋被判终身监禁后,案件的元凶便已落网,随着怀特改任莱文沃思监狱典狱长,奥色治谋杀案也宣告成功结案,尽管调查局并未将黑尔和总计二十四起谋杀案全部联系起来。那么,他是否真的要为所有谋杀承担责任呢?例如,到底是谁,在华盛顿特区劫持了石油商人麦克布赖德?或者是谁将沃恩扔下了高速前行的列车?

257　　黑尔往往会借刀杀人,但没有证据显示他身边的打手——包括布赖恩·伯克哈特、阿萨·柯比、约翰·拉姆齐,以及凯尔茜·莫里森——曾尾随麦克布赖德前往美国首都,或者和沃恩一道上了那趟死亡列车。谋杀这些人的罪魁祸首,看起来得以全身而退。

　　我并未发现任何有关麦克布赖德案的新线索,但我在俄克拉何马城调查期间,某一天,曾致电沃恩的孙女玛莎·沃恩(Martha Vaughan),身为社工的她,生活在距离俄克拉何马首府160英里之遥的萨利索(Sallisaw)。她非常迫切地想要谈一些和自己祖父有关的事情,表示希望与我面谈。"会面地点就定在斯科文大酒店(Skirvin Hotel)吧,"玛莎表示,"我想让你看一看那些闻着石油美元味道而来的富人们的嘴脸。"

我抵达酒店后,终于明白玛莎所言之意。1910年,石油大亨威廉·斯科文(W. B. Skirvin)投资兴建了这座一度号称"美国西南部奢华之最"的酒店,内设一个可以容纳五百人的舞厅,并装饰有从奥地利进口的水晶吊灯,以及顶部雕刻有希腊酒神巴克斯(Bacchus)半身像的气派立柱。黑尔的辩护律师萨金特·普林特斯·弗里林,就是玩纸牌时突发脑出血,在这家酒店的一间客房内离世的。1988年,随着油价暴跌,这家酒店也随之关门,但将近二十年后,经过耗资5 500万美元的翻修,已被希尔顿酒店集团收入旗下的斯科文大酒店重新开门迎客。

我在大堂等候玛莎,这里依旧保存了当年的木制拱门,巴克斯从穹顶俯瞰着下面的一切。玛莎抵达时,同来的还有她的堂弟,中俄克拉何马大学(University of Central Oklahoma)生物学教授梅尔维尔·沃恩(Melville Vaughan)。"他对沃恩爷爷的事迹多有了解。"玛莎表示。

梅尔维尔带来了厚厚的两大捆资料,待我们于大堂酒吧落座后,他将资料摊开。数十年来,这个家族一直都在致力于收集一切与沃恩遭谋杀有关的信息,其中包括发黄的剪报(波哈斯卡发现裸体男尸)、沃恩的死亡证明以及一份线人的联邦调查局询问笔录,其中提及,就在被害前,沃恩曾经表示,自己收集到了"足以保证将黑尔送上电椅的证据材料"。

玛莎和梅尔维尔表示,沃恩的遗孀罗莎需要在没有任何收入的情况下抚养十个孩子。他们被迫从之前居住的两层楼房搬到了一个杂物储藏室。"他们没有钱买吃的，"玛莎说道，"是奥色治人携起手来，帮助养活了这一大家子人。"沃恩的很多孩子，包括玛莎的父亲，搬到了奥色治人家生活，并逐渐学会了奥色治人的语言，以及他们的传统舞蹈。"我父亲感觉，在奥色治人中间，自己很有安全感。"玛莎回忆。

她继续解释称，尽管大多数家人都相信，是黑尔下令灭口，但依旧认为谋杀案存在诸多疑点。他们一直想知道凶手究竟是谁，杀人行为究竟如何实施：沃恩究竟是被抛出列车前就已经被杀死，还是被抛出后活活摔死？某个有影响力的人一定动了手脚，让尸检走过场——书面的死因为"未知"。

我们花了很长时间讨论案件的细节。梅尔维尔提出，沃恩身材高大健硕，也就是说，凶手或者更为孔武有力，或者存在帮凶。作者的印象是，沃恩曾经告诉妻子，自己将案件的有关证据——以及为家庭留下的生活费用——藏在了一处秘密地点。我遂询问梅尔维尔及玛莎，杀手是如何发现藏匿地点的。玛莎表示，只有两种可能性：杀手或者在将沃恩抛出车外前，使用武力迫使他自己交代，或者杀手是沃恩十分信任的人，沃恩曾向其吐露过这一秘密。

梅尔维尔表示，在黑尔入狱后，家里的一位亲戚曾试图继续调查此案，随即受到了他人的匿名恐吓，威胁说如果再咬着这个问题不放，就会面临和沃恩同样的下场。自此之后，沃恩家人终止了继续深挖此案。玛莎提起："我想起来曾和最年长的伯伯讨论过这个问题；在他临死前，我和姐姐一同前去探视。我们问，'究竟是谁对沃恩爷爷下的毒手？'但伯伯再次提及了死亡警告，并告诉我们不要再纠缠此事。他临死都还惊魂未定。"

我询问，罗莎或者家里的其他人，是否曾经提起过究竟谁才是黑尔身边的那位帮凶。"没有,"玛莎表示,"但有人曾在沃恩爷爷死后,试图侵吞他的财产,以至于罗莎不得不和其对簿公堂。"我询问此人的姓名,玛莎回答:"叫什么伯特(Burt)"。

"是的,H. G. 伯特(H. G. Burt),"梅尔维尔接茬道,"一家银行的总裁。"

我将这个名字记在笔记本上后,抬起头,可以发现对面两位热切渴盼的目光。我突然担心自己可能给他人带去了虚假的希望,"时过境迁,"我表示,"但我一定尽力调查,看看能够发现什么。"

美国国家档案馆西南分馆坐落在得克萨斯州沃思堡的一间仓库内,面积甚至超越了大多数普通的飞机库。里面高耸着一排排十五英尺高的货架,以恒温恒湿的状态保存着超过十万立方英尺体积的档案材料,其中包括俄克拉何马州联邦地区法院的判例(1907—1969年)、1900年致命的加文斯顿飓风受灾统计、约翰·肯尼迪总统遇刺的相关情报、蓄奴及重建期的美国南部情况,以及印第安事务管理局的很多现场报告。上述档案彰显出面对饥荒、瘟疫等天灾,抑或战争、犯罪等人祸所导致的混乱局面,人类是如何通过记录每一项针对性的行为或命令,为自己所进行的管理活动蒙上井井有条的虚伪面纱。就是在这浩如烟海的资料中,我试图挖掘到与沃恩被害有关的蛛丝马迹。

此前,我已经调阅了罗莎·沃恩诉伯特的案卷材料。乍看起来,这场肇始于1923年的民事纠纷似乎平淡无奇。沃恩与时任波哈斯卡一家银行总裁的伯特过从甚密,沃恩还曾长期担任后者的律师。罗莎诉称,伯特积欠自己业已离世的丈夫10 000美元,同时主张对方给付。

然而,细节是魔鬼,随着我进一步挖掘,发现这笔存在争议的款项,事实上与恐怖当道时期的另外一位被谋杀者乔治·比格哈特存在千丝万缕的关系。沃恩同时还担任比格哈特的律师。就在比格哈特向沃恩透露谋杀案的关键信息之前——也是他在俄克拉何马城的一家医院被毒杀前——他一直试图从当局处获得"完全行为能力"的批准证书。只要能够拿到这样一份文件,比格哈特便不再是政府的所谓"被监护人",可以随心所欲地处置人头权给自己带来的收益。沃恩成功帮助自己的当事人获得了批准,为此及其他法律服务,比格哈特本来计划向其支付 10 000 美元(约合现值 140 000 美元)的费用,但不知道为何,这笔钱落入了伯特的口袋。几天后,比格哈特与沃恩双双毙命。

罗莎·沃恩针对伯特提起诉讼后,后者的代理人与黑尔在谋杀案中的辩护人来自同一家律师事务所。案件最初被法院驳回,玛莎告诉我,沃恩家人坚信,这是因为陪审员被收买,并最终上诉至俄克拉何马州最高法院。在这里,原审判决被推翻,伯特被判令向罗萨·沃恩支付 5 000 美元及相应利息。"究竟是什么样的人,能够对拉扯十个孩子且一文不名的寡妇下手?"玛莎对我慨叹。

通过审阅国家档案中的相关文件,加上从其他渠道收集到的信息,我开始能够为伯特慢慢地刻画出一个更为清晰的形象。此人 1874 年生于密苏里,是农夫之子。人口统计显示,1910 年,他搬迁至波哈斯卡,显然是那群内心贪婪、梦想发财而又不择手段的移民定居大军中的一员。伯特先是开了一间贸易行,后来又摇身一变成为某银行的总裁。一幅拍摄于 1926 年的照片显示,他的穿着打扮和黑尔类似,一身笔挺的西服,高级呢帽——就这样,一个游荡的农家子,华丽变身为受人尊敬的大商人。

然而,他所积累的财富,大多来自腐败至极的"印第安人生意"——对奥色治族百万富翁们大肆欺诈,耍尽手段。根据一份庭审记录可知,伯特曾以奥色治人为对象,做过高利贷生意。1915 年,美国国会的一个负责调查北美印第安人事务的联席委员会举行听证期间,一位代表奥色治部落的律师曾表示，伯特从其他白人处借钱，然后以令人触目惊心的高利率转借给印第安人。"我可以说，也可以确信，伯特先生称得上波哈斯卡生意核心圈子的一员，"这位律师证实，"他告诉我，募集资金的利率仅为6%，但再将其出借给印第安人，便可以大肆居间渔利。"这位律师补充道："他以6%的借款利率拿到钱，而其出借的利率——虽然估计起来非常可怕——但大致在10%至50%。"

伯特采用了非常诡异的会计手段，掩饰自己在奥色治的强取豪夺。在乔治·比格哈特去世后进行的一项遗嘱听证会上，一位律师曾表示不解，为什么表面上是伯特银行借给奥色治人的贷款，却由伯特的个人账户发放。伯特坚称："自己从未做过任何必须加以掩饰的勾当。"

"我并不是对您个人有意见，伯特先生，只是这显得异乎寻常。"

"这也只是我们非常普遍的生意手法而已。"

在沃思堡的文件中，我找到了负责奥色治谋杀案的俄克拉何马西区检察官办公室文档。其中，居然夹杂着我在其他地方前所未见的东西：1926年调查奥色治谋杀案的大陪审团听取的秘密证言。这些证人包括本案的很多主要人物，如欧内斯特·伯克哈特以及迪克·格雷格。其中虽然并不包括伯特的证言，但曾经卖寿险合同给亨利·罗恩，并将黑尔列为受益人的那位保险代理在作证时提到，伯特也曾提议将另外一位北美印第安人作为寿险骗保的目标人物。

我后来发现，在调查局数以千计有关谋杀案的文件中，还有其他两份文件提及过伯特。第一份文件是某探员从一位非常可靠的线人处收集的情报，该线人表示伯特与黑尔属于"异常亲密"的合伙人。更有甚者，这位线人表示，伯特与黑尔两个人"坐地分赃"，平分了从比格哈特处取得的那笔钱。报告中并未准确提及这笔钱的数额，但是调查局明确提出，在比格哈特死后，黑尔通过伪造的借据，从其财产中成功分得了6 000美元。或许这笔"赃款"还包括伯特试图从中攫取的10 000美元。

即便如此,不同于让莫莉家族成员丢掉性命的价值无法计算的人头权,或者导致罗恩死于非命的25 000美元寿险合同,上面提到的数额,特别是在平分的情况下,似乎不足以引发杀机。这也可以解释为什么司法部从未就比格哈特被谋杀一案起诉黑尔,抑或对伯特继续追查下去。然而同样显而易见的是,怀特及其手下对伯特十分怀疑。在调查局文件中找到的第二份报告中,我发现探员将伯特形容为"谋杀犯"。

持续数日,我一头扎进档案堆,试图为比格哈特遭人杀害寻找到图财害命的动机。在一封电子邮件中,玛莎对作者表示:"如老辈们所言,按钱索人。"没有证据显示黑尔、伯特或其他白人继承了比格哈特的财产。相反,遗产由比格哈特的遗孀及其年轻的女儿继承。然而,比格哈特的女儿有一位白人监护人,因此,这笔钱最终实际控制在这个人手中。翻阅记录,我最终找到了她监护人的名字:伯特。

我突然感觉到心脏开始狂跳不已。现在,我知道伯特曾经与黑尔密切合作,共同从事有组织盘剥奥色治人的勾当;现在,我知道伯特曾经通过成为比格哈特幼女监护人的方式,染指其大笔遗产;现在,通过政府文件,我知道伯特还是其他几位奥色治族印第安人的监护人,其中一位被监护人同样遭人谋杀;现在,我知道比格哈特中毒送医前,伯特曾和他在一起——一位当地执法人员证实,在比格哈特去世前,黑尔和伯特都曾前去探视。而且,我也知道了调查局曾将伯特视为杀人犯。

其他证据也暗指伯特参与了犯罪。例如,一份庭审文件显示,虽然伯特号称自己是沃恩的好友,却试图贪污比格哈特本来想要支付给沃恩的钱。或许沃恩对于自己这位密友的狡诈盲目无视,向他透露了自己正在进行的调查,甚至将自己私藏钱财、证据的秘密场所也和盘托出。而当沃恩前去探望濒死的比格哈特时,后者所指控的,或许不仅仅只有黑尔,还包括参与谋杀阴谋的伯特。

尽管如此,认为伯特涉入比格哈特谋杀的根据,依然还全都是间接证据。我甚至都不知道是谁将沃恩抛出火车。然而,在浏览旧报纸的过程中,我发现《波哈斯卡大字报》上登载的一篇有关沃恩葬礼的报道。其中谈到,伯特和沃恩一道在俄克拉何马城上了火车,当后者在火车上离奇消失的时候,伯特依然还在这趟列车上。根据这份报纸的另外一份报道,是伯特报告了沃恩的失踪。

我离开沃思堡的国家档案馆前,偶然间翻到一个文件夹,里面有对于某位调查局线人的访谈内容,这个线人和黑尔关系紧密,曾在其他针对黑尔的谋杀案指控中提供过关键情报。这位线人曾被问及是否了解任何有关沃恩被谋杀的内情。

"了解,"他答道,"我认为是伯特将沃恩推下了火车。"

在被指控者无法亲自回答问题,或者为自己辩护的情况下,我认为,指控其犯下了邪恶的罪行,需要十分谨慎。因此,当我给玛莎·沃恩打电话介绍相关发现的时候,特意强调了相关认定在确定性方面存在的缺陷。之后,我向她概要介绍已经收集到的相关资料,同时,我还谈到,在新墨西哥州的某图书馆,曾经看到过一份对费尔法克斯镇上美国法警的未发表访谈记录,此人曾经参与奥色治谋杀案。他表示,伯特参与了谋杀沃恩的犯罪,同时,某新兴城镇的市长——当地一霸——帮助伯特将沃恩扔出了火车。这位法警同时指出,在调查局于1925年调查本案的过程中,伯特一度怕得要死,甚至想要潜逃。事实上,伯特也的确在同年突然移居堪萨斯州。当我汇报完这一切细节后,玛莎沉默良久,随后,电话那端传来了轻微的啜泣声。

"非常抱歉。"我说道。

"没事,这是种解脱。我们这个家族为此困扰太久太久了。"

在研究奥色治谋杀案的过程中,我经常能够感觉到自己追踪的是不断消失的历史。就在对话之后没多久,我惊悉,玛莎因为心脏疾病猝然离世,年仅六十五岁。伤心欲绝的梅尔维尔告诉我:"我们丧失了另外一个连接过去的纽带。"

24　恍如隔世

2013 年 5 月的某个夜晚,波哈斯卡的君士坦丁剧场计划放映奥色治族芭蕾舞剧《瓦扎哲》(*Wahzhazhe*)的演出录像。这个印第安部族与芭蕾这种世界级经典舞蹈艺术结缘甚早,并催生出两位伟大的艺术家——玛丽亚·托尔奇夫(Maria Tallchief)与玛乔丽·托尔奇夫(Marjorie Tallchief)姐妹。作为美国历史上公认的首位芭蕾舞女明星,玛丽亚 1925 年出生于费尔法克斯。在自传中,她回忆因为石油而暴富的日子,同时感觉自己的奥色治族父亲似乎拥有整个城镇:"到处都是他的产业。无论是主街上的电影院,还是街对面的台球厅,都属于他。我们家是一幢由十个房间组成的砖红色建筑,可以居高临下,俯瞰整块保留地。"她还回忆起自家附近的一处住宅爆炸,里面住的所有人都被炸死,目的是为了豪夺受害人的人头权。

《瓦扎哲》按照时间顺序,对奥色治族各个历史阶段,包括恐怖当道时期的历史事件进行了艺术化表现。《瓦扎哲》的意思便是"奥色治"。我迫切希望能够前往欣赏,哪怕仅仅是演出的录像。买票后,我走进了这间位于波哈斯卡的剧院,莫莉·伯克哈特和欧内斯特·伯克哈特夫妇,就曾落座于这里的天鹅绒座椅,而石油大亨们也会在天气不好时来到这里竞拍开采权。二十世纪八十年代初,这间剧院已经沦落至被推倒拆毁的边缘,但一群当地义工自发加以修缮,清除掉了多年累积的蛛网害虫,擦亮了正面的黄铜把手,洗净了地板上粘渍的污垢,露出了星形的马赛克图案。

欧内斯特·伯克哈特受审的法院依然在波哈斯卡街头若隐若现

大厅里人头攒动,灯光渐暗时,我找到了自己的座位,影片开始放映。开场白说道:"在早期传教士的文献中,奥色治人,经常被描述为这个世界上'最为幸福'的一群人……因为他们一无所有,同时也不为物欲所累,因此倍感自由。但是后来,奥色治部落走上了一条欧洲式的经济高歌猛进之路……曾经熟悉的生活,也因此一去不返。"开场白继续道:"现在,我们的内心恍如隔世。我们身体强壮,勇敢彪悍,正在学习如何在这两个不同的世界里自由穿行,坚持自身的文化与传统脉络,毕竟,我们现在生活在一个非印第安人主导的社会。我们的历史、

我们的文化、我们的内心、我们的家,一直都在处于紧张状态,我们用双腿丈量大地,我们用歌声迎接黎明,我们应和着与内心产生共鸣的鼓点迈动步伐。我们,在两个世界间穿行。"

芭蕾舞剧十分有力地叙述了这两个不同世界的爱恨纠缠,展现了奥色治人从在大草原上游牧狩猎,到首次遭遇欧洲开拓者与传教士,再到淘金潮的整个过程。其中还有一幕,舞者穿着轻佻,伴随着爵士乐旋转狂舞,突然,爆炸声打断了一切,音乐与舞蹈随即由欢快转为哀怨,紧接着的葬礼舞蹈,表现的便是恐怖当道时期的谋杀惨案。其中一位代表黑尔的哀悼者,头戴面具,旨在隐藏那张充满罪恶的面庞。

268 　　接下来的一幕,描绘的内容则是奥色治人对于美国军事行动所做的贡献:该部族成员克莱伦斯·雷纳德·廷克(Clarence Leonard Tinker),作为首位官拜少将的北美印第安人,在第二次世界大战期间因为飞机失事而英勇牺牲。让我感到意外的是,银幕上还出现了一个颇为熟悉的身影。此人正是玛吉·伯克哈特,她在舞剧中扮演了一个一闪即过,无需起舞,与即将奔赴战场的儿子依依惜别的母亲角色。玛吉优雅地穿过舞台,肩上披着一条围巾,跟当年莫莉披着印第安毛毯如出一辙。

　　演出结束后,很多观众久久不愿离去。出席者中,并未见到玛吉的身影,但是,她后来告诉我,当她第一次看到芭蕾舞刻画的恐怖当道时期的片断,"让我异常难受",玛吉补充道,"我没想到会如此打动我,但的确如此。这里面掺杂了太多的情感"。而在观众当中,我偶遇博物馆馆长凯瑟琳·雷德·科恩。她询问我的研究进展情况,当我谈及伯特可能涉及谋杀案的时候——此人尚未被公开与杀戮行为联系在一起——她并未显得太过意外,而是邀请我次日上午来博物馆一聚。

　　我抵达后,发现她坐在办公室写字台后面,周围到处都是手工艺术品。"看看这个",她说道,同时递给我一封发黄变脆的陈旧书信的复制品,上面的字迹颇为工整,标注日期为1931年11月27日。"看看下面的署名",雷德·科恩说道,名字正是威廉·黑尔。

　　她解释道,黑尔在监狱写了这封信,收件人奥色治部族某人,最近,此人的后代将这封信捐赠给博物馆。我通读此信时,被黑尔轻快的语气所震惊,他写道:"我的身体健康状况良好,体重185磅,头发白了不少。"出狱后,他表示,希望能够返回印第安保留地,"我宁愿生活在灰马镇,而非其他任何地方"。同时,他还坚持:"我将一如既往成为奥色治人的真正知己。"

　　雷德·科恩摇着头,"你能相信吗?"她说道。

269 　　本以为被她叫来就是为了展示这封信,很快我就发现事出他因。

258　　　　　　　　　　　　　　　　　　　　　　　　　花月杀手

"我认为是时候像之前跟您提过的那样,讲一下关于我祖父的陈年往事。"她说道。同时雷德·科恩解释称,自己祖父与祖母离婚后,曾娶过一位白人女子,1931年时,祖父感觉自己好像被第二任妻子下毒。她回忆,当时如果有亲戚串门,祖父都会惊恐万状地说道:"这个房子里任何吃喝的东西都不要碰。"此后不久,雷德·科恩的祖父暴毙,年仅四十六岁。"在此之前,他的身体一直非常健康,"她补充道,"本身没有任何问题,但他的白人妻子通过他的死狠捞了一票。"所有家人都坚信,他遭人投毒,但并未对此开展过任何调查:"当时,所有人都在捂盖子,无论是入殓师、医生还是警察。"

雷德·科恩所知道的,也仅仅是亲属向其透露的这些只言片语,因此,她也希望我能够对她祖父的死亡事件进行调查。停了好一会儿,她说道:"恐怖当道时期发生的谋杀,要比人们了解的多太多了。"

多年针对奥色治谋杀案的调查研究,使得我位于纽约的小小办公室彻底变成了一个残酷事实的收集场。地板和书架上堆放着数以千计的调查局档案、尸检报告、遗嘱遗言、犯罪现场照片、庭审记录、文件鉴定报告、指纹、弹道及爆炸物检验报告、银行记录、证人笔录、有罪供述、监狱里私传的小纸条、大陪审团听证材料、私家侦探工作日志以及罪犯的大头照。一旦觅得新的文档材料,诸如雷德·科恩向我所展示的信笺,我都会分类编号,并最终归档建案(我仿照胡佛的文件分类体系所自建的小型资料库)。尽管文件的内容残忍黑暗,但每次新发现都会让我重燃填补历史空白的希望——处于这些空白中的,似乎没有任何见证者,因此处于失语状态,留存的只有无声的一座座坟冢。

雷德·科恩的祖父,便是上述空白中的典型个案。因为当时并未对其死亡进行过任何调查,且所有的主要参与者均已过世,我一时间毫无头绪。事实上,她祖父的生与死——激情也好,波澜也罢,暴力也

布莱基·汤普森的犯罪现场照片,1934 年他越狱后被击毙

说不定——似乎已在历史中被洗得一干二净。

然而,与雷德·科恩的对话,却激发我开始更为深入地调查奥色治谋杀案中最令人感到毛骨悚然的查尔斯·怀特霍恩之死。这桩发生于1921年5月的谋杀案,虽然具有黑尔所导演策划的阴谋的一切特征——与杀害安娜·布朗发生在同一时期,即时长四年的恐怖当道时期的开始阶段。然而,迄今为止还没有任何证据证明黑尔及其打手涉入了谋杀怀特霍恩的犯罪。

尽管此案一直悬而未破,但从最初便是调查者所关注的焦点,因此,我返回纽约后,便开始围绕此案收集材料。在办公室堆得摇摇欲坠的一摞文件中,我终于发现了怀特霍恩死后由其遗产继承人雇佣的私家侦探撰写的工作日志。这份文件读起来像是从低俗小说直接扯下来的章节,甚至包括"这个'好料'的消息来源相当可靠"这样的语句。

但是,在仔细阅读的过程中,我发现了下列关键细节:

> 1921年5月14日,怀特霍恩在波哈斯卡被人看到,目击者称晚八点在君士坦丁剧场门口见过他。
>
> 两周后,尸体被发现——陈尸地点为距离波哈斯卡镇中心一英里之遥的一座山上。
>
> 据入殓师称:"尸体的体位显示,死者并非被抛尸,而是从此处坠下身亡。"
>
> 武器:点三二口径左轮手枪。子弹从眉眼间两度射入死者头部。职业杀手所为?

报告显示,沃恩律师曾十分积极地试图配合私人侦探展开调查。"对于印第安人情况相当熟稔的沃恩表示,自己对本案之所以很感兴趣……是希望将罪魁祸首绳之以法。"某私家侦探这样写道。当时,无论是这位私家侦探,还是沃恩本人,都未曾想到,沃恩最终也将成为被杀害的目标——此后不到两年,他最终遭人谋杀——我突然非常希望他们当时能够发现这些根本无法预见的未来。

科姆斯托克这位最初引发胡佛质疑,但最终证明值得信赖的律师兼印第安人财产监护人,同样曾试图帮助私家侦探调查这起谋杀。"科姆斯托克先生收到了一些情报。"一位私家侦探这样写道,同时还记录了科姆斯托克的报告,5月14日,有人被看见从后来发现怀特霍恩尸体的山上蹒跚而下,但身份尚未证实。

官方意义上怀特霍恩案始终未破,因此我以为案件的蛛丝马迹会消失在混乱的泥沼中。但事实上报告内容非常明确具体。基于线人提供的线索,以及一些间接证据,私家侦探开始清晰建构起本案的发展脉络。在怀特霍恩死后,他兼具白人与夏延族印第安血统的遗孀哈蒂,与一个名叫勒罗伊·史密瑟曼(LeRoy Smitherman)的无恶不作的白人再婚。私家侦探了解到,居间撮合的媒人是明妮·萨维奇(Minnie Savage)——一个"精明狡诈、道德沦丧而又手腕高超的女人",一位私家侦探这样形容。这个女人在波哈斯卡经营一家旅店。私家侦探们怀疑,她与史密瑟曼,以及其他同谋者,共同策划实施了杀害怀特霍恩的行为,以攫取其人头权和财富。过了一阵子,很多私家侦探开始怀疑,哈蒂·怀特霍恩这位在丈夫死后不久便开始对其财产大肆挥霍的遗孀也是杀夫的共犯。曾有线人告诉私家侦探,毫无疑问,哈蒂·怀特霍恩是"杀害怀特霍恩的主要推手"。

一位卧底的私家侦探被安插入住了萨维奇经营的客舍。"他可以偷听到电话交谈的内容",其他侦探在报告中写道,补充称卧底"可以有所建树,但还需要进一步伪装"。与此同时,明妮·萨维奇的妹妹也向调查员提供了大量情报。她吐露,自己曾经看到一件像是谋杀凶器的东西:"在明妮整理床铺的时候,枕头下放着一把枪,明妮拿起枪……枪很大,黑色。"即便如此,这些私家侦探依旧没有提供确凿的证据以起诉任何嫌疑人,或者,他们也遭人买通了。

1923年,当联邦调查局首次派员调查此案时,他们同样断定,萨维奇、史密瑟曼以及哈蒂·怀特霍恩应当为谋杀案负责。"从目前收集的证据来看,"一位探员写道,很明显,"哈蒂·怀特霍恩一手促成了丈夫遭人谋杀,借此可以从他遗产中分得一杯羹。"哈蒂虽然否认参与此案,但她告诉某探员:"我不比你傻,别人让我防着你。"同时,她还说:"你进一步印证了我的确信,如果我告诉你,就会被你送上电椅。"

与此同时,案件的发展还出现了令人颇为不安的花絮。哈蒂的新欢史密瑟曼,开着她的好车、带着她的一箱子钱,逃亡到墨西哥。接下来,取代他位置的,是一个叫福克纳(J. J. Faulkner)的男人——被一位探员称为"毫无节操、油腔滑调的混蛋"——很明显是用哈蒂曾经告诉他自己在谋杀中扮演的角色相威胁。(有人听见哈蒂的一个妹妹对福克纳大骂三字经,同时警告他不得再继续勒索哈蒂,而福克纳则回敬道,自己知道哈蒂与谋杀的所有关联,因此,在和他说话时,最好管住自己的嘴巴。)在一份报告中,探员伯格及另一位同事表示:"我们强烈认为,福克纳从哈蒂嘴里成功套取某种程度的认罪表示,并利用这一点,大肆为所欲为,也就是说,通过威胁揭发或曝光相威胁,目的便是在哈蒂死后控制她的财产,并在她活着的时候花她的钱。"

不久,哈蒂便得了不治之症。探员表示,她看起来"好像随时都会死"。值得一提的是,没有任何探员对其病因产生过怀疑,即便在恐怖当道时期,有很多受害人均是遭人投毒身亡。福克纳本有家室,他的妻子告诉探员,福克纳拒绝"哈蒂入院送医……从而确保她继续受自己的掌控"。根据哈蒂妹妹的表述,福克纳在哈蒂"被麻醉的情况下",开始从她那里偷取钱财。

哈蒂的姐妹们最终想办法将哈蒂送到医院。认为她行将去世的探员们,试图说服她做出有罪供述。在一份报告中,探员记录道,哈蒂曾向科姆斯托克承认,"自己的确了解某些事实,但从未告诉别人。而'他们'——推定为明妮·萨维奇及其他同谋者——在怀特霍恩遭谋杀时,特地将自己送走"。哈蒂并未进一步透露其他内容。不出所料,在摆脱福克纳控制后,哈蒂很快便从病患中奇迹康复。

到了汤姆·怀特接手调查的 1925 年,调查局唯独放弃了对于怀特霍恩案继续进行调查。伯格轻蔑地认为,本案"是一个孤立的谋杀",与其他有组织的系列谋杀案毫无关联。毕竟,此案与联邦调查局偏爱的"宏大叙事风格"格格不入——单一主谋对所有杀人行为承担责任,一旦黑尔及其爪牙落网,奥色治谋杀案便可宣告侦破。然而,事后看来,黑尔并未参与谋杀怀特霍恩的阴谋,这恰恰凸显了本案的重要意义——邪恶的黑尔,绝非异类。

25 失落手稿

"你必须亲自去那里看看所发生的一切。"凯瑟琳·雷德·科恩告诉我。于是,2015年6月,我第二次走访奥色治部落。遵照她的指示,我驾车穿越波哈斯卡,一路向西经过大草原,直至透过高高的荒草,看到她曾生动形象地向我描述的情景:大量的铁塔直冲天际,每个都足有420英尺高,几乎相当于30层摩天大楼,上面挂着3只不停旋转的风扇,每片风扇的长度,足以匹敌飞机的机翼。这些风力电动机,是一个面积超过8 000英亩的巨大风田的组成部分,而这里发出的电力,预计足以供俄克拉何马州境内45 000户家庭使用。

奥色治郡发现石油一百多年后,一场新能源革命正在再次改变这一地区。但这在奥色治人看来不亚于一种威胁。"你看到了?"我返回后,雷德·科恩这样问及风力发电机的事情。"这家公司,在未经我们允许的情况下,自行安装了这些机器。"联邦政府代表奥色治部落,针对这块风田的所有者,意大利能源巨头——意大利国家电力公司(Enel)——提起诉讼。控方依据1906年分地法案相关条款,指控该公司在建设风力发电机的过程中,开挖了地下的石灰岩及其他矿产资源,因此需要在获得奥色治人的批准后才能再行施工。否则,意大利国家电力公司就将侵犯奥色治人对于地下矿藏的所有权。但该公司坚称,自己所从事的并非矿产开采,因此无需获得奥色治部落释出的采矿权。"我方从未以任何方式干扰地下矿产。"该公司的项目代表告诉媒体。

2015年7月10日,黎明时分,一位部落头人带领二十几名奥色治人在风力发电机下面集会,向"瓦空大"祈福。当第一缕朝阳射穿稀薄的蓝色雾气,并开始释放万丈光芒时,领头的祈祷者喃喃自语,奥色治人"作为卑微的臣民,恳请得到您的帮助"。

新建的风力发电机矗立在奥色治人的地下矿藏之上

不久之后,法院站在意大利国家电力公司一边,表示尽管联邦政府对于分地法案的解读将毫无疑问让奥色治人从中获益,但"被告并未交易、出售矿产资源,抑或从事矿产开发行动"。因此,"被告无需从奥色治人处获得采矿权"。据称,该公司正在计划在奥色治郡开发第二处风田。

政府新出台的石油开采环保规范,则从更为深远的角度影响着奥色治人的地下矿产。2014年出台的此项新规,完全遵守的话,成本过高,以至于石油业者事实上停止开采新井,因为即便开采也赚不到多少钱。一位石油开采商告诉记者:"过去百余年来,奥色治郡首次出现了石油停采的局面。"

我则继续调查谋杀案,但能够发现的档案越来越少,能够查阅的文献乏善可陈。直到有一天,在波哈斯卡的公立图书馆,我偶然撞见了被塞在一堆奥色治历史文献中的一份用橡皮筋捆着的手稿,题目是"玛丽·德诺亚 - 贝利欧 - 路易斯(Mary DeNoya - Bellieu - Lewis)谋杀案"。看起来,这份材料是用电脑打印后手工装订的。根据序言介绍,这份文件于1998年1月由安娜·玛丽·杰斐逊(Anna Marie Jefferson),即玛丽·路易斯的玄外甥女编纂而成。"我的曾祖母曾告诉过我一些有关玛丽的往事,"杰斐逊写道,"头一次听说此事,还是1975年的时候。"从此,杰斐逊便开始从亲戚朋友、报纸报道以及其他记录当中收集有关这场谋杀的信息——这项工作持续了足有二十余年。她之所以将手稿的副本留在图书馆,想必是不希望将这个故事淹没在历史的深渊里。

我找了个地方坐下,开始细细品读。玛丽·路易斯,生于1861年,是获得人头权的奥色治部族成员。"有钱后,她过上了富足的生活。"杰斐逊写道。路易斯先后经历了两段婚姻,均以离婚收场。1918年,年过半百之际,她一个人抚养着自己当时只有十岁的养女。同年夏天,路易斯携养女前往得克萨斯的利伯蒂(Liberty)游玩,这里距离休斯敦仅四十英里,位于圣三一河(Trinity River)岸边。陪同路易斯前往的还有两位白人:友人托马斯·米德尔顿(Thomas Middleton)以及他的一名同伴。他们用路易斯的钱买了一艘游艇,待在河上。接下来,在8月18日的时候,路易斯离奇失踪。当局并未对此开展任何调查——"他们永远都不会为此做任何事情。"路易斯的一位亲属如是说——她的家人雇用了一位私家侦探。侦探调查后发现,在路易斯失踪后,米德尔顿曾冒充她的继子,以兑现她的若干支票。1919年1月,在警方羁押米德尔顿及其同伴后,私家侦探对他进行了讯问。他告诉米德尔顿,自己非常肯定"这位年长的女士已经死了,而不是还活着",同时补充道,"如果能够提供任何信息帮助找到她的尸体,将会对你本人大有好处"。

米德尔顿坚称否认自己知道玛丽的下落。"我一点都不怕。"他说道。

他和他的那位朋友并未透露任何实情。但是两位目击者揭露,路易斯失踪当天,他们曾看到距离她的游艇数英里的地方,有汽车朝着一处遍布蛇虫的沼泽开去。1919年1月18日,调查人员挽起裤脚,开始仔细搜查那片植物茂盛的沼泽。有记者报道,一位执法人员"陷入泥沼,只好将自己的手伸到水里试图挣脱,就在摸到自己脚底的时候,他抓住一把浓密的女人头发"。随后捞出了一节腿骨,再后来,执法人员捞出了躯干及头骨。遗骸看起来就好像被沉重的金属物体击打过一样。"搜寻玛丽·路易斯的任务以恐怖发现收场。"一份当地报纸如此报道。

米德尔顿的同伙供述,自己曾用锤子击打过路易斯的脑袋。整个杀人计划由米德尔顿策划:在路易斯被害后,计划用女性帮凶冒名顶替,以代收人头权的相关收益。(这一招数并不算异想天开——当时冒名顶替的继承者比比皆是。比尔·史密斯在家中被炸死后,政府方面曾一度担心某位宣称是其亲属的人属于冒牌货。)1919年,米德尔顿被判处谋杀罪,并处死刑。"玛丽的家人一度感觉如释重负,认为自己所遭遇的苦难考验画上了句号,"杰斐逊写道,"这种满足感很快便被愤怒与怀疑所取代。"米德尔顿的死刑被减为终身监禁,随后,他在仅仅服刑六年半之后,被得克萨斯州州长特赦。米德尔顿有一个女朋友,路易斯的家人怀疑她行贿了有关当局。"杀了人,只被打了几下手板便匆忙了事。"杰斐逊写道。

读完记录路易斯被谋杀经过的手稿后,我掩卷长叹。其中的一个细节便是,她于1918年因为人头权遭人杀害。根据一般的历史记载,奥色治的恐怖当道时期肇始于1921年春,即黑尔谋害安娜·布朗之时,一直持续至1926年黑尔被捕为止。而路易斯谋杀案意味着围绕人头权的杀戮行为,至少比大众认知的起始时间早了三年。同时,如果雷德·科恩的祖父是在1931年遭人毒杀,就意味着即便黑尔已经遭到逮捕,但杀人行为却并未因此停止。上述案件的重点在于,为了人头权谋害奥色治人的行动,并非黑尔一人自导自演的独角戏。他所实施的行为或许最为血腥,持续时间最久,但依然还有不计其数的其他杀人案件,而这些都没有被官方所统计确认。并且,跟路易斯或莫莉·伯克哈特家族被谋杀的案件不同,大量的案件并未经过官方调查,甚至没有被视为是杀人犯罪。

26　泣血发声

我返回沃思堡的国家档案馆,再次开始在无法计数、满是尘埃的盒子与档案中搜索。档案员会用小车将新一批档案盒推进狭小的阅读室,随后收走此前送来的材料。此时,我已经彻底放弃了发现堪称解开逝去历史之谜钥匙的罗塞塔石碑(Rosetta stone)等关键史料的幻想。大多数材料枯燥乏味、冰冷无趣——支出、统计报告、石油开采权合同。

在其中的一个盒子中,有一本几乎支离破碎,以编织物作为封皮的印第安事务办公室工作日志,其中记载了恐怖当道时期担任印第安人财务监护人的名录。这本纯手写的日志中,包括了每一位监护人的名字,而在这些名字下面,则是一长串被监护的奥色治人名录。如果被监护人在被监护期间去世,他的名字上面就会标上一个词——"已死"。

我试图从中寻找伯特这位沃恩遇害案疑似元凶的名字。记录显示,他不仅是乔治·比格哈特女儿的监护人,在他名下还有其他四位奥色治族印第安人。其中一人的名字旁边标有"已死"一词。接下来,我又查阅了大山商贸公司老板斯科特·马西斯,在他名下有九名奥色治族印第安人,其中就包括安娜·布朗及其母亲莉齐。顺着由他监护的名录看下去,可以接二连三发现"已死"的标注——九名被他监护的印第安人中有七人在被监护期间死亡,而其中至少有两人的死因被界定为谋杀。

我开始浏览这一时期其他奥色治人的监护人,其中一位有十一位被监护人,八人死亡。另外一位监护人的十三名被监护人,超过一半已死。更有一位监护人的五名被监护人悉数死亡!如此循环往复,无休无止。人数之多,令人瞠目,并且明显超越了正常死亡概率。因为其中大多数情况都未经调查,现在已经没有办法查明其中究竟有多少疑点,更遑论搞清楚谁应当为其中涉及的恶行负责了。

然而,有明确的迹象显示,存在大规模的谋杀犯罪。在联邦调查局的文件记录中,我发现了安娜·桑福德(Anna Sanford)的名字,而这个名字在印第安事务办公室的工作日志中标注有"已死"的字样。尽管她的死亡并未被列为杀人案件,但探员依然怀疑她遭到了毒杀。

另外一位奥色治族被监护人,"胡鲁-阿-图-米"(Hlu-ah-to-me),官方给出的死亡原因是肺结核。但在文件中,有一封线人发给联邦检察官的电报,"胡鲁-阿-图-米"的监护人故意不让她就医,拒绝将她送往美国西南地区进行疗养。这位监护人"明知那是她得以长期存活的唯一所在,而让她继续留在灰马镇则只有死路一条",线人强调,同时补充道,在她去世后,她的这位监护人任命自己担任其价值不菲遗产的执行人。

在另外一个案件中,1926年,一位名叫伊夫斯·托尔·奇夫(Eves Tall Chief)的奥色治族男子,被宣布死于酒精中毒。但目击证人表示他死时根本没有喝酒,而是被别人毒死的。"死者家属都被吓坏了。"1926年发表的一篇报道如此描述。

即便是在工作日志中显示为在世的奥色治族被监护人,也不代表他们不是被人觊觎的目标。奥色治族被监护人玛丽·埃尔金斯(Mary Elkins)因为此前继承了七个亲属的人头权,曾被视为部落里最富有的人。1923年5月3日,时年二十一岁的埃尔金斯,嫁给了一名二流水平的白人拳击手。根据印第安事务办公室的报告,她丈夫将她锁在家里,鞭打她,为她提供"毒品、麻醉品以及烈酒,旨在加速她死亡,从而继承她的巨额遗产"。她因为政府官员的及时介入,免于一死。调查揭示,这位拳击手并非独自行动,整个事件是由一群当地人计划实施的有组织行动的一部分。

虽然这位政府官员极力推动对这些人提起公诉,但无果而终,这些当地人的身份也从未曝光。

再来看一下西比尔·博尔顿(Sybil Bolton)的例子,这位来自波哈斯卡的奥色治人的监护人,是她的白人继父。1925年11月7日,博尔顿——被一位当地记者形容为"本地区生养的最为漂亮的女孩之一"——被发现胸部中弹死亡。而她的继父报告称,这位年仅二十一岁的女孩死于自杀。案件在并未进行尸检的情况下草草收场。1992年,博尔顿的外孙,《华盛顿邮报》编辑小丹尼斯·麦考利夫(Dennis McAuliffe Jr.)经调查发现官方记录中存在大量矛盾以及造假之处。在他于1994年发表的回忆录《西比尔·博尔顿之死》(*The Deaths of Sybil Bolton*)中,详细描述了西比尔死后,她应当享有的人头权大部分遭人巧取豪夺,同时有证据显示,她是在户外遭人枪杀的,当时,西比尔年仅十六个月大的女儿——麦考利夫的母亲——就在她身边。根据印第安事务办公室的工作日志,西比尔的监护人(也就是她继父)监护的其他四名奥色治族人全部死亡。

尽管调查局估计,奥色治谋杀案共有二十四名受害人,但真实的死亡人数显然远超于此。调查局在抓获黑尔及其打手之后便宣告结案,但调查局内部依然有一部分人意识到更多的谋杀罪行得到了有组织的掩盖与粉饰,躲避着他们的调查。一位探员在报告中描述了凶手的惯用伎俩之一:"与大量印第安人离奇死亡相关,犯罪行为人首先把某个印第安人灌醉,之后找个医生诊断,并宣布其醉酒,之后为其注射吗啡,在医生离开后,杀手会在处于迷醉状态的印第安人腋下注射更大剂量的吗啡,直至其死亡。这样一来,医生后续开具的死亡证明便会写上'死于酒精中毒'的字样。"其他对奥色治郡的情况有所了解的人士也提到,原因存疑的死亡在这里是家常便饭,通常都会被虚假地归结为"肺痨""消瘦症",甚至"死因不明"。此前对于奥色治死亡人数进行研究的学者和调查人员估计,非正常死亡的人数如果不是以百计,也一定有数十人。为了更好地进行评估,麦考利夫参考了《纯种奥色治印第安人名录》(Authentic Osage Indian Roll Book),其中列举了部落中很多享有人头权成员的死亡情况。他写道:"1907年至1923年间,共有六百零五名奥色治人死亡,平均每年三十八人,年度死亡率约为19‰。现在全美的平均死亡率约为8.5‰。在二十世纪二十年代,统计不如现在精确,且区分白人与有色人种,白人的死亡率大体维持在12‰。但无论如何,因为更高的生活水准,奥色治人的寿命应当高于普通白人才对。然而,奥色治的死亡率却高于全国平均水平的1.5倍——而这个数字并不包括1907年后出生,以及没有被收入到名录当中的奥色治人。"

奥色治族著名历史学家路易斯·伯恩斯认为:"据我所知,没有任何一个奥色治家族未因为人头权而失去亲人。"在怀特就任前,也至少已经有一名调查者认识到这种杀人文化。根据一份线人的调查笔录,探员表示:"这类谋杀的案件有很多,数以百计。"

即便调查局知晓的案件,也有不为人知的阴暗层面。2015年6月,我在最后一次访问印第安保留地时,曾前往奥色治部落法院,如今,在这里,很多奥色治族人可以捍卫自己的正义。一位奥色治律师告诉作者,恐怖当道时期不是"我们历史的终结",又补上一句,"我们的家族是图财害命阴谋的受害人,但我们不是受害人"。

在一间法庭内,我拜会了马文·斯蒂普森(Marvin Stepson)。这名奥色治人年逾七旬,须发皆白,举止文雅,担任这个部落法院的首席法官。他的祖父,前套牛冠军威廉·斯蒂普森,于1922年遭人毒杀。当局并未就其被谋杀一案起诉任何人,但一般认为,凯尔茜·莫里森——杀害安娜·布朗的凶手——应当为此负责。1922年,莫里森与奥色治族妻子离婚,并在斯蒂普森死后迎娶了他的遗孀蒂莉(Tillie),并借此成为她两个孩子的监护人。莫里森的一个同伙告诉调查局,莫里森承认是自己杀死了斯蒂普森,目的是迎娶蒂莉,进而染指她价值不菲的财产。

马文·斯蒂普森,恐怖当道时期受害人威廉·斯蒂普森之孙

斯蒂普森之死,一般被计算在恐怖当道时期的受害人当中。但是,当我与马文坐在法庭内的长椅上时,他揭露,针对自己家族的杀戮,并未到祖父那里便戛然而止。在嫁给莫里森之后,特别是听到他大谈特谈毒物士的宁的作用效果时,蒂莉开始对他产生怀疑,于是偷偷和自己的律师讨论,希望阻止莫里森继承自己的遗产,同时阻止他成为自己孩子的财产监护人。但是,在1923年7月,做出上述变更前,蒂莉便疑似死于中毒。莫里森则取得了她的大部分财产。根据莫里森书写的一封信,他计划将他骗取的一部分财产出售给伯特,而正是这位银行家明显卷入了杀害沃恩的犯罪勾当。蒂莉之死并未得到任何调查,尽管莫里森告诉同伙是自己杀了她,同时还问,为什么这位同伙不找个印第安女人,以便杀了取财。长期致力于调查祖父遇害事件的马文·斯蒂普森告诉我:"凯尔茜杀了他们夫妇俩,让我的父亲沦为孤儿。"

而这还不是阴谋的结尾。威廉·斯蒂普森与蒂莉死后,马文的父亲,当时年仅三岁,就和自己九岁的同父异母姐姐一道,成为下一个目标。1926年,莫里森因为杀害安娜·布朗而在监狱服刑,但依然给黑尔写了一个字条,不料被监狱看守截获。字条内容虽然满是语法错误,但很清楚地表示:"黑尔,你知道蒂莉的孩子即将在未来几年到手二三十万美元,而我将这些孩子寄养给别人了。我现在怎么能够夺回监护权,或者在出去的时候拿到这笔钱。你知道,我可以带着孩子离开俄克拉何马州,而当局拿我一点办法都没有,他们没办法以绑架罪起诉我。"一位奥色治学者发现:"如果从奥色治人的墓地经过,仔细观察墓碑,就会发现在此时期有异常多的年轻人死亡,让人细思恐极。"

马文·斯蒂普森具有那种将自己终生奉献给司法的干劲。但他告诉我,一想到莫里森对自己家族实施的残忍行为,就会担心自己是否有能力践行法律。"如果现在莫里森走进这间法庭,我恨不得……"他的声音开始有些颤抖。

虽然这些有悖人性的犯罪人在其所生活的时代可以将司法玩弄于股掌,但历史通常还是能够提供某些终极清算,通过提供谋杀案件的痕迹物证报告,最终将犯罪人曝光于天下。然而,太多的奥色治谋杀事件均被深深隐藏起来,以至于上述结果无望取得。在大量案件中,受害人家族并未感到沉冤得雪,很多死者的后人一直在依靠自己的力量进行调查,且远未终结。他们在充满疑惑的状态下生活,对于已经去世的亲属、世交乃至财产监护人充满不信任与怀疑——其中的某些人或许有罪,某些人或许清白。

麦考利夫试图寻找杀害自己外祖母的疑凶时,最先怀疑的就是外祖父哈利,因为他是个白人。彼时,哈利已经去世,其第二任妻子依然健在,她告诉麦考利夫:"你应当为自己调查博尔顿之死而感到惭愧,丹尼,我不明白你为什么要这样做。"同时,她重复道:"哈利没有做坏事,他和这件事一点关系都没有。"

后来,麦考利夫认识到,她或许是对的。进而,麦考利夫开始相信,西比尔的继父才是元凶。但现在已经没有任何办法对此加以确证。"我没有办法证明谁杀了我的外祖母,"麦考利夫写道,"我所遭遇的挫败并不是因为我做错了什么,原因在于,他们从历史上抹掉了太多内容……充斥着太多的谎言,太多的文件遭到销毁,而对我外祖母之死,当时的文件记载本来就少得可怜。"他进一步补充:"遭谋杀的印第安人的家属没有权利针对那些罪行找回公正,甚至没有权利知道是谁杀害了自己的孩子、父母、兄妹、祖父母。他们只能依靠自己的猜测——像我一样,不得不这样做。"

我离开奥色治郡回家之前,专门停下脚步,前去探访了花费数十年调查自己的祖父在恐怖当道时期疑似遭人谋杀这一谜团的退休教师玛丽·乔·韦伯(Mary Jo Webb)。韦伯已年逾八旬,生活在费尔法克斯一幢单层的木制房屋,此地距史密斯遭爆炸的旧宅不远。这位身材单薄、声音颤抖的老妇,将我请进客厅落座。在来访之前,我曾经致电通报,

玛丽·乔·韦伯

波哈斯卡北部的广袤草原

因此,不出意料,她早已拿出了好几箱子材料——包括监护人花销报告书、遗嘱认证以及法庭证词——这是她所收集的有关自己祖父保罗·皮斯(Paul Peace)一案的材料。"他正是联邦调查局文件中没有显示,凶手也没有因此入监服刑的受害人之一。"韦伯说道。

1926年12月,皮斯怀疑自己的妻子,一个白人,试图对自己下毒。相关文件证实,他前去拜见律师科姆斯托克,韦伯将其形容为当时为数不多的正派白人律师。皮斯希望离婚,同时改变遗嘱,取消妻子的继承权。一位证人后来证实,皮斯表示他的妻子给自己喂了某种毒药,"她要杀死皮斯"。

当我向韦伯询问她的祖父如何被下毒时,她说道:"有医生提供毒药,他们是一对兄弟。我母亲说,所有人都知道,在奥色治可以从谁那里拿到毒药,以实施投毒。"

"他们的名字是?"我询问。

"肖恩。"

我当然记得这个名字。他们就是宣称杀害安娜·布朗的子弹不翼而飞的那对医生兄弟。他们就是最开始隐藏比尔·史密斯曾经发表遗言指控黑尔,同时安排自己担任丽塔·史密斯巨额财产执行人的那对医生兄弟。他们就是调查局怀疑给莫莉开的是毒药而非胰岛素的那对医生兄弟。很多案件,都似乎是由此类失语的共谋者居间编织成的阴谋大网。大山商贸公司老板,兼任安娜·布朗及其母亲财产监护人的马西斯,本人便是未能在尸检中找到子弹的验尸团成员。他后来代表莫莉家族聘请私家侦探,但没有在案件调查方面取得任何突破。有目击证人告诉调查局,在亨利·罗恩遭谋杀后,黑尔十分迫切地想要从一个入殓师那里将死者遗体运走,转运至大山商贸公司的殡仪馆。谋杀阴谋最终得逞,取决于出具虚假死亡证明的医生,以及能够安静、迅速处理遗体的入殓师。麦考利夫怀疑杀死自己外祖母的财产监护人,乃是为印第安部落工作的一位杰出律师,而他似乎从未阻挠任何就在他鼻子底下公然上演的犯罪。银行家们,包括从印第安人生意中大发血汗财的伯特,更是为犯罪大开绿灯,同样纵容犯罪的,还包括黑尔的盟友、兼任印第安人财产监护人的费尔法克斯那位唯利是图的市长,以及无可计数、曾经在这笔带血的财富里捞过一把的执法人员、检察官及法官。1926年,奥色治族领导人培根·林德评价:"白人中也有可以被称为人的诚实的家伙,但实在是太少了。"奥色治文化研究领域的领军人物、人类学家加里克·贝利(Garrick Bailey)曾对笔者说:"如果黑尔将自己所知道的和盘托出,那么奥色治郡有头有脸的人当中很大一部分都会被送进监狱。"实际上,在这个谋杀体系中,任何一个社会因素都应该被视为共犯。这也是为什么这个社会当中的所有人似乎都应该为麦克布赖德在华盛顿的遇害负责:他所威胁的,不仅仅是黑尔个人,而且还是从受害人身上搜刮数以百万计美元的整个犯罪架构。

  1927年2月23日,自保罗·皮斯发誓要剥夺怀疑给自己下毒的妻子的继承权并与她离婚后数周,他便在一起肇事逃逸中离奇受伤,并在路边血尽而亡。韦伯告诉我,某种并不让人感到陌生的势力,一直在试图掩盖此事的真相。"或许你可以深入调查看看。"她说道。我点头,尽管我知道,单凭自己的力量,势必会像汤姆·怀特或者莫丽·伯克哈特那样,在迷雾中失去方向。

  韦伯送我来到门口的走廊。已近黄昏,天边的色彩开始暗淡。小镇道路乃至远处的荒野空旷无人。"这片土地,浸满了鲜血。"韦伯说道。很长一段时间,她未吭一声,耳边只有风中栎树的枝叶发出的不安声响。随即,她重复了一句上帝在该隐(Cain)杀死兄弟亚伯(Abel)时所说的话:"有声音从地里哀告。"

致　谢

对于为这一研究项目做出贡献的各位,我深表感谢,其中,最为重要的,莫过于信任我,将自身遭遇与我分享,同时鼓励我更深挖掘的奥色治人。这么多年来,很多奥色治人与作者分享的不仅仅是他们的看法,更有他们的友谊。谨此特别鸣谢玛吉·伯克哈特、凯瑟琳·雷德·科恩、查尔斯·雷德·科恩(Charles Red Corn)、雷蒙德·莱德·科恩(Raymond Red Corn)、乔·康纳(Joe Conner)、多洛蕾丝·古德伊格尔(Dolores Goodeagle)、丹尼斯·麦考利夫、埃尔西·帕琴、马文·斯蒂普森、玛丽·乔·韦伯,以及业已去世的约吉·托尔·奇夫(Jozi Tall Chief)。

长期漂泊的研究生涯,让我结识了其他很多慷慨大度的人士。其中,已经过世的玛莎·沃恩及其堂弟梅尔维尔,跟我分享了与其祖父相关的许多真知灼见。汤姆·怀特的亲属——包括詹姆斯·怀特(James M. White)、琼·怀特(Jean White)、约翰·希恩·怀特(John Sheehan White)以及汤姆·怀特三世(Tom White III),都提供了堪称无价的重要消息来源。同样重要的,还包括汤姆·怀特三世的妻子,挖掘、洗印了很多档案照片的斯泰罗斯(Styrous)。亚历山德拉·桑兹(Alexandra Sands)透露了她的祖父,曾担任过卧底探员的詹姆斯·亚历山大·斯特里特(James Alexander Street)的很多细节。老弗兰克·帕克(Frank Parker Sr.)给作者寄来了他父亲,另外一位卧底探员尤金·帕克(Eugene Parker)的照片及文献。霍默·芬卡侬(Homer Fincannon)和他的兄弟比尔(Bill),跟我分享了其曾外祖父科姆斯托克的大量宝贵信息。

很多学者、专家耐心解答了作者永无止境的提问。精研奥色治文化的人类学家加里克·贝利,远超一般义务范围,在本书付梓前拨冗通读了全稿,虽然文责自负,但毫无疑问,因为他,本书才能得以更好地成型。

联邦调查局历史学家约翰·福克斯(John F. Fox)也是极其宝贵的无价资料库,同样,前联邦调查局派驻俄克拉何马州探员迪·科德里(Dee Cordry),曾花费多年研究、撰写西部的执法群英。加莱特·哈特内斯(Garrett Hartness)、罗杰·霍尔·劳埃德(Roger Hall Lloyd)以及阿瑟·舒马克(Arthur Shoemaker)将各自对于奥色治郡历史的精深研究无私提供给作者。明尼苏达大学(University of Minnesota)社会学杰出教授大卫·沃德(David A. Ward),将其访谈曾劫持汤姆·怀特为人质的某囚犯的笔记与我分享。

路易丝·雷德·科恩(Louise Red Corn),《比格哈特时报》(*Bighearts Times*)出版人,同时也是一位不知疲倦的记者,和她的丈夫雷蒙德一道,为我找到了很多珍贵的照片,同时无论我何时造访奥色治郡,都会得到他们的热情接待。乔·康纳和他的妻子(卡罗尔),为我敞开家门,将那里变成对相关人士进行访谈的中心场所。盖伊·尼克松(Guy Nixon)对我讲述了自己的奥色治先祖的往事。同时,奥色治自治议会成员阿奇·梅森(Archie L. Mason),则将包括威廉·黑尔及奥色治人合影的那张令人抓狂的全景照片交给了我。

对于一个作者而言,没有什么比纽约公立图书馆内设的"多萝西和刘易斯·卡尔曼学者与作家中心"(Dorothy and Lewis B. Cullman Center for Scholars and Writers)更为令人感到惊喜的礼物了。卡尔曼项目提供的资金,确保我可以长时间心无旁骛地进行研究,深耕这里汗牛充栋的档案馆藏。中心的每个人——琼·斯特劳斯(Jean Strouse)、玛丽·德奥利戈尼(Marie d'Origny)以及保罗·德拉沃达奇(Paul Delaverdac)及其他同事——让我这一年的研究生活高产而快乐。

这种同事关系还为我提供了一个意想不到的资料来源。一天,时任图书馆负责服务的馆长凯文·温克勒(Kevin Winkler)告诉我,他对奥色治谋杀案略有了解。结果,他居然是欧内斯特及布赖恩·伯克哈特的兄弟霍勒斯·伯克哈特的外孙。霍勒斯并未卷入任何犯罪,一般被认为是个好人。温克勒帮助我与他的母亲让·克罗齐(Jean Crouch),以及两位姨妈玛莎·基(Martha Key)和卢比内·萨里特(Rubyane Surritte)联系,这几位都认识欧内斯特,而基——很遗憾,此刻已经去世——还认识莫莉。这三位女性对自己家族的历史直言不讳,还和我共同观看了一段在欧内斯特临去世前拍摄的视频资料,他在录像里回忆了自己的过往生平,还谈到了莫莉。

对于作者的此次研究,还有其他几个机构不可或缺,谨此对于这些机构及其工作人员深表谢意。特别需要感谢美国国家档案馆馆员大卫·费列罗(David S. Ferriero),以及格雷格·博戈尼奇(Greg Bognich)、杰克·厄斯兰德(Jake Ersland)、克里斯蒂娜·琼斯(Christina Jones)、埃米·雷塔(Amy Reytar)、罗德尼·罗丝(Rodney Ross)、芭芭拉·拉斯特(Barbara Rust)等人。同时感谢奥色治部落博物馆的所有人,包括卢·布洛克(Lou Brock)、葆拉·法里德(Paula Farid)及前任馆长凯瑟琳·雷德·科恩。感谢巴特尔斯维尔地区历史博物馆的黛比·尼西(Debbie Neece);感谢俄克拉何马州历史学会的马洛里·科温顿(Mallory Covington)、珍妮弗·戴(Jennifer Day)、蕾切尔·莫斯曼(Rachel Mosman)以及德布拉·奥斯本·斯宾德尔(Debra Osborne Spindle);感谢堪萨斯州历史学会的萨拉·凯克森(Sara Keckeisen)、感谢蒙大拿州历史学会的丽贝卡·科尔(Rebecca Kohl);感谢新墨西哥州立大学图书馆的珍妮弗·查韦斯(Jennifer Chavez);感谢奥色治郡历史学会博物馆的乔伊斯·里昂斯(Joyce Lyons)、雪莉·罗伯茨(Shirley Roberts)以及玛丽·沃伦(Mary K. Warren);感谢亨特郡历史委员会的卡罗尔·泰勒(Carol Taylor);感谢俄克拉何马州立档案馆的卡罗尔·圭里姆斯(Carol Guilliams);感谢得克萨斯州骑警名人堂博物馆的阿曼达·克劳利(Amanda Crowley);感谢美国牛仔及西部遗迹博物馆的凯拉·纽比(Kera Newby);感谢俄克拉何马州立大学西部历史整理项目的克里斯蒂娜·索思韦尔(Kristina Southwell)以及杰奎琳·里斯(Jacquelyn D. Reese)。

下列几位才情过人的研究者,帮助我觅得了散落在全美各个角落的珍贵史料:蕾切尔·克雷格(Rachel Craig)、拉尔夫·埃尔德(Ralph Elder)、杰茜卡·劳狄斯(Jessica Loudis)以及阿曼达·沃德鲁普(Amanda Waldroupe)。我同样对苏珊·李(Susan Lee)感激不尽,这位颇具天赋的记者为本书的完成立下汗马功劳,帮助作者删选文档,同时花费了大量时间核对史实。

阿伦·汤姆林森(Aaron Tomlinson)拍摄了大量奥色治郡的精美照片,是一位再好不过的旅伴。沃伦·科恩(Warren Cohen)、埃隆·格林(Elon Green)以及大卫·格林伯格(David Greenberg)这些伟大的记者同行,更是可以与我分享睿智见解、提供无私帮助的挚友。我的另外一名知己斯蒂芬·梅特卡夫(Stephen Metcalf),本身便是一位聪慧的作家,不厌其烦地帮助我理顺本书的结构。

《纽约时报》方面,我十分庆幸,能够从比自己聪明百倍的人那里汲取批评建议,其中就有亨利·芬德(Henry Finder)、多萝茜·威肯登(Dorothy Wickenden)、里奥·卡里(Leo Carey)、弗吉尼娅·坎侬(Virginia Cannon)、安·戈德斯坦(Ann Goldstein),以及玛丽·诺里斯(Mary Norris)。埃里克·拉奇(Eric Lach)这位孜孜不倦的事实考证派,为我提出了大量宝贵的编辑建议。从伯克哈特·比尔格(Burkhard Bilger)、泰德·弗兰德(Tad Friend)、拉斐·卡查多里安(Raffi Khatchadourian)、拉里萨·麦克法奎尔(Larissa MacFarquhar)、尼克·鲍姆加登(Nick Paumgarten)以及伊丽莎白·皮尔逊-格里菲思(Elizabeth Pearson-Griffiths)处,我受益匪浅。他们审阅了部分乃至全部手稿,帮助我更为透彻地分析论证。在写作方面,从丹尼尔·扎勒维奇(Daniel Zalewski)身上我学到了太多的东西,而他也对手稿进行了点石成金般的斧正。我入职《纽约时报》的时候,大卫·雷姆尼克(David Remnick)便是当之无愧的记者之王,他激励我追逐自己的激情梦想,最终成为一名写作者。

将罗宾斯办公室(Robbins Office)的凯西·罗宾斯(Kathy Robbins)以及大卫·哈尔彭(David Halpern),还有创新艺人经纪公司(CAA)的马修·斯奈德(Matthew Snyder)仅仅形容为最佳的版权代理人,似乎有失公允,除此之外,他们更是我的盟友、密友及伙伴。

身为作者,我十分欣慰于本书最终花落道布尔戴(Doubleday)出版公司,如果没有杰出编辑及出品人比尔·托马斯(Bill Thomas)鼎力相助,出版进程想必会十分艰难。他率先鼓励我追踪这一选题,引领我走过人生的起伏,并以他的智慧和优雅编辑、出版了我的研究成果。本书最终付梓,同样离不开诺普夫道布尔戴出版集团(Knopf Doubleday Publishing Group)总裁桑尼·梅塔(Sonny Mehta)的鼎力支持,离不开道布尔戴的梦幻出版团队,托德·道蒂(Todd Doughty)、苏珊娜·赫兹(Suzanne Herz)、约翰·丰塔纳(John Fontana)、玛丽亚·卡雷拉(Maria Carella)、洛雷恩·海兰(Lorraine Hyland)、玛丽亚·梅西(Maria Massey)、罗丝·库提乌(Rose Courteau)及马戈·希克曼特(Margo Shickmanter)。

十分感谢我的家人。连襟约翰及妻妹妮娜·达恩顿(Nina Darnton)不止一遍通读手稿,给予我持续关注与鼓励。我的兄妹艾莉森(Alison)、爱德华(Edward)等人,更是不可动摇的主心骨。同样感谢我的母亲菲利斯(Phyllis),只有她,才会对于手稿有那般精准的感悟,以及父亲维克托(Victor),他总是给予我鼓励。我唯一希望的,就是自己的爸爸能够在健在时看到本书出版。

最后,还有一群无法用语言表达感谢的人:我的子女,扎卡里(Zachary)和艾拉(Ella),是他们,用捣乱的宠物、美妙的音乐及欢快的笑声塞满整个家,感谢我最伟大的读者,也是我的妻子、挚友与一生所爱——凯拉(Kyra)。

资料来源

本书大量使用了未公开的资料文档,其中包括数千页的联邦调查局档案、大陪审团秘密听证的证言、法庭庭审记录、线人的报告、私家侦探的工作日志、假释、保释记录、私人信笺以及一位参与破案的侦探与他人联合撰写但尚未公开出版的手稿、日记、奥色治部落议会记录、口述史、印第安事务办公室的实地调查记录、国会档案、司法部的内部备忘录及电文、犯罪现场照片、遗嘱及遗言、监护人报告以及谋杀案件中的有罪供述等。上述材料来自于全美各地。某些政府文件,通过所谓《信息自由法》(Freedom of Information Act)获得,同时,本来遭到政府方面编辑删减的联邦调查局文档,也在未经审查的情况下,由一位前执法人员提供给我。更多情况下,当事人,特别是恐怖当道时期受害人的后代,直接将手中掌握的当年私家侦探的相关文件提供给我,同时,通过走访这些当事人的家族后代,我也收集到了很多重要信息。

我还从一些与此相关的新闻报道及其他公开出版物当中获益匪浅。在试图重构奥色治人历史的过程中,如果没有两位奥色治族作者的开创性工作,我势必会迷失方向,他们是历史学家路易斯·伯恩斯以及诗人约翰·约瑟夫·马修斯。除此之外,我还从前加州大学伯克利分校北美印第安人问题专家特里·威尔逊(Terry Wilson)和美国奥色治文化研究领域的顶类人类学者加里克·贝利处学到了很多东西。

作家丹尼斯·麦考利夫、劳伦斯·霍根(Hogan)、迪·科德里以及已经去世的弗雷德·格罗夫,此前都曾就奥色治谋杀事件进行过自己的研究创作,这些作品都大有裨益。同样使我受益匪浅的还有沃登·亚当斯创作的短篇传记《汤姆·怀特:一名执法者的生平》(*Tom White: The Life of a Lawman*)。最后,就埃德加·胡佛以及联邦调查局的组建过程等细节问题,我主要参考了一些经典著作,特别是科特·金特里(Curt Gentry)撰写的《埃德加·胡佛传》(*J. Edgar Hoover*)、桑福德·昂加尔(Sanford Ungar)撰写的《联邦调查局》(*FBI*)、理查德·鲍尔斯(Richard Gid Powers)撰写的《秘密与权力》(*Secrecy and Power*),以及布莱恩·伯勒(Bryan Burrough)撰写的《公敌》(*Public Enemies*)。

在本书的参考文献中,我对于这些以及其他重要史料来源一一做出了标注。如果需要特殊强调,我会明确指出。文本中引用的内容,均出自庭审记录、日记、信笺或其他叙述来源,这里也对其做出说明。当然,从文中可以明确发现是对我本人所言的情况,则不在此列。

档案及未公开的资料

科姆斯托克家族文档,霍默·芬卡侬私人收藏 299

FBI:联邦调查局关于奥色治谋杀案的解密文档

FBI/FOIA:根据《信息自由法》从联邦调查局调取的相关调查记录

HSP:宾夕法尼亚州历史学会(Historical Society of Pennsylvania)

KHS:堪萨斯州历史学会(Kansas Historical Society)

LOC:国会图书馆(Library of Congress)

NARA-CP:国家档案与记录管理局(National Archives and Records Administration, College Park, Md.)

  Record Group 48,内政部文件记录

  Record Group 60,司法部文件记录

  Record Group 65,联邦调查局文件记录

  Record Group 129,监狱管理局文件记录

  Record Group 204,假释检察官办公室文件记录

NARA-DC:国家档案与记录管理局(National Archives and Records Administration, Washington, D.C.)

  立法档案中心文件记录

NARA-FW:国家档案与记录管理局(National Archives and Records Administration, Fort Worth, Tex.)

Record Group 21，美国联邦地区法院文件记录，美国西区联邦地区法院

Record Group 75，印第安事务办公室，奥色治郡派出局

Record Group 118，美国联邦检察官办公室文件记录，俄克拉何马州西区

NMSUL：新墨西哥州立大学图书馆（New Mexico State University Library）

弗雷德·格罗夫文存；里奥·格兰德（Rio Gran de）历史典藏

OHS：俄克拉何马州历史学会（Oklahoma Historical Society）

ONM：奥色治部落博物馆（Osage Nation Museum）

OSARM：俄克拉何马州档案及记录管理局（Oklahoma State Archives and Records Management）

PPL：波哈斯卡公立图书馆（Pawhuska Public Library）

SDSUL：圣迭戈州立大学图书馆（San Diego State University Library）

TSLAC：得克萨斯州立大学图书馆及档案委员会（Texas State Library and Archives Commission）

UOWHC：俄克拉何马州立大学西部历史典藏

沃恩家族文档，玛莎及梅尔维尔·沃恩私人收藏

注 释*

1：人间蒸发

5　In April, millions: For more information on the Osage's notion of the flower-killing moon, see Mathews's *Talking to the Moon*.
5　"gods had left": Ibid., 61.
5　On May 24: My description of Anna Brown's disappearance and the last day she visited Mollie Burkhart's house is drawn primarily from the testimony of witnesses who were present. Many of them spoke several times to different detectives, including FBI agents and private eyes. These witnesses also often testified at a number of court proceedings. For more information, see records at NARA-CP and NARA-FW.
6　"peculiar wasting illness": Quoted in Franks, *Osage Oil Boom*, 117.
6　"Lo and behold": Sherman Rogers, "Red Men in Gas Buggies," *Outlook*, Aug. 22, 1923.
6　"plutocratic Osage": Estelle Aubrey Brown, "Our Plutocratic Osage Indians," *Travel*, Oct. 1922.
6　"red millionaires": William G. Shepherd, "Lo, the Rich Indian!," *Harper's Monthly*, Nov. 1920.
7　"*une très jolie*": Brown, "Our Plutocratic Osage Indians."
7　"circle of expensive": Elmer T. Peterson, "Miracle of Oil," *Independent* (N.Y.), April 26, 1924.
7　"outrivals the ability": Quoted in Harmon, *Rich Indians*, 140.
7　"That lament": Ibid., 179.
8　"even whites": Brown, "Our Plutocratic Osage Indians."
8　"He was not the kind": *Oklahoma City Times*, Oct. 26, 1959.

---

* 注释中所标示的页码为原书页码，即本书边码。

12	Ernest's brothers, Bryan: His birth name was Byron, but he went by Bryan. To avoid any confusion, I have simply used Bryan throughout the text.
12	"All the forces": Statement by H. S. Traylor, U.S. House Subcommittee on Indian Affairs, *Indians of the United States: Investigation of the Field Service*, 202.
12	"very loose morals": Report by Tom Weiss and John Burger, Jan. 10, 1924, FBI.
13	"She was drinking": Grand jury testimony of Martha Doughty, NARA-FW.
14	"Do you know": Grand jury testimony of Anna Sitterly, NARA-FW.
14	"I thought the rain": Ibid.
14	Fueling the unease: Information concerning Whitehorn's disappearance is drawn largely from local newspapers and from private detectives and FBI reports at the National Archives.
14	Genial and witty: It should be noted that one newspaper account says that Whitehorn's wife was part Cherokee. However, the FBI files refer to her as part Cheyenne.
14	"popular among": *Pawhuska Daily Capital*, May 30, 1921.
15	"Oh Papa": Quotations from the hunters come from their grand jury testimony, NARA-FW.
16	"The body was": Report by Weiss and Burger, Jan. 10, 1924, FBI.
16	"It was as black": Grand jury testimony of F. S. Turton, NARA-FW.
16	"That is sure": Grand jury testimony of Andy Smith, NARA-FW.

2：天谴人祸

17	A coroner's inquest: My descriptions of the inquest were drawn primarily from eyewitness testimony, including that of the Shoun brothers. For more information, see records at NARA-CP and NARA-FW.
17	"not faintly": Quoted in A. L. Sainer, *Law Is Justice: Notable Opinions of Mr. Justice Cardozo* (New York: Ad Press, 1938), 209.
18	"A medical man": Quoted in Wagner, *Science of Sherlock Holmes*, 8.
19	"She's been shot": Grand jury testimony of Andy Smith, NARA-FW.
19	"An officer was": Quoted in Cordry, *Alive If Possible—Dead If Necessary*, 238.
20	"terror to evil": Thoburn, *Standard History of Oklahoma*, 1833.
20	"I had the assurance": Grand jury testimony of Roy Sherrill, NARA-FW.
20	"religion, law enforcement": *Shawnee News*, May 11, 1911.
20	"The brains": Grand jury testimony of David Shoun, NARA-FW.
21	"keep up the old": Quoted in Wilson, "Osage Indian Women During a Century of Change," 188.
22	Mollie relied: My description of the funeral is drawn primarily from statements by witnesses, including the undertaker, and from my interviews with descendants.
22	"devotion to his": A. F. Moss to M. E. Trapp, Nov. 18, 1926, OSARM.
23	"It was getting": Statement by A. T. Woodward, U.S. House Committee on Indian Affairs, *Modifying Osage Fund Restrictions*, 103.

23 The funeral: The Osage used to leave their dead aboveground, in cairns. When an Osage chief was buried underground, in the late nineteenth century, his wife said, "I said it will be alright if we paint face of my husband; if we wrap blanket around my husband. He wanted to be buried in white man's grave. I said it will be all right. I said we will paint face of my husband and he will not be lost in heaven of Indian."
24 "It filled my little": From introduction to Mathews, *Osages.*

3：众山之王
25 "TWO SEPARATE MURDER": *Pawhuska Daily Capital,* May 28, 1921.
25 "set adrift": Louis F. Burns, *History of the Osage People,* 442.
26 "Some day": *Modesto News-Herald,* Nov. 18, 1928.
26 So Mollie turned: My portrait of William Hale is drawn from a number of sources, including court records, Osage oral histories, FBI files, contemporaneous newspaper accounts, Hale's correspondence, and my interviews with descendants.
26 "fight for life": Sargent Prentiss Freeling in opening statement, *U.S. v. John Ramsey and William K. Hale,* Oct. 1926, NARA-FW.
27 "He is the most": Article by Merwin Eberle, "'King of Osage' Has Had Long Colorful Career," n.p., OHS.
27 "like a leashed animal": *Guthrie Leader,* Jan. 5, 1926.
27 "high-class gentleman": Pawnee Bill to James A. Finch, n.d., NARA-CP.
27 "Some did hate": C. K. Kothmann to James A. Finch, n.d., NARA-CP.
29 "I couldn't begin": M. B. Prentiss to James A. Finch, Sept. 3, 1935, NARA-CP.
29 "I never had better": Hale to Wilson Kirk, Nov. 27, 1931, ONM.
29 "We were mighty": *Tulsa Tribune,* June 7, 1926.
29 "willing to do": J. George Wright to Charles Burke, June 24, 1926, NARA-CP.
30 "How did she go": Testimony of Mollie Burkhart before tribal attorney and other officials, NARA-FW.
30 "When you brought": Coroner's inquest testimony of Bryan Burkhart, in bureau report, Aug. 15, 1923, FBI.
31 "You understand": Grand jury testimony of Ernest Burkhart, NARA-FW.
31 "the greatest criminal": Boorstin, *Americans,* 81.
32 "perhaps any": James G. Findlay to William J. Burns, April 23, 1923, FBI.
32 "the meanest man": McConal, *Over the Wall,* 19.
32 "diseased mind": *Arizona Republican,* Oct. 5, 1923.
33 "This may have": Private detective logs included in report, July 12, 1923, FBI.
33 "absolutely no": Ibid.
34 "Honorable Sir": *Pawhuska Daily Capital,* July 29, 1921.
34 "ANNA BROWN": *Pawhuska Daily Capital,* July 23, 1921.

34	"There's a lot": Quoted in Crockett, *Serial Murderers*, 352.
34	"If you want": Roff, *Boom Town Lawyer in the Osage*, 106.
35	"would not lie": Ibid., 107.
35	"sausage meat": Grand jury testimony of F. S. Turton, NARA-FW.
35	"the hands of parties": *Pawhuska Daily Capital*, May 30, 1921.
36	"*Have pity*": Frank F. Finney, "At Home with the Osages," Finney Papers, UOWHC.

4: 地下宝藏

37	The money had: In describing the history of the Osage, I benefited from several excellent accounts. See Louis F. Burns, *History of the Osage People;* Mathews, *Wah'kon-Tah;* Wilson, *Underground Reservation;* Tixier, *Tixier's Travels on the Osage Prairies;* and Bailey, *Changes in Osage Social Organization*. I also drew on field reports and Tribal Council documents held in the Records of the Osage Indian Agency, NARA-FW.
37	"we must stand": Louis F. Burns, *History of the Osage People*, 140.
37	"finest men": Ibid.
37	"It is so long": Quoted in Ambrose, *Undaunted Courage*, 343.
38	"to make the enemy": Mathews, *Osages*, 271.
38	Lizzie also grew up: Existing records do not indicate her Osage name.
39	"industrious": Probate records of Mollie's mother, Lizzie, "Application for Certificate of Competency," Feb. 1, 1911, NARA-FW.
39	"The race is": Tixier, *Tixier's Travels on the Osage Prairies*, 191.
39	"the beast vomits": Ibid., 192.
39	"I am perfectly": Quoted in Brown, *Frontiersman*, 245.
40	"Why don't you": Wilder, *Little House on the Prairie*, 46–47.
40	"The question will": Quoted in Wilson, *Underground Reservation*, 18.
40	"broken, rocky": Isaac T. Gibson to Enoch Hoag, in *Report of the Commissioner of Indian Affairs to the Secretary of the Interior for the Year 1871*, 906.
40	"My people": Mathews, *Wah'kon-Tah*, 33–34.
41	"The air was filled": Quoted in Louis F. Burns, *History of the Osage People*, 448.
41	the most significant: The Office of Indian Affairs was renamed the Bureau of Indian Affairs in 1947.
42	"This little remnant": Gibson to Hoag, in *Report of the Commissioner of Indian Affairs to the Secretary of the Interior for the Year 1871*, 487.
42	"It was like": Finney and Thoburn, "Reminiscences of a Trader in the Osage Country," 149.
42	"every buffalo dead": Quoted in Merchant, *American Environmental History*, 20.
42	"We are not dogs": Mathews, *Wah'kon-Tah*, 30.
43	"Tell these gentlemen": Information on the Osage delegation, including any quotations, comes from Mathews's account in ibid., 35–38.

44	"Likewise his daughters": Frank F. Finney, "At Home with the Osages."
46	"There lingers memories": Ibid.
46	"The Indian must conform": Louis F. Burns, *History of the Osage People*, 91.
47	"for ambush": Mathews, *Wah'kon-Tah*, 79.
47	"big, black mouth": Mathews, *Sundown*, 23.
48	"It is impossible": Quoted in McAuliffe, *Deaths of Sybil Bolton*, 215–16.
49	"His ears are closed": Mathews, *Wah'kon-Tah*, 311.
49	"A RACE FOR LAND": *Daily Oklahoma State Capital*, Sept. 18, 1893.
49	"Men knocked": *Daily Oklahoma State Capital*, Sept. 16, 1893.
51	"Let him, like these whites": Quoted in Trachtenberg, *Incorporation of America*, 34.
51	"great storm": *Wah-sha-she News*, June 23, 1894.
52	"to keep his finger": Russell, "Chief James Bigheart of the Osages," 892.
52	"the most eloquent": Thoburn, *Standard History of Oklahoma*, 2048.
52	"That the oil": Quoted in *Leases for Oil and Gas Purposes, Osage National Council*, 154.
53	"I wrote": *Indians of the United States: Investigation of the Field Service*, 398.
53	Like others on the Osage tribal roll: Many white settlers managed to finagle their way onto the roll and eventually reaped a fortune in oil proceeds that belonged to the Osage. The anthropologist Garrick Bailey estimated that the amount of money taken from the Osage was at least $100 million.
53	"Bounce, you cats": Quoted in Franks, *Osage Oil Boom*, 75.
53	"ack like tomorrow": Mathews, *Life and Death of an Oilman*, 116.
53	"It was pioneer days": Gregory, *Oil in Oklahoma*, 13–14.
54	"Are they dangerous": Quoted in Miller, *House of Getty*, 1881.

5: 恶魔门徒

56	"the foulness": Probate records of Anna Brown, "Application for Authority to Offer Cash Reward," NARA-FW.
56	"We've got to stop": H. L. Macon, "Mass Murder of the Osages," *West*, Dec. 1965.
56	"failing to enforce": *Ada Weekly News*, Feb. 23, 1922.
57	"turned brutal crimes": Summerscale, *Suspicions of Mr. Whicher*, xii.
57	"to detect": For more on the origin of the phrase "the devil's disciples," see Lukas, *Big Trouble*, 76.
57	"depart from": Pinkerton's National Detective Agency, *General Principles and Rules of Pinkerton's National Detective Agency*, LOC.
57	"miserable snake": McWatters, *Knots Untied*, 664–65.
58	"I fought in France": Shepherd, "Lo, the Rich Indian!"
58	"My name is": William J. Burns, *Masked War*, 10.
59	"perhaps the only": *New York Times*, Dec. 4, 1911.
60	"a thousand times": Quoted in Hunt, *Front-Page Detective*, 104.
60	That summer: Descriptions of the activities of the private eyes derive

	from their daily logs, which were included in bureau reports by James Findlay, July 1923, FBI.
60	"Mathis and myself": Report by Findlay, July 10, 1923, FBI.
60	"Everything was": Grand jury testimony of Anna Sitterly, NARA-FW.
61	"This call seems": Report by Findlay, July 10, 1923, FBI.
61	"General suspicion": Ibid.
62	"Consequently I left": Ibid.
62	"The watchful Detective": Pinkerton's National Detective Agency, *General Principles and Rules of Pinkerton's National Detective Agency*, LOC.
62	"weakens the whole": Ibid.
62	"shot her": Report by Findlay, July 13, 1923, FBI.
63	"clue that seems": Ibid.
63	"We are going": Report by Findlay, July 10, 1923, FBI.
63	"she came out": *Mollie Burkhart et al. v. Ella Rogers*, Supreme Court of the State of Oklahoma, NARA-FW.
63	"a love that": Ibid.
64	"prostituting the sacred bond": Ibid.
65	"Burns was the first": "Scientific Eavesdropping," *Literary Digest*, June 15, 1912.
65	"a little baby": Grand jury testimony of Bob Carter, NARA-FW.
66	"The fact he": In proceedings of *Ware v. Beach*, Supreme Court of the State of Oklahoma, Comstock Family Papers.
66	"Operative shadowed": Report by Findlay, July 13, 1923, FBI.
67	"endowed with": Christison, *Treatise on Poisons in Relation to Medical Jurisprudence, Physiology, and the Practice of Physic*, 684.
67	"agitated and trembles": Ibid.
68	"untrained": Oscar T. Schultz and E. M. Morgan, "The Coroner and the Medical Examiner," *Bulletin of the National Research Council*, July 1928.
68	"kind-hearted": *Washington Post*, Nov. 17, 1935.
68	"Be careful": *Washington Post*, Sept. 6, 1922.
69	"the most brutal": *Washington Post*, July 14, 1923.
69	"CONSPIRACY BELIEVED": *Washington Post*, March 12, 1925.

6：百万桑榆

70	"'MILLIONAIRES' SPECIAL'": *Pawhuska Daily Journal*, March 18, 1925.
70	"PAWHUSKA GIVES": *Pawhuska Daily Capital*, June 14, 1921.
70	"MEN OF MILLIONS": *Pawhuska Daily Capital*, April 5, 1923.
70	"Osage Monte Carlo": Rister, *Oil!*, 190.
70	"Brewster, the hero": *Daily Oklahoman*, Jan. 28, 1923.
71	"There is a touch": *Ada Evening News*, Dec. 24, 1924.
72	"Come on boys": *Daily Journal-Capital*, March 29, 1928.
72	"It was not unusual": Gunther, *The Very, Very Rich and How They Got That Way*, 124.

73	"the oil men": Quoted in Allen, *Only Yesterday*, 129.
73	"I understand": Quoted in McCartney, *The Teapot Dome Scandal*, 113.
73	"Veterans of": *Pawhuska Daily Capital*, April 6, 1923.
73	On January 18: My description of the auction is drawn from local newspaper articles, particularly a detailed account in the *Daily Oklahoman*, Jan. 28, 1923.
74	"the finest building": Thoburn, *Standard History of Oklahoma*, 1989.
74	"What am I": *Daily Oklahoman*, Jan. 28, 1923.
76	"Where will it": Shepherd, "Lo, the Rich Indian!"
76	"The Osage Indian": Brown, "Our Plutocratic Osage Indians."
76	"merely because": Quoted in Harmon, *Rich Indians*, 181.
77	"enjoying the bizarre": Ibid., 185.
77	some of the spending: For more on this subject, see ibid.
77	"the greatest, gaudiest": F. Scott Fitzgerald, *The Crack-Up* (1945; repr., New York: New Directions, 2009), 87.
78	"To me, the purpose": Gregory, *Oil in Oklahoma*, 40.
78	"The last time": Ibid., 43.
78	"like a child": *Modifying Osage Fund Restrictions*, 73.
78	"racial weakness": From the decision in the case of *Barnett v. Barnett*, Supreme Court of Oklahoma, July 13, 1926.
78	"Let not that": *Indians of the United States: Investigation of the Field Service*, 399.
79	"I have visited": H. S. Traylor to Cato Sells, in *Indians of the United States: Investigation of the Field Service*, 201.
79	"Every white man": Ibid., 204.
79	"There is a great": *Modifying Osage Fund Restrictions*, 60.
80	"We have many little": *Pawhuska Daily Capital*, Nov. 19, 1921.
80	"a flock of buzzards": Transcript of proceedings of the Osage Tribal Council, Nov. 1, 1926, ONM.
80	"Will you please": *Pawhuska Daily Capital*, Dec. 22, 1921.
80	"bunched us": *Indians of the United States: Investigation of the Field Service*, 281.

7：厚黑之事

81	One day, two men: My description of the discovery of Roan's body and the autopsy comes from the testimony of the witnesses present, including the lawmen. For more information, see records at NARA-FW and NARA-CP.
81	"He must be drunk": Grand jury testimony of J. R. Rhodes, NARA-FW.
81	"I seen he": Ibid.
82	"Roan considered": Pitts Beatty to James A. Finch, Aug. 21, 1935, NARA-CP.
82	"We were good": Lamb, *Tragedies of the Osage Hills*, 178.
83	"Henry, you better": Testimony of William K. Hale, *U.S. v. John Ramsey and William K. Hale*, Oct. 1926, NARA-FW.

83 "truly a valley": *Tulsa Daily World,* Aug. 19, 1926.
83 "his hands folded": Grand jury testimony of J. R. Rhodes, NARA-FW.
83 "$20 in greenback": Ibid.
83 "HENRY ROAN SHOT": *Osage Chief,* Feb. 9, 1923.
84 *"Man's judgment errs"*: Charles W. Sanders, *The New School Reader, Fourth Book: Embracing a Comprehensive System of Instruction in the Principles of Elocution with a Choice Collection of Reading Lessons in Prose and Poetry, from the Most Approved Authors; for the Use of Academies and Higher Classes in Schools, Etc.* (New York: Vison & Phinney, 1855), 155.
84 And so she decided: Mollie's secrecy regarding her marriage to Roan was later revealed in *U.S. v. John Ramsey and William K. Hale,* Oct. 1926, NARA-FW.
85 "Travel in any direction": *Daily Oklahoman,* Jan. 6, 1929.
85 "do away with her": Report by Findlay, July 13, 1923, FBI.
85 "paralyzing fear": Unpublished nonfiction account by Grove with White, NMSUL.
85 "dark cloak": *Manitowoc Herald-Times,* Jan. 22, 1926.
85 Bill Smith confided: My description of Bill and Rita Smith during this period and of the explosion is drawn largely from witness statements made to investigators and during court proceedings; some details have also been gleaned from local newspaper accounts and the unpublished nonfiction account by Grove with White. For more information, see records at NARA-CP and NARA-FW.
85 "Rita's scared": Unpublished nonfiction account by Grove with White, NMSUL.
86 "Now that we've moved": Ibid.
86 "expect to live": Report by Wren, Oct. 6, 1925, FBI.
86 "county's most notorious": *Osage Chief,* June 22, 1923.
86 "I'm going to die": Shoemaker, *Road to Marble Hills,* 107.
88 "It seemed that the night": Unpublished nonfiction account by Grove with White, NMSUL.
88 "It shook everything": Statement by Ernest Burkhart, Jan. 6, 1926, FBI.
89 "It's Bill Smith's house": Quoted in Hogan, *Osage Murders,* 66.
89 "It just looked": Quoted in Gregory, *Oil in Oklahoma,* 56.
89 "Come on men": *Osage Chief,* March 16, 1923.
90 "He was halloing": Grand jury testimony of David Shoun, NARA-FW.
90 "Rita's gone": Unpublished nonfiction account by Grove with White, NMSUL.
90 "Some fire": Report by Wren, Dec. 29, 1925, FBI.
90 "blown to pieces": Grand jury testimony of Horace E. Wilson, NARA-FW.
90 "I figured": Grand jury testimony of F. S. Turton, NARA-FW.
90 "The time of the deed": Report by Burger and Weiss, Aug. 12, 1924, FBI.

92	"They got Rita": Report by Frank Smith, James Alexander Street, Burger, and J. V. Murphy, Sept. 1, 1925, FBI.
92	"He just kind": Grand jury testimony of Robert Colombe, NARA-FW.
92	"I tried to get": Grand jury testimony of David Shoun, NARA-FW.
92	"beyond our power": *Osage Chief,* March 16, 1923.
92	"should be thrown": Report by Wren, Dec. 29, 1925, FBI.
93	"loose upon": *Indiana Evening Gazette,* Sept. 20, 1923.
93	Amid this garish corruption: Details of Vaughan's investigation and murder were drawn from several sources, including FBI records, newspaper accounts, the Vaughan family's private papers, and interviews with descendants.
93	"parasite upon": Advertisement for Vaughan's candidacy for county attorney, Vaughan Family Papers.
93	"help the needy": Student file of George Bigheart, accessible on Dickinson College's Carlisle Indian School Digital Resource Center website and held in Record Group 75, Series 1327, at NARA-DC.
94	"OWNER VANISHES": *Tulsa Daily World,* July 1, 1923.
94	"Yes, sir, and had": Grand jury testimony of Horace E. Wilson, NARA-FW.
95	"shot in lonely": *Literary Digest,* April 3, 1926.
96	"dark and sordid": *Manitowoc Herald-Times,* Jan. 22, 1926.
96	"bloodiest chapter": John Baxter, "Billion Dollar Murders," Vaughan Family Papers.
96	"I didn't want": Grand jury testimony of C. A. Cook, NARA-FW.
96	"WHEREAS, in no": Report by Frank V. Wright, April 5, 1923, FBI.
96	part-Kaw, part-Osage: Charles Curtis would later serve as vice president of the United States during the administration of Herbert Hoover.
97	"Demons": Palmer to Curtis, Jan. 28, 1925, FBI.
97	"Lie still": Testimony of Frank Smith, included in Ernest Burkhart's clemency records, NARA-CP.
98	"a horrible monument": Bureau report titled "The Osage Murders," Feb. 3, 1926, FBI.
98	"in failing health": Mollie Burkhart's guardian records, Jan. 1925, NARA-CP.

8：贱货机关

103	"important message": White to Hoover, Nov. 10, 1955, FBI/FOIA.
104	"as God-fearing": Tracy, "Tom Tracy Tells About—Detroit and Oklahoma."
105	"bureaucratic bastard": Quoted in Gentry, *J. Edgar Hoover,* 112.
105	"In those days": Transcript of interview with Tom White, NMSUL.
105	"rough and ready": James M. White (Doc White's grandnephew), interview with author.

106 "bullet-spattered": Hastedt, "White Brothers of Texas Had Notable FBI Careers."
106 During the Harding: For more information on J. Edgar Hoover and the early history of the FBI, see Gentry's *J. Edgar Hoover;* Ungar's *FBI;* Powers's *Secrecy and Power;* and Burrough's *Public Enemies.* For more background on the Teapot Dome scandal, see McCartney's *Teapot Dome Scandal;* Dean's *Warren G. Harding;* and Stratton's *Tempest over Teapot Dome.*
106 "illegal plots": Quoted in Lowenthal, *Federal Bureau of Investigation,* 292.
107 "Every effort": Quoted in Gentry, *J. Edgar Hoover,* 129.
108 "gilded favoritism": *Cincinnati Enquirer,* March 14, 1924.
108 "I was very much": J. M. Towler to Hoover, Jan. 6, 1925, FBI/FOIA.
108 "You brought credit": Hoover to Verdon Adams, Oct. 19, 1970, FBI/FOIA.
109 "We were a bunch": Quoted in Burrough, *Public Enemies,* 51.
110 "any continued": C. S. Weakley to Findlay, Aug. 16, 1923, FBI.
110 "unfavorable comment": W. D. Bolling to Hoover, April 3, 1925, FBI.
110 "undercover man": Report by Weiss and Burger, May 24, 1924, FBI.
111 "We expect splendid": Ibid.
111 "a number of officers": Findlay to Eberstein, Feb. 5, 1925, FBI.
111 "responsible for failure": Hoover to Bolling, March 16, 1925, FBI.
111 "I join in": Palmer to Curtis, Jan. 28, 1925, FBI.
111 "acute and delicate": Hoover to White, Aug. 8, 1925, FBI/FOIA.
111 "This Bureau": Hoover to White, May 1, 1925, FBI/FOIA.
112 "I want you": Transcript of interview with White, NMSUL.
112 "office is probably": Hoover to White, Sept. 21, 1925, FBI/FOIA.
112 "I am human": White to Hoover, Aug. 5, 1925, FBI/FOIA.
112 "There can be no": Hoover to Bolling, Feb. 3, 1925, FBI.

9：卧底牛仔

113 "The two women": Report by Weiss and Burger, April 29, 1924, FBI.
115 "unbroken chain": Transcript of interview with White, NMSUL.
115 "almost universal": Report by Weiss and Burger, Aug. 12, 1924, FBI.
115 "I'll assign as many": Transcript of interview with White, NMSUL.
115 These agents were still: Information on the members of Tom White's team comes largely from the agents' personnel files, which were obtained through the Freedom of Information Act; White's FBI reports, letters, and writings; newspaper accounts; and the author's interviews with descendants of the agents.
116 White first recruited: The former New Mexico sheriff was named James Alexander Street.
116 White then enlisted: Eugene Hall Parker was the former Texas Ranger who was part of White's undercover team.
116 "where there is": Personnel file of Parker, April 9, 1934, FBI/FOIA.

116　In addition, White: The deep undercover operative was an agent named Charles Davis.
116　"Pistol and rifle": Personnel file of Smith, Aug. 13, 1932, FBI/FOIA.
116　"the older type": Personnel file of Smith, Oct. 22, 1928, FBI/FOIA.
116　"He is exceedingly": Louis DeNette to Burns, June 2, 1920, FBI.
117　"Unless you measure": Hoover to Wren, March 28, 1925, FBI/FOIA.
117　"The Indians, in general": Report by Weiss and Burger, Dec. 31, 1923, FBI. Prior to Tom White's taking over the investigation, Burger had worked on the case with Agent Tom F. Weiss; all of Burger's reports were filed jointly with him.
117　"any of these dissolute": Report by Weiss, Nov. 19, 1923, FBI.
118　"PROCEED UNDER COVER": Harold Nathan to Gus T. Jones, Aug. 10, 1925, FBI.

10：排除万难

119　One after the other: My descriptions of the bureau's investigations into the murders come from several sources, including FBI reports; agent's personnel files; grand jury testimony; court transcripts; and White's private correspondence and writings.
119　Finally, Agent Wren arrived: Wren also pretended at times to be representing certain cattle interests.
119　"Wren had lived": White to Hoover, Feb. 2, 1926, FBI/FOIA.
120　"My desk was": Grand jury testimony of Horace E. Wilson, NARA-FW.
120　"I don't know": Ibid.
120　"made a diligent": Grand jury testimony of David Shoun, NARA-FW.
121　"When you have eliminated": Arthur Conan Doyle, *The Sign of Four* (London: Spencer Blackett, 1890), 93.
121　"It is a matter": Report by Weiss, Sept. 1, 1923, FBI.
122　"I never had a quarrel": Report by Burger and Weiss, April 22, 1924, FBI.
122　"very self-contained": Ibid.
122　"Were you thick": Report by Weakley, Aug. 7, 1923, FBI.
122　"We interviewed": Report by Weiss and Burger, Feb. 2, 1924, FBI.
122　"unusually shrewd": Ibid.
123　"Talks and smokes": Ibid.
123　"This arrangement": Ibid.
123　"He may efface": Tarbell, "Identification of Criminals."
123　When Hoover became: The bureau's Identification Division initially collected fingerprints from files maintained by the U.S. Penitentiary in Leavenworth penitentiary and by the International Association for Chiefs of Police.
124　"the guardians of civilization": Quoted in Powers, *Secrecy and Power*, 150.
124　"We have his picture": Report by Weiss and Burger, Feb. 2, 1924, FBI.

124	He reported back: Morrison initially claimed, falsely, that Rose implicated her boyfriend.
124	"Why'd you do it": Report by Weiss and Burger, Feb. 2, 1924, FBI.
124	"If he is not": Report by Weiss and Burger, Aug. 16, 1924, FBI.

11：第三之人

126	"I do not understand": Hoover to White, June 2, 1926, FBI.
126	"interesting observation": Hoover to Bolling, June 1925, FBI.
129	"paid by suspects": Weiss and Burger to William J. Burns, March 24, 1924, FBI.
130	"We old fellows": Grand jury testimony of Ed Hainey, NARA-FW.
130	"There was Indians": Trial testimony of Berry Hainey, *State of Oklahoma v. Kelsie Morrison*, OSARM.
130	"They went straight": Report by Weakley, Aug. 15, 1923, FBI.
130	"perjured himself": Report by Weiss and Burger, Jan. 8, 1924, FBI.
131	"Third man is": Report by Weiss and Burger, Jan. 10, 1924, FBI.
131	"Stop your foolishness": Ibid.

12：狂野宝鉴

133	"strangle": Report by Smith, Sept. 28, 1925, FBI.
133	"seen part": Ibid.
133	"information contained": Findlay to Burns, Dec. 19, 1923, FBI.
133	"handed to": Eustace Smith to Attorney General, March 15, 1925, FBI.
134	"reprehensible": Report by Weiss and Burger, July 2, 1924, FBI.
134	"sole object": Ibid.
134	"frightened out": Report by Weiss and Burger, July 12, 1924, FBI.
134	"son-of-bitches": Report by Weiss and Burger, July 2, 1924, FBI.
134	"Look out": Report by Weiss and Burger, Aug. 16, 1924, FBI.
134	"Keep your balance": Transcript of interview with White, NMSUL.
135	"has known": Report by Weiss and Burger, Feb. 11, 1924, FBI.
135	"It is quite": Report by Weiss and Burger, April 11, 1924, FBI.
135	"Pike will have": Report by Weiss and Burger, Aug. 14, 1924, FBI.
136	"shape an alibi": Grand jury testimony of Elbert M. Pike, NARA-FW.
136	"discuss this case": Report by Weiss, Nov. 19, 1923, FBI.

13：刽子手之子

138	"Mr. White belongs": Daniell, *Personnel of the Texas State Government*, 389.
138	"I was raised": Adams, *Tom White*, 6.
139	"BLOOD, BLOOD": *Austin Weekly Statesman*, March 31, 1892.
139	"If a mob attempts": *Bastrop Advertiser*, Aug. 5, 1899.
141	"RAVISHED IN BROAD": *Austin Weekly Statesman*, Sept. 1, 1892.
141	"Truth to tell": *Austin Weekly Statesman*, Nov. 22, 1894.
142	"hung by the neck": *Austin Weekly Statesman*, Nov. 16, 1893.

142 "Let the law": *Austin Weekly Statesman,* Jan. 11, 1894.
142 "Sheriff White has been": *Dallas Morning News,* Jan. 13, 1894.
142 "Ed Nichols is": Ibid.
143 "He kicked": Adams, *Tom White,* 8.
143 "Every school boy": Quoted in Parsons, *Captain John R. Hughes,* 275.
144 "Get all the evidence": Leonard Mohrman, "A Ranger Reminisces," *Texas Parade,* Feb. 1951.
144 "the same as a cowpuncher": Transcript of interview with Tom White, NMSUL.
144 "Here was a scene": Quoted in Robinson, *Men Who Wear the Star,* 79.
144 Tom learned to be a lawman: Tom White practiced firing his six-shooter. It was the Rangers who had recognized the revolutionary power of these repeat revolvers, after long being overmatched by American Indian warriors who could unleash a barrage of arrows before the lawmen could reload their single-shot rifles. In 1844, while testing out a Colt five-shooter, a group of Rangers overran a larger number of Comanche. Afterward, one of the Rangers informed the gun maker Samuel Colt that with improvements the repeat revolver could be rendered "the most perfect weapon in the world." With this Ranger's input, Colt designed a lethal six-shooter—"a stepchild of the West," as one historian called it—that would help to irrevocably change the balance of power between the Plains tribes and the settlers. Along its cylinder was engraved a picture of the Rangers' victorious battle against the Comanche.
144 You picked up: To hone his aim, White practiced shooting on virtually any moving creature: rabbits, buzzards, even prairie dogs. He realized that being an accurate shot was more important than being the fastest draw. As his brother Doc put it, "What good is it to be quick on the draw if you're not a sure shot?" Doc said a lot of the legends about Western gunmen were "hooey": "All that business about Wyatt Earp being a quick draw artist is exaggerated. He was just a good shot."
146 "You don't never": Adams, *Tom White,* 19.
146 "the lawless element": Ben M. Edwards to Frank Johnson, Jan. 25, 1908, TSLAC.
146 "We had nothing": Hastedt, "White Brothers of Texas Had Notable FBI Careers."
146 "avoid killing": Adams, *Tom White,* 16.
147 "An officer who": Quoted in Parsons, *Captain John R. Hughes,* xvii.
147 "the Sheriff has": Thomas Murchinson to Adjutant General, March 2, 1907, TSLAC.
147 "I am shot all": Quoted in Alexander, *Bad Company and Burnt Powder,* 240.
148 "Tom's emotional struggle": Adams, *Tom White,* 24.
148 "proved an excellent": Adjutant General to Tom Ross, Feb. 10, 1909, TSLAC.

149 "fell, and did not get up": *Beaumont Enterprise,* July 15, 1918.
149 "One wagon sheet": Adjutant General to J. D. Fortenberry, Aug. 1, 1918, TSLAC.

14：临终遗言

152 "If Bill Smith": Grand jury testimony of David Shoun, NARA-FW.
152 "often leave": Ibid.
152 "If she says": Ibid.
152 "He never did say": Grand jury testimony of James Shoun, NARA-FW.
152 "Gentlemen, it is a mystery": Grand jury testimony of David E. Johnson, NARA-FW.
152 "You know, I only": Ibid.
152 "I would hate": Grand jury testimony of James Shoun, NARA-FW.
153 "If he did": Report of Smith, Street, Burger, and Murphy, Sept. 1, 1925, FBI.
153 "You understand in your study of": Grand jury testimony of David Shoun, NARA-FW.
153 "Did he know what": Ibid.
154 "The blackest chapter": *Survey of Conditions of Indians,* 23018.
155 "an orgy of graft": Gertrude Bonnin, "Oklahoma's Poor Rich Indians: An Orgy of Graft and Exploitation of the Five Civilized Tribes and Others," 1924, HSP.
155 "shamelessly and openly": Ibid.
155 "A group of traders": *St. Louis Post-Dispatch,* May 10, 1925.
156 "For her and her": Memorandum by Gertrude Bonnin, "Case of Martha Axe Roberts," Dec. 3, 1923, HSP.
156 "There is no hope": Ibid.
156 "Your money": Shepherd, "Lo, the Rich Indian!"

15：真实嘴脸

157 "controlled everything": Report by Wren, Davis, and Parker, Sept. 10, 1925, FBI.
158 "Hells bells": Grand jury testimony of John McLean, NARA-FW.
158 "drunken Indian": Ibid.
158 "I don't think it": Grand jury testimony of Alfred T. Hall, NARA-FW.
159 "I knew the questions": *Tulsa Tribune,* Aug. 6, 1926.
159 "Photographs taken by means": Bert Farrar to Roy St. Lewis, Dec. 22, 1928, NARA-FW.
160 "Absolutely": Grand jury testimony of John McLean, NARA-FW.
160 "Bill, what are you": Grand jury testimony of W. H. Aaron, NARA-FW.
160 "Hell, yes": *U.S. v. John Ramsey and William K. Hale,* Oct. 1926, NARA-FW.
160 "If I were you": Unpublished nonfiction account by Grove with White, NMSUL.

160 "notorious relations": Report by Burger and Weiss, Aug. 12, 1924, FBI.
161 "I, like many": Hale's application for clemency, Nov. 15, 1935, NARA-CP.
161 "is absolutely controlled": Report by Wright, April 5, 1923, FBI.
161 "capable of anything": Report by Weiss and Burger, Jan. 10, 1924, FBI.
162 "MOLLIE appears": Report titled "The Osage Murders," Feb. 3, 1926, FBI.

16：部门利益

164 "many new angles": Edwin Brown to Hoover, March 22, 1926, FBI/FOIA.
164 "a crook and": Report by Wren, Oct. 6, 1925, FBI.
165 "dominated local": Report titled "Osage Indian Murder Cases," July 10, 1953, FBI.
165 "conditions have": Hoover to White, Nov. 25, 1925, FBI/FOIA.
165 "slender bundle": Quoted in Nash, *Citizen Hoover*, 23.
165 Hoover wanted the new: For more information regarding Hoover's transformation of the bureau, see Gentry, *J. Edgar Hoover*; Powers, *Secrecy and Power*; Burrough, *Public Enemies*; and Ungar, *F.B.I.* For more on the dark side of Progressivism, also see Thomas C. Leonard's journal articles "American Economic Reform in the Progressive Era" and "Retrospectives."
166 "days of 'old sleuth'": *San Bernardino County Sun*, Dec. 31, 1924.
166 "scrapped the old": Quoted in Powers, *Secrecy and Power*, 146.
166 "He plays golf": *San Bernardino County Sun*, Dec. 31, 1924.
166 "I regret that": Hoover to White, Sept. 21, 1925, FBI/FOIA.
166 "I have caused": Hoover to White, May 1, 1925, FBI/FOIA.
167 "You either improve": Quoted in Gentry, *J. Edgar Hoover*, 149.
167 "I believe that when": Hoover to White, April 15, 1925, FBI/FOIA.
167 "I'm sure he would": Quoted in Gentry, *J. Edgar Hoover*, 67.
169 "supposed to know": Tracy, "Tom Tracy Tells About—Detroit and Oklahoma."
169 "honest till": Adams, *Tom White*, 133.
169 "I feel that I": White to Hoover, Sept. 28, 1925, FBI/FOIA.
169 "with the betterment": White to Hoover, June 10, 1925, FBI/FOIA.
169 "I do not agree": Memorandum for Hoover, May 12, 1925, FBI/FOIA.
170 "The first thing": Quoted in Gentry, *J. Edgar Hoover*, 170.
170 "directed against": Quoted in Powers, *Secrecy and Power*, 154.

17：神笔大盗

171 "diaspora": Mary Jo Webb, interview with author.
171 "I made peace": *Osage Chief*, July 28, 1922.
172 "Gregg is 100 percent": Report by Weiss and Burger, Aug. 12, 1924, FBI.
172 "A very small man": White to Grove, June 23, 1959, NMSUL.
172 "a cold cruel": Criminal record of Dick Gregg, Jan. 9, 1925, KHS.

172 "gone places": White to Grove, June 23, 1959, NMSUL.
173 "my life would": Report by Weiss and Burger, July 24, 1924, FBI.
173 "Bill Smith and": Statement by Dick Gregg, June 8, 1925, FBI.
173 "That's not my style": Quoted in article by Fred Grove in *The War Chief of the Indian Territory Posse of Oklahoma Westerners 2*, no. 1 (June 1968).
174 "on the level": White to Grove, June 23, 1959, NMSUL.
174 "an outlaw": Ibid.
174 "Johnson knows": Report by Weiss and Burger, Aug. 14, 1924, FBI.
174 "HENRY GRAMMER SHOOTS": Lamb, *Tragedies of the Osage Hills*, 119.
175 "CHEROKEES NO MATCH": *Muskogee Times-Democrat*, Aug. 5, 1909.
175 "that Indian deal": Report by Burger, Nov. 30, 1928, FBI.
176 The legendary quick-draw: There were also suspicions that Grammer had been shot as well and had a bullet wound near his left armpit.
176 "taking care": Grand jury testimony of John Mayo, NARA-FW.
176 "Hale knows": Report by Weiss and Burger, July 2, 1924, FBI.
178 "damned neck": Report by Weiss and Burger, Aug. 16, 1924, FBI.
178 "making all the propaganda": Report by Wren, Nov. 5, 1925, FBI.
178 "I'm too slick": Document titled "Osage Indian Murder Cases," July 10, 1953, FBI.
178 "like he owned": Transcript of interview with White, NMSUL.

18：游戏状态

179 "We've been getting": Unpublished nonfiction account by Grove with White, NMSUL. In bureau records, Lawson's first name name is spelled Burt; in other records, it is sometimes spelled Bert. To avoid confusion, I have used Burt throughout the text.
180 "hot Feds": White to Grove, May 2, 1959, NMSUL.
180 "We understand from": Unpublished nonfiction account by Grove with White, NMSUL.
180 "Some time around": Report by Smith and Murphy, Oct. 27, 1925, FBI.
181 "Have confession": White to Hoover, Oct. 24, 1925, FBI.
181 "Congratulations": Hoover to White, Oct. 26, 1925, FBI.
182 "Once, when he": Homer Fincannon, interview with author.
182 "not to drink": Report by Wren, Oct. 6, 1925, FBI.
183 "illness is very suspicious": Edwin Brown to George Wright, July 18, 1925, NARA-CP.
183 "Understand I'm wanted": Unpublished nonfiction account by Grove with White, NMSUL.
184 "like a leashed": *Guthrie Leader*, Jan. 6, 1926.
185 "You could look": Transcript of interview with White, NMSUL.
185 "We all picked Ernest": Statement by Luhring in grand jury proceedings, NARA-FW.
185 "small-town dandy": Transcript of interview with White, NMSUL.

185	"We want to talk": Unpublished nonfiction account by Grove with White, NMSUL.
187	"If he didn't": Gentry, *J. Edgar Hoover*, 386.
187	"perfect": *Tulsa Tribune*, Jan. 5, 1926.
187	"too much Jew": Report by Weiss and Burger, April 30, 1924, FBI.
189	"Blackie, have": Grand jury testimony of Smith, Jan. 5, 1926, NARA-CP.
190	"After being so warned": Statement by Ernest Burkhart, Jan. 6, 1926, FBI.
190	"I relied on": Unpublished nonfiction account by Grove with White, NMSUL.
190	"Hale had told": Statement by Ernest Burkhart, Feb. 5, 1927, NARA-CP.
190	"Just a few days": Statement by Ernest Burkhart, Jan. 6, 1926, FBI.
190	"You have got": Grand jury testimony of Frank Smith, NARA-FW.
190	"All that story": Transcript of interview with White, NMSUL.
191	"When it happened": Statement by Ernest Burkhart, Jan. 6, 1926, FBI.
191	"I know who killed": Grand jury testimony of Frank Smith, NARA-FW.
191	"There's a suspect": Unpublished nonfiction account by Grove with White, NMSUL.
191	"like a nervy": *Tulsa Tribune*, March 13, 1926.
191	"I guess": Grand jury testimony of Smith, NARA-FW.
191	"a little job": Statement by John Ramsey, Jan. 6, 1926, FBI.
192	"white people": Unpublished nonfiction account by Grove with White, NMSUL.
192	"It is an established": Memorandum by M. A. Jones for Louis B. Nichols, Aug. 4, 1954, FBI.
193	"Weren't you giving": Grand jury testimony of James Shoun, NARA-FW.
193	"We are all your friends": Testimony of Mollie Burkhart before tribal attorney and other officials, NARA-FW.
194	"My husband": Macon, "Mass Murder of the Osages."
194	"ever saw until": Quoted in Gregory, *Oil in Oklahoma*, 57.
195	"We have unquestioned": Unpublished nonfiction account by Grove with White, NMSUL.
195	"money will buy": Report by Weiss and Burger, Feb. 2, 1924, FBI.
195	"We don't think": Unpublished nonfiction account by Grove with White, NMSUL.
195	"I'll fight it": Ibid.

19: 出卖血亲

196	"an evidently": *Literary Digest*, Jan. 23, 1926.
196	"more blood-curdling": *Evening Independent*, Jan. 5, 1926.
196	"King of the Killers": Holding, "King of the Killers."
197	"Hale kept my husband": Lizzie June Bates to George Wright, Nov. 21, 1922, NARA-FW.
197	"OSAGE INDIAN": *Reno Evening-Gazette*, Jan. 4, 1926.

197	"OLD WILD WEST": *Evening Independent,* March 5, 1926.
197	"The Tragedy": White to Hoover, Sept. 18, 1926, FBI.
197	"We Indians": Bates to Wright, Nov. 21, 1922, NARA-FW.
197	"Members of the Osage": Copy of resolution by the Society of Oklahoma Indians, NARA-FW.
198	"When you're up": Quoted in Irwin, *Deadly Times,* 331.
198	"Townspeople": *Lima News,* Jan. 29, 1926.
198	"not only useless": Edwin Brown to A. G. Ridgley, July 21, 1925, FBI.
199	"ablest legal talent": *Sequoyah County Democrat,* April 9, 1926.
200	"When a small-natured": Sargent Prentiss Freeling vertical file, OHS.
200	"I never killed": Lamb, *Tragedies of the Osage Hills,* 174.
200	"not to worry, that he": Statement by Burkhart in deposition, Feb. 5, 1927, NARA-CP.
200	The bureau put: One night in December 1926, Luther Bishop, a state lawman who had assisted on the Osage murder cases, was shot and killed in his house. His wife was charged with the murder but was later acquitted by a jury. Dee Cordry, a former police investigator and an author, examined the case in his 2005 book, *Alive If Possible—Dead If Necessary.* He suspected that Hale, in a final act of revenge, ordered the killing.
200	"Long face": Report by W. A. Kitchen, March 2, 1926, FBI.
200	"Kelsie said": Report by Smith, Feb. 8, 1926, FBI.
200	"get her out": Grand jury testimony of Dewey Selph, NARA-FW.
200	"We'd better": Unpublished nonfiction account by Grove with White, NMSUL.
201	"Before this man": White to Hoover, March 31, 1926, FBI.
201	"Whatever you do": Report by Burger, Nov. 2, 1928, FBI.
201	"bumped off": Grand jury testimony of Burkhart, NARA-FW.
201	"I'll give you": Transcript of interview with White, NMSUL.
201	"We think": White to Hoover, June 26, 1926, FBI.
201	"intentionally guilty": Wright to Charles Burke, June 24, 1926, NARA-CP.
201	"That is all": Testimony of Mollie Burkhart before tribal attorney and other officials, NARA-FW.
202	"Dear husband": Mollie to Ernest Burkhart, Jan. 21, 1926, NARA-FW.
202	"It appeared": Unpublished nonfiction account by Grove with White, NMSUL.
202	"Bill, I have": Ibid.
202	"Very few, if any": White to Hoover, July 3, 1926, FBI.
203	"Seldom if ever": *Tulsa Tribune,* March 13, 1926.
203	"new and exclusive": *Bismarck Tribune,* June 17, 1926.
203	"Hale is a man": *Tulsa Tribune,* March 13, 1926.
203	"*Judge Not*": Quoted in Hogan, *Osage Murders,* 195.
204	"Your honor, I demand": Unpublished nonfiction account by Grove with White, NMSUL.

204	"traitor to his": *Tulsa Daily World*, Aug. 20, 1926.
204	"This man is my client": *Tulsa Daily World*, March 13, 1926.
204	"He's not my attorney": Unpublished nonfiction account by Grove with White, NMSUL.
204	"high-handed and unusual": Leahy memorandum, clemency records, NARA-CP.
205	"nerve went": White to Hoover, June 5, 1926, FBI.
205	"I never did": Testimony from Ernest Burkhart's preliminary hearing, included in *U.S. v. John Ramsey and William K. Hale*, NARA-FW.
205	"Hale and Ramsey": Transcript of interview with White, NMSUL.
205	"I looked back": *Tulsa Tribune*, May 30, 1926.
206	"quite a tyrant": Quoted in Gentry, *J. Edgar Hoover*, 117.
206	"PRISONER CHARGES": *Washington Post*, June 8, 1926.
207	"ridiculous": White to Grove, Aug. 10, 1959, NMSUL.
207	"fabrication from": White to Hoover, June 8, 1926, FBI.
207	"I'll meet the man": Unpublished nonfiction account by Grove with White, NMSUL.
207	"the whole damn": Kelsie Morrison testimony, in *State of Oklahoma v. Morrison*, OSARM.
207	"bump that squaw": Morrison's testimony at Ernest Burkhart's trial, later included in ibid.
208	"He raised her": Ibid.
209	"I stayed in the car alone": Statement by Katherine Cole, Jan. 31, 1926, NARA-FW.
210	"Don't look": My description of Burkhart changing his plea derives from trial coverage in local papers, Grove's nonfiction manuscript, and a 1927 letter written by Leahy and held at the NARA-CP in Burkhart's clemency records.
210	"I'm through lying": *Tulsa Daily World*, June 10, 1926, and Grove's nonfiction manuscript.
210	"I wish to discharge": *Tulsa Daily World*, June 10, 1926.
211	"I'm sick and tired": Unpublished nonfiction account by Grove with White, NMSUL.
211	"I feel in my heart": *Daily Journal-Capital*, June 9, 1926.
211	"Then your plea": *Tulsa Daily World*, June 10, 1926.
211	"BURKHART ADMITS": *New York Times*, June 10, 1926.
211	"was very much": White to Hoover, June 15, 1926, FBI.
211	"Too much credit": Quoted in a 1926 missive from Short to Luhring, NARA-FW.
212	"That put us": Transcript of interview with White, NMSUL.
212	"whose mind": *Tulsa Daily World*, Aug. 19, 1926.

20：上帝保佑

213	"The stage is set": *Tulsa Tribune*, July 29, 1926.	
213	"not testify against him": Report by Burger, Nov. 2, 1928, FBI.	
215	"The attitude of": *Tulsa Tribune*, Aug. 21, 1926.	
215	"It is a question": Ibid.	
215	"Gentlemen of the jury": *Tulsa Daily World*, July 30, 1926.	
215	"the veteran of legal battles": *Tulsa Tribune*, July 29, 1926.	
216	"Hale said to me": *Tulsa Daily World*, July 31, 1926.	
216	"I never devised": Lamb, *Tragedies of the Osage Hills*, 179.	
216	"the ruthless freebooter": *Tulsa Daily World*, Aug. 19, 1926.	
216	"The richest tribe": *Daily Journal-Capital*, Aug. 20, 1926.	
216	"five to one": *Tulsa Tribune*, Aug. 21, 1926.	
216	"Is there any": For this quotation and other details from the scene, see *Oklahoma City Times*, Aug. 25, 1926.	
217	"I will kill": Report by H. E. James, May 11, 1928, FBI.	
217	"Such practices": *Daily Oklahoman*, Oct. 8, 1926.	
218	"this whole defense": Oscar R. Luhring to Roy St. Lewis, Sept. 23, 1926, NARA-FW.	
218	"Will you state your name": *U.S. v. John Ramsey and William K. Hale*, Oct. 1926, NARA-FW.	
218	"Your wife is": Ibid.	
218	"I don't work": Statement by Ernest Burkhart at his 1926 trial, NMSUL.	
219	"The time now": Closing statement of Oscar R. Luhring, *U.S. v. John Ramsey and William K. Hale*, Oct. 1926, NARA-FW.	
219	"There never has been": Ibid.	
219	"Hale's face": *Daily Oklahoman*, Oct. 30, 1926.	
219	"A jury has found": *Tulsa Daily World*, Oct. 30, 1926.	
220	"'KING OF OSAGE'": *New York Times*, Oct. 30, 1926.	
220	"one of the greatest": Leahy to U.S. Attorney General, Feb. 1, 1929, FBI/FOIA.	
220	"if I ever get the Chance": Morrison to Hale, included in *State of Oklahoma v. Kelsie Morrison*, OSARM.	
220	"watered": Testimony of Bryan Burkhart, *State of Oklahoma v. Kelsie Morrison*, OSARM.	
220	"Did you go out": Ibid.	
221	"Sheriffs investigated": *St. Louis Post-Dispatch*, Nov. 4, 1926.	
221	"There is, of course": Hoover to White, Jan. 9, 1926, FBI.	
222	"NEVER TOLD": Newspaper article, n.p., n.d., FBI.	
222	"Look at her": Memorandum by Burger, Oct. 27, 1932, FBI.	
222	"So another": *The Lucky Strike Hour*, Nov. 15, 1932, accessed from http://www.otrr.org/.	
222	"a small way": Hoover to White, Feb. 6, 1926, FBI/FOIA.	
223	"We express": Quoted in Adams, *Tom White*, 76.	

223 "I hate to give up": Mabel Walker Willebrandt to Hoover, Feb. 15, 1927, FBI/FOIA.
223 "I feel that": Hoover to Willebrandt, Dec. 9, 1926, FBI/FOIA.
224 "giant mausoleum": Earley, *The Hot House*, 30.
224 "Why, hello": *Daily Oklahoman*, n.d., and transcript of interview with White, NMSUL.

21: 热锅蚂蚁

225 "How do you raise": Adams, *Tom White*, 84.
225 "ugly, dangerous": Rudensky, *Gonif*, 32.
226 "Warden White showed": Ibid., 33.
226 White tried to improve: Believing it was imperative for prisoners to keep busy, White allowed Robert Stroud, a convicted murderer, to maintain an aviary in his cell with some three hundred canaries, and he became known as the Birdman. In a letter, Stroud's mother told White how grateful she was that someone who understood "human nature and its many weaknesses" was in a position of authority over her son.
226 "The Warden was strict": Adams, *Tom White*, 133.
226 "I had a ray": Rudensky, *Gonif*, 27.
226 "I have no": Autobiography written by Carl Panzram, Nov. 3, 1928, Panzram Papers, SDSUL.
226 "I could hang a dozen": Nash, *Almanac of World Crime*, 102.
226 "He does high": Leavenworth report on Hale, Oct. 1945, NARA-CP.
227 "treated as": White to Morris F. Moore, Nov. 23, 1926, NARA-CP.
227 "Would I be imposing to ask your": Mrs. W. K. Hale to White, Sept. 29, 1927, NARA-CP.
227 "It was a business": Deposition of Hale, Jan. 31, 1927, NARA-CP.
227 "evidence of repression": Leavenworth report on Hale, Aug. 1, 1941, NARA-CP.
227 He allegedly arranged: Hale appealed his conviction, and in 1928 an appeals court shockingly overturned his verdict. A man who had assisted the defense team subsequently confessed that Hale had someone who had "done the fixing." But Hale was promptly tried again and convicted, as was Ramsey.
229 "IT IS FURTHER": Probate records of Mollie Burkhart, File No. 2173, NARA-FW.
229 On December: My descriptions of the escape attempt are drawn primarily from FBI records obtained through the Freedom of Information Act; a transcript of an interview with one of the convicts that was conducted by the author David A. Ward; Tom White's letters; newspaper accounts; and Adams, *Tom White*.
230 "I know you're going": *Dunkirk Evening Observer*, Dec. 12, 1931.
230 "Shoot him": Adams, *Tom White*, 114.

230	"White asked me": *Pittsburgh Press*, Dec. 14, 1939.
231	"I am sure": *Dunkirk Evening Observer*, Dec. 12, 1931.
231	"come back": Ward, *Alcatraz*, 6.
231	"The funny part": Ibid.
231	"He had begun": Adams, *Tom White*, 109–10.
231	"The experience affected": *Pittsburgh Press*, Dec. 14, 1939.
232	"The days of the small Bureau": Gentry, *J. Edgar Hoover*, 169.
232	"I looked up": Quoted in ibid., 58.
233	"We do not have to": White to Hoover, July 1, 1938, FBI/FOIA.
233	"appreciate a personal": Special Agent in Charge in El Paso to Hoover, Feb. 12, 1951, FBI/FOIA.
234	"I would be glad": White to Hoover, Sept. 3, 1954, FBI/FOIA.
234	"certainly bear": Hoover to White, Sept. 9, 1954, FBI/FOIA.
234	"confronted with": Gus T. Jones to Hoover, June 16, 1934, FBI/FOIA.
234	"unjust, unfair": Wren to Hoover, Aug. 2, 1932, FBI/FOIA.
234	"Often when I read of you": Wren to Hoover, Oct. 4, 1936, FBI/FOIA.
235	"After the Director": White to Hoover, Nov. 10, 1955, FBI/FOIA.
235	"I would like to keep": White to Grove, Aug. 10, 1959, NMSUL.
235	"I hope this": White to Hoover, March 20, 1958, FBI/FOIA.
237	"We should furnish": M. A. Jones to Gordon Nease, April 4, 1958, FBI/FOIA.
237	"Sickness of any kind": Bessie White to Grove, Sept. 21, 1959, NMSUL.
237	"I am hoping": Tom White to Grove, Jan. 4, 1960, FBI/FOIA.
237	"I am sincerely sorry": J. E. Weems to Grove, June 28, 1963, NMSUL.
237	"born on this land": White to Hoover, Feb. 15, 1969, FBI/FOIA.
237	"He died as he had lived": Adams, *Tom White*, in postscript.
237	"militate against": Special Agent in Charge in El Paso to Hoover, Dec. 21, 1971, FBI/FOIA.

22: 幽灵之所

241	"Stores gone": Morris, *Ghost Towns of Oklahoma*, 83.
242	"only shreds and tatters": Louis F. Burns, *History of the Osage People*, xiv.
244	Over several weekends: For more detailed information on Osage dances, see Callahan, *Osage Ceremonial Dance I'n-Lon-Schka*.
245	"To believe": Louis F. Burns, *History of the Osage People*, 496.
248	"Mrs. Mollie Cobb": *Fairfax Chief*, June 17, 1937.
248	"anyone convicted": Copy of Osage Tribal Council Resolution, No. 78, Nov. 15, 1937, NARA-FW.
248	"The parole of Ernest": *Kansas City Times*, Dec. 21, 1937.
248	"should have been hanged": *Daily Journal-Capital*, Aug. 3, 1947.
249	"It will be a far cry": *Oklahoma City Times*, Oct. 26, 1959.
249	"HEADRIGHTS KILLER": *Daily Oklahoman*, Feb. 14, 1966.

251 "osage oil wealth": *Literary Digest*, May 14, 1932.
251 "In five years": *Hamilton Evening Journal*, Sept. 28, 1929.
254 "*Because she died*": Paschen's "Wi'-gi-e," in *Bestiary*.
254 "I think somewhere": Webb-Storey, "Culture Clash," 115.

23：未结之案

258 "pawhuska man's": *Daily Oklahoman*, July 2, 1923.
258 "sufficient evidence": Report by Smith, Sept. 28, 1925, FBI.
261 "Mr. Burt is one": *Hearings Before the Joint Commission of the Congress of the United States*, 1505.
262 "very intimate": Report by Weiss and Burger, April 11, 1924, FBI.
262 "split on the boodle": Ibid.
262 "murderer": Report by Wren, Nov. 5, 1925, FBI.
263 "I think Herb Burt": Report by Smith, April 3, 1926, FBI.

24：恍如隔世

265 "He had property": Tallchief, *Maria Tallchief*, 4.
265 "firebombed and everyone": Ibid., 9.
268 "I am in perfect health": Hale to Wilson Kirk, Nov. 27, 1931, ONM.
271 "This dope is": Report by Findlay, July 13, 1923, FBI.
271 "Vaughan who is": Ibid.
271 "Mr. Comstock had": Ibid.
272 "shrewd, immoral": Report by Burger, Aug. 12, 1924, FBI.
272 "prime mover": Report by Findlay, July 13, 1923, FBI.
272 "He could hear": Ibid.
272 "Minnie was making": Ibid.
273 "From the evidence": Report by Burger, Aug. 12, 1924, FBI.
273 "I am as smart": Report by Burger, Aug. 13, 1924, FBI.
273 "unprincipled, hypocritical": Report by Weiss and Burger, Jan. 10, 1924, FBI.
273 "We are strongly": Ibid.
273 "liable to die": Report by Weiss and Burger, Dec. 26, 1923, FBI.
273 "refusing to allow": Report by Weiss and Burger, Jan. 2, 1924, FBI.
273 "under his influence": Report by Weiss and Burger, Jan. 10, 1924, FBI.
274 "she does know": Report by Weiss and Burger, Dec. 26, 1923, FBI.
274 "isolated murder": Report by Burger, Aug. 13, 1924, FBI.

25：失落手稿

276 "We don't disturb": U.S. District Court for the Northern District of Oklahoma, *U.S. v. Osage Wind, Enel Kansas, and Enel Green Power North America*, Sept. 30, 2015.
276 "defendants have not": Ibid.

277 "For the first time": *Tulsa World*, Feb. 25, 2015.
278 "scarcely stepped": *Pawhuska Daily Capital*, Jan. 30, 1919.
278 "GREWSOME FIND ENDS": Quoted in "The Murder of Mary Denoya-Bellieu-Lewis," PPL.

26：泣血发声

281 "knew that was": E. E. Shepperd to U.S. Attorney's Office, Jan. 8, 1926, NARA-FW.
281 "Members of the family": *Daily Oklahoman*, Oct. 25, 1926.
282 "drugs, opiates": Quoted in Wilson, *Underground Reservation*, 144.
282 "one of the most beautiful": Quoted in McAuliffe, *Deaths of Sybil Bolton*, 109.
282 "In connection with": Bureau report titled "Murder on Indian Reservation," Nov. 6, 1932, FBI.
283 "Over the sixteen-year period": McAuliffe, *Deaths of Sybil Bolton*, 251.
283 "I don't know": Ball, *Osage Tribal Murders*.
283 "There are so many": Interview by F. G. Grimes Jr. and Edwin Brown, June 17, 1925, FBI.
285 "Bill, you know": Report by Smith, Oct. 30, 1926, FBI.
285 "Walking through": Robert Allen Warrior, "Review Essay: The Deaths of Sybil Bolton: An American History," *Wicazo Sa Review* 11 (1995): 52.
286 "You should be ashamed": McAuliffe, *Deaths of Sybil Bolton*, 137.
286 "Harry didn't do it": Ibid., 139.
286 "I did not prove": From McAuliffe's revised and updated edition of *The Deaths of Sybil Bolton*, which was renamed *Bloodland: A Family Story of Oil, Greed, and Murder on the Osage Reservation* (San Francisco: Council Oak Books, 1999), 287.
291 "There are men": Quoted in Wallis, *Oil Man*, 152.

参考文献

Ackerman, Kenneth D. *Young J. Edgar: Hoover, the Red Scare, and the Assault on Civil Liberties.* New York: Carroll & Graf, 2007.

Adams, Verdon R. *Tom White: The Life of a Lawman.* El Paso: Texas Western Press, 1972.

Adcock, James M., and Arthur S. Chancellor. *Death Investigations.* Burlington, Mass.: Jones & Bartlett Learning, 2013.

Alexander, Bob. *Bad Company and Burnt Powder: Justice and Injustice in the Old Southwest.* Denton: University of North Texas Press, 2014.

Allen, Frederick Lewis. *Only Yesterday: An Informal History of the 1920s.* New York: John Wiley & Sons, 1997.

Ambrose, Stephen E. *Undaunted Courage: Meriwether Lewis, Thomas Jefferson, and the Opening of the American West.* New York: Simon & Schuster, 2002.

Anderson, Dan, Laurence J. Yadon, and Robert B. Smith. *100 Oklahoma Outlaws, Gangsters, and Lawmen, 1839–1939.* Gretna, La.: Pelican, 2007.

Babyak, Jolene. *Birdman: The Many Faces of Robert Stroud.* Berkeley, Calif.: Ariel Vamp Press, 1994.

Bailey, Garrick Alan. *Changes in Osage Social Organization, 1673–1906.* University of Oregon Anthropological Papers 5. Eugene: Department of Anthropology, University of Oregon, 1973.

———. "The Osage Roll: An Analysis." *Indian Historian* 5 (Spring 1972): 26–29.

Bailey, Garrick Alan, Daniel C. Swan, John W. Nunley, and E. Sean Standing Bear. *Art of the Osage.* Seattle: St. Louis Art Museum in association with University of Washington Press, 2004.

Bailey, Garrick Alan, and William C. Sturtevant, eds. *Indians in Contemporary*

Society. Vol. 2, *Handbook of North American Indians*. Washington, D.C.: Smithsonian Institution, 2008.

Baird, W. David. *The Osage People*. Phoenix: Indian Tribal Series, 1972.

Ball, Larry D. *Desert Lawmen: The High Sheriffs of New Mexico and Arizona, 1846–1912*. Albuquerque: University of New Mexico Press, 1996.

Bates, James Leonard. *The Origins of Teapot Dome: Progressives, Parties, and Petroleum, 1909–1921*. Urbana: University of Illinois Press, 1964.

Blum, Howard. *American Lightning: Terror, Mystery, the Birth of Hollywood, and the Crime of the Century*. New York: Three Rivers Press, 2008.

Boatright, Mody C., and William A. Owens. *Tales from the Derrick Floor: A People's History of the Oil Industry*. Garden City, N.Y.: Doubleday, 1970.

Boorstin, Daniel J. *The Americans: The Democratic Experience*. New York: Vintage, 1974.

Breuer, William B. *J. Edgar Hoover and His G-Men*. Westport, Conn.: Praeger, 1995.

Brown, Meredith Mason. *Frontiersman: Daniel Boone and the Making of America*. Baton Rouge: Louisiana State University Press, 2009.

Burchardt, Bill. "Osage Oil." *Chronicles of Oklahoma* 41 (Fall 1963): 253–69.

Burns, Louis F. *A History of the Osage People*. Tuscaloosa: University of Alabama Press, 2004.

———. *Osage Indian Customs and Myths*. Tuscaloosa: University of Alabama Press, 2005.

Burns, William J. *The Masked War: The Story of a Peril That Threatened the United States*. New York: George H. Doran, 1913.

Burrough, Bryan. *Public Enemies: America's Greatest Crime Wave and the Birth of the FBI, 1933–34*. New York: Penguin, 2009.

Caesar, Gene. *Incredible Detective: The Biography of William J. Burns*. New York: Prentice-Hall, 1989.

Callahan, Alice Anne. *The Osage Ceremonial Dance I'n-Lon-Schka*. Norman: University of Oklahoma Press, 1993.

Cecil, Matthew. *Hoover's FBI and the Fourth Estate: The Campaign to Control the Press and the Bureau's Image*. Lawrence: University Press of Kansas, 2014.

Chapman, Berlin B. "Dissolution of the Osage Reservation, Part One." *Chronicles of Oklahoma* 20 (Sept.–Dec. 1942): 244–54.

———. "Dissolution of the Osage Reservation, Part Two." *Chronicles of Oklahoma* 20 (Sept.–Dec. 1942): 375–87.

———. "Dissolution of the Osage Reservation, Part Three." *Chronicles of Oklahoma* 21 (March 1943): 78–88.

———. "Dissolution of the Osage Reservation, Part Four." *Chronicles of Oklahoma* 21 (June 1943): 171–82.

Christison, Sir Robert. *A Treatise on Poisons in Relation to Medical Jurisprudence, Physiology, and the Practice of Physic*. Edinburgh: Adam Black, 1832.

Collins, Michael L. *Texas Devils: Rangers and Regulars on the Lower Rio Grande, 1846–1861.* Norman: University of Oklahoma Press, 2008.

Connelly, William L. *The Oil Business as I Saw It: Half a Century with Sinclair.* Norman: University of Oklahoma Press, 1954.

Cope, Jack. *1300 Metropolitan Avenue: A History of the United States Penitentiary at Leavenworth, Kansas.* Leavenworth, Kans.: Unicor Print Press, 1997.

Cordry, Dee. *Alive If Possible—Dead If Necessary.* Mustang, Okla.: Tate, 2005.

Cox, James. *Historical and Biographical Record of the Cattle Industry and the Cattlemen of Texas and Adjacent Territory.* St. Louis: Woodward & Tiernan, 1895.

Cox, Mike. *Time of the Rangers.* New York: Tom Doherty Associates, 2010.

Crockett, Art. *Serial Murderers.* New York: Pinnacle Books, 1993.

Daniell, L. E. *Personnel of the Texas State Government, with Sketches of Distinguished Texans, Embracing the Executive and Staff, Heads of the Departments, United States Senators and Representatives, Members of the Twenty-First Legislature.* Austin: Smith, Hicks & Jones, 1889.

Daugherty, H. M., and Thomas Dixon. *The Inside Story of the Harding Tragedy.* New York: Churchill, 1932.

Dean, John W. *Warren G. Harding.* New York: Times Books, 2004.

Debo, Angie. *And Still the Waters Run: The Betrayal of the Five Civilized Tribes.* Princeton, N.J.: Princeton University Press, 1991.

Demaris, Ovid. *The Director: An Oral Biography of J. Edgar Hoover.* New York: Harper's Magazine Press, 1975.

Dennison, Jean. *Colonial Entanglement: Constituting a Twenty-First-Century Osage Nation.* Chapel Hill: University of North Carolina Press, 2012.

Dickerson, Philip J. *History of the Osage Nation: Its People, Resources, and Prospects: The East Reservation to Open in the New State.* Pawhuska, Okla.: P. J. Dickerson, 1906.

Dickey, Michael. *The People of the River's Mouth: In Search of the Missouria Indians.* Columbia: University of Missouri Press, 2011.

Doherty, Jim. *Just the Facts: True Tales of Cops and Criminals.* Tucson: Deadly Serious Press, 2004.

Earley, Pete. *The Hot House: Life Inside Leavenworth Prison.* New York: Bantam Books, 1993.

Ellis, William Donohue. *Out of the Osage: The Foster Story.* Oklahoma City: Western Heritage Books, 1994.

Finney, Frank F. "John N. Florer." *Chronicles of Oklahoma* 33 (Summer 1955): 142–44.

———. "The Osages and Their Agency During the Term of Isaac T. Gibson Quaker Agent." *Chronicles of Oklahoma* 36 (Winter 1958–59): 416–28.

———. "Progress in the Civilization of the Osage." *Chronicles of Oklahoma* 40 (Spring 1962): 2–21.

Finney, James Edwin, and Joseph B. Thoburn. "Reminiscences of a Trader in the Osage Country." *Chronicles of Oklahoma* 33 (Summer 1955): 145–58.

Finney, Thomas McKean. *Pioneer Days with the Osage Indians: West of '96*. Pawhuska, Okla.: Osage County Historical Society, 1972.

Fixico, Donald Lee. *The Invasion of Indian Country in the Twentieth Century: American Capitalism and Tribal Natural Resources*. Niwot: University Press of Colorado, 1998.

Foley, William E., and C. David Rice. *The First Chouteaus: River Barons of Early St. Louis*. Urbana: University of Illinois Press, 2000.

Forbes, Gerald. "History of the Osage Blanket Lease." *Chronicles of Oklahoma* 19 (March 1941): 70–81.

Foreman, Grant. "J. George Wright." *Chronicles of Oklahoma* 20 (June 1942): 120–23.

Franks, Kenny Arthur. *The Osage Oil Boom*. Oklahoma City: Western Heritage Books, 1989.

Franks, Kenny Arthur, Paul F. Lambert, and Carl N. Tyson. *Early Oklahoma Oil: A Photographic History, 1859–1936*. College Station: Texas A&M University Press, 1981.

Friedman, Lawrence M. *Crime and Punishment in American History*. New York: Basic Books, 1993.

Gaddis, Thomas E., and James O. Long, eds. *Panzram: A Journal of Murder*. Los Angeles: Amok Books, 2002.

Gage, Beverly. *The Day Wall Street Exploded: A Story of America in Its First Age of Terror*. New York: Oxford University Press, 2009.

Gentry, Curt. *J. Edgar Hoover: The Man and the Secrets*. New York: W. W. Norton, 2001.

Getty, Jean Paul. *As I See It: The Autobiography of J. Paul Getty*. Los Angeles: J. Paul Getty Museum, 2003.

———. *How to Be Rich*. New York: Jove Books, 1983.

———. *My Life and Fortunes*. New York: Duell, Sloan & Pearce, 1963.

Gilbreath, West C. *Death on the Gallows: The Story of Legal Hangings in New Mexico, 1847–1923*. Silver City, N.M.: High-Lonesome Books, 2002.

Glasscock, Carl Burgess. *Then Came Oil: The Story of the Last Frontier*. Indianapolis: Bobbs-Merrill, 1938.

Graves, W. W. *Life and Letters of Fathers Ponziglione, Schoenmakers, and Other Early Jesuits at Osage Mission: Sketch of St. Francis' Church; Life of Mother Bridget*. St. Paul, Kans.: W. W. Graves, 1916.

———. *Life and Letters of Rev. Father John Schoenmakers, S.J., Apostle to the Osages*. Parsons, Kans.: Commercial, 1928.

Graybill, Andrew R. *Policing the Great Plains: Rangers, Mounties, and the North American Frontier, 1875–1910*. Lincoln: University of Nebraska Press, 2007.

Gregory, Robert. *Oil in Oklahoma*. Muskogee, Okla.: Leake Industries, 1976.

Gross, Hans. *Criminal Psychology: A Manual for Judges, Practitioners, and Students*. Montclair, N.J.: Patterson Smith, 1968.

Grove, Fred. *The Years of Fear: A Western Story*. Waterville, Maine: Five Star, 2002.

Gunther, Max. *The Very, Very Rich and How They Got That Way*. Hampshire, U.K.: Harriman House, 2010.

Hagan, William T. *Taking Indian Lands: The Cherokee (Jerome) Commission, 1889–1893*. Norman: University of Oklahoma Press, 2003.

Hammons, Terry. *Ranching from the Front Seat of a Buick: The Life of Oklahoma's A. A. "Jack" Drummond*. Oklahoma City: Oklahoma Historical Society, 1982.

Hanson, Maynard J. "Senator William B. Pine and His Times." Ph.D. diss., Oklahoma State University, 1983.

Harmon, Alexandra. *Rich Indians: Native People and the Problem of Wealth in American History*. Chapel Hill: University of North Carolina Press, 2010.

Harris, Charles H., and Louis R. Sadler. *The Texas Rangers and the Mexican Revolution: The Bloodiest Decade, 1910–1920*. Albuquerque: University of New Mexico Press, 2004.

Hastedt, Karl G. "White Brothers of Texas Had Notable FBI Careers." *Grapevine*, Feb. 1960.

Hess, Janet Berry. *Osage and Settler: Reconstructing Shared History Through an Oklahoma Family Archive*. Jefferson, N.C.: McFarland, 2015.

Hicks, J. C. "Auctions of Osage Oil and Gas Leases." M.A. thesis, University of Oklahoma, 1949.

Hofstadter, Richard. *The Age of Reform: From Bryan to F.D.R.* New York: Knopf, 1955.

Hogan, Lawrence J. *The Osage Indian Murders: The True Story of a Multiple Murder Plot to Acquire the Estates of Wealthy Osage Tribe Members*. Frederick, Md.: Amlex, 1998.

Horan, James D. *The Pinkertons: The Detective Dynasty That Made History*. New York: Crown, 1969.

Hoyt, Edwin. *Spectacular Rogue: Gaston B. Means*. Indianapolis: Bobbs-Merrill, 1963.

Hunt, William R. *Front-Page Detective: William J. Burns and the Detective Profession, 1880–1930*. Bowling Green, Ohio: Popular Press, 1990.

Hunter, J. Marvin, and B. Byron Price. *The Trail Drivers of Texas: Interesting Sketches of Early Cowboys and Their Experiences on the Range and on the Trail During the Days That Tried Men's Souls, True Narratives Related by Real Cowpunchers and Men Who Fathered the Cattle Industry in Texas*. Austin: University of Texas Press, 1985.

Hynd, Alan. *Great True Detective Mysteries*. New York: Grosset & Dunlap, 1969.

Indian Rights Association. *Forty-Fourth Annual Report of the Board of Directors of the Indian Rights Association (Incorporated) for the Year Ending December 15, 1926*. Philadelphia: Office of the Indian Rights Association, 1927.

Irwin, Lew. *Deadly Times: The 1910 Bombing of the "Los Angeles Times" and America's Forgotten Decade of Terror*. New York: Rowman & Littlefield, 2013.

Johnson, David R. *American Law Enforcement: A History*. Wheeling, Ill.: Forum Press, 1981.

———. *Policing the Urban Underworld: The Impact of Crime on the Development of the American Police, 1800–1887.* Philadelphia: Temple University Press, 1979.

Johnston, J. H. *Leavenworth Penitentiary: A History of America's Oldest Federal Prison.* Leavenworth, Kans.: J. H. Johnston, 2005.

Jones, Mark, and Peter Johnstone. *History of Criminal Justice.* New York: Elsevier, 2012.

Jones, Mary Ann. "The Leavenworth Prison Break." *Harper's Monthly,* July 1945.

Kessler, Ronald. *The Bureau: The Secret History of the FBI.* New York: St. Martin's Paperbacks, 2003.

Keve, Paul W. *Prisons and the American Conscience: A History of U.S. Federal Corrections.* Carbondale: Southern Illinois University Press, 1991.

Knowles, Ruth Sheldon. *The Greatest Gamblers: The Epic of American Oil Exploration.* Norman: University of Oklahoma Press, 1980.

Kraisinger, Gary, and Margaret Kraisinger. *The Western: The Greatest Texas Cattle Trail, 1874–1886.* Newton, Kans.: Mennonite Press, 2004.

Kurland, Michael. *Irrefutable Evidence: Adventures in the History of Forensic Science.* Chicago: Ivan R. Dee, 2009.

Kvasnicka, Robert M., and Herman J. Viola, eds. *The Commissioners of Indian Affairs, 1824–1977.* Lincoln: University of Nebraska Press, 1979.

La Flesche, Francis. *The Osage and the Invisible World: From the Works of Francis La Flesche.* Edited by Garrick Alan Bailey. Norman: University of Oklahoma Press, 1995.

———. *The Osage Tribe: Rite of the Chiefs; Sayings of the Ancient Men.* Washington, D.C.: Bureau of American Ethnology, 1921.

Lamb, Arthur H. *Tragedies of the Osage Hills.* Pawhuska, Okla.: Raymond Red Corn, 2001.

Lambert, Paul F., and Kenny Arthur Franks. *Voices from the Oil Fields.* Norman: University of Oklahoma Press, 1984.

Lenzner, Robert. *The Great Getty: The Life and Loves of J. Paul Getty, Richest Man in the World.* New York: New American Library, 1987.

Leonard, Thomas C. "American Economic Reform in the Progressive Era: Its Foundational Beliefs and Their Relationship to Eugenics." *History of Political Economy* 41 (2009): 109–41.

———. "Retrospectives: Eugenics and Economics in the Progressive Era." *Journal of Economic Perspectives* 19 (2005): 207–24.

Lloyd, Roger Hall. *Osage County: A Tribe and American Culture, 1600–1934.* New York: iUniverse, 2006.

Lombroso, Cesare. *Criminal Man.* Translated by Mary Gibson and Nicole Hahn Rafter. Durham, N.C.: Duke University Press, 2006.

Look Magazine, ed. *The Story of the FBI.* New York: E. Dutton, 1947.

Lowenthal, Max. *The Federal Bureau of Investigation.* Westport, Conn.: Greenwood Press, 1971.

Lukas, J. Anthony. *Big Trouble: A Murder in a Small Western Town Sets Off a Struggle for the Soul of America.* New York: Touchstone Books, 1998.

Lynch, Gerald. *Roughnecks, Drillers, and Tool Pushers: Thirty-Three Years in the Oil Fields.* Austin: University of Texas Press, 1991.

Mackay, James A. *Allan Pinkerton: The First Private Eye.* New York: J. Wiley & Sons, 1997.

Mathews, John Joseph. *Life and Death of an Oilman: The Career of E. W. Marland.* Norman: University of Oklahoma Press, 1989.

———. *The Osages: Children of the Middle Waters.* Norman: University of Oklahoma Press, 1973.

———. *Sundown.* Norman: University of Oklahoma Press, 1988.

———. *Talking to the Moon.* Norman: University of Oklahoma Press, 1981.

———. *Twenty Thousand Mornings: An Autobiography.* Norman: University of Oklahoma Press, 2012.

———. *Wah'kon-Tah: The Osage and the White Man's Road.* Norman: University of Oklahoma, 1981.

McAuliffe, Dennis. *The Deaths of Sybil Bolton: An American History.* New York: Times Books, 1994.

McCartney, Laton. *The Teapot Dome Scandal: How Big Oil Bought the Harding White House and Tried to Steal the Country.* New York: Random House Trade Paperbacks, 2009.

McConal, Patrick M. *Over the Wall: The Men Behind the 1934 Death House Escape.* Austin: Eakin Press, 2000.

Merchant, Carolyn. *American Environmental History: An Introduction.* New York: Columbia University Press, 2013.

Miller, Russell. *The House of Getty.* New York: Henry Holt, 1985.

Millspaugh, Arthur C. *Crime Control by the National Government.* Washington, D.C.: Brookings Institution, 1937.

Miner, H. Craig. *The Corporation and the Indian: Tribal Sovereignty and Industrial Civilization in Indian Territory, 1865–1907.* Norman: University of Oklahoma Press, 1989.

Miner, H. Craig, and William E. Unrau. *The End of Indian Kansas: A Study of Cultural Revolution, 1854–1871.* Lawrence: University Press of Kansas, 1990.

Morgan, R. D. *Taming the Sooner State: The War Between Lawmen and Outlaws in Oklahoma and Indian Territory, 1875–1941.* Stillwater, Okla.: New Forums Press, 2007.

Morn, Frank. *"The Eye That Never Sleeps": A History of the Pinkerton National Detective Agency.* Bloomington: Indiana University Press, 1982.

Morris, John W. *Ghost Towns of Oklahoma.* Norman: University of Oklahoma Press, 1978.

Nash, Jay Robert. *Almanac of World Crime.* Garden City, N.Y.: Anchor Press, 1981.

———. *Citizen Hoover: A Critical Study of the Life and Times of J. Edgar Hoover and His FBI.* Chicago: Nelson-Hall, 1972.

Nieberding, Velma. "Catholic Education Among the Osage." *Chronicles of Oklahoma* 32 (Autumn 1954): 290–307.

Noggle, Burl. *Teapot Dome: Oil and Politics in the 1920's*. New York: W. W. Norton, 1965.

Office of the Commissioner of Indian Affairs. *Report of the Commissioner of Indian Affairs to the Secretary of the Interior, for the Year 1871*. Washington, D.C.: Government Printing Office, 1872.

Ollestad, Norman. *Inside the FBI*. New York: Lyle Stuart, 1967.

Osage County Historical Society. *Osage County Profiles*. Pawhuska, Okla.: Osage County Historical Society, 1978.

Osage Tribal Council, United States, Bureau of Indian Affairs, and Osage Agency. *1907–1957, Osage Indians Semi-centennial Celebration: Commemorating the Closing of the Osage Indian Roll, the Allotment of the Lands of the Osage Reservation in Severalty and the Dedication of the Osage Tribal Chamber*. Pawhuska, Okla.: Osage Agency Campus, 1957.

Osage Tribal Murders. Directed by Sherwood Ball. Los Angeles: Ball Entertainment, 2010. DVD.

Parker, Doris Whitetail. *Footprints on the Osage Reservation*. Pawhuska, Okla.: the author, 1982.

Parsons, Chuck. *Captain John R. Hughes: Lone Star Ranger*. Denton: University of North Texas Press, 2011.

Paschen, Elise. *Bestiary*. Pasadena, Calif.: Red Hen Press, 2009.

Pawhuska Journal-Capital. *Cowboys, Outlaws, and Peace Officers*. Pawhuska, Okla.: Pawhuska Journal-Capital, 1996.

———. *Reflections of Pawhuska, Oklahoma*. Pawhuska, Okla.: Pawhuska Journal-Capital, 1995.

Pinkerton, Allan. *Criminal Reminiscences and Detective Sketches*. New York: Garrett Press, 1969.

———. *Thirty Years a Detective*. Warwick, N.Y.: 1500 Books, 2007.

Powers, Richard Gid. *G-Men: Hoover's FBI in American Popular Culture*. Carbondale: Southern Illinois University Press, 1983.

———. *Secrecy and Power: The Life of J. Edgar Hoover*. New York: Free Press, 1988.

Prettyman, William S., and Robert E. Cunningham. *Indian Territory: A Frontier Photographic Record by W. S. Prettyman*. Norman: University of Oklahoma Press, 1957.

Prucha, Francis Paul. *The Churches and the Indian Schools, 1888–1912*. Lincoln: University of Nebraska Press, 1979.

Ramsland, Katherine M. *Beating the Devil's Game: A History of Forensic Science and Criminal Investigation*. New York: Berkley Books, 2014.

———. *The Human Predator: A Historical Chronicle of Serial Murder and Forensic Investigation*. New York: Berkley Books, 2013.

Red Corn, Charles H. *A Pipe for February: A Novel*. Norman: University of Oklahoma Press, 2002.

Revard, Carter. *Family Matters, Tribal Affairs.* Tucson: University of Arizona Press, 1998.

Rister, Carl Coke. *Oil! Titan of the Southwest.* Norman: University of Oklahoma Press, 1957.

Roff, Charles L. *A Boom Town Lawyer in the Osage, 1919–1927.* Quanah, Tex.: Nortex Press, 1975.

Rollings, Willard H. *The Osage: An Ethnohistorical Study of Hegemony on the Prairie-Plains.* Columbia: University of Missouri Press, 1995.

———. *Unaffected by the Gospel: Osage Resistance to the Christian Invasion (1673–1906): A Cultural Victory.* Albuquerque: University of New Mexico Press, 2004.

Rudensky, Red. *The Gonif.* Blue Earth, Minn.: Piper, 1970.

Russell, Orpha B. "Chief James Bigheart of the Osages." *Chronicles of Oklahoma* 32 (Winter 1954–55): 884–94.

Sbardellati, John. *J. Edgar Hoover Goes to the Movies: The FBI and the Origins of Hollywood's Cold War.* Ithaca, N.Y.: Cornell University Press, 2012.

Shirley, Glenn. *West of Hell's Fringe: Crime, Criminals, and the Federal Peace Officer in Oklahoma Territory, 1889–1907.* Norman: University of Oklahoma Press, 1990.

Shoemaker, Arthur. *The Road to Marble Halls: The Henry Grammer Saga.* N.p.: Basic Western Book Company, 2000.

Spellman, Paul N. *Captain J. A. Brooks, Texas Ranger.* Denton: University of North Texas Press, 2007.

Stansbery, Lon R. *The Passing of 3-D Ranch.* New York: Buffalo-Head Press, 1966.

Starr, Douglas. *The Killer of Little Shepherds: A True Crime Story and the Birth of Forensic Science.* New York: Alfred A. Knopf, 2010.

Sterling, William Warren. *Trails and Trials of a Texas Ranger.* Norman: University of Oklahoma Press, 1959.

Stratton, David H. *Tempest over Teapot Dome: The Story of Albert B. Fall.* Norman: University of Oklahoma Press, 1998.

Strickland, Rennard. *The Indians in Oklahoma.* Norman: University of Oklahoma Press, 1980.

Sullivan, William, and Bill Brown. *The Bureau: My Thirty Years in Hoover's FBI.* New York: Pinnacle Books, 1982.

Summerscale, Kate. *The Suspicions of Mr. Whicher: A Shocking Murder and the Undoing of a Great Victorian Detective.* New York: Bloomsbury, 2009.

Tait, Samuel W. *The Wildcatters: An Informal History of Oil-Hunting in America.* Princeton, N.J.: Princeton University Press, 1946.

Tallchief, Maria. *Maria Tallchief: America's Prima Ballerina.* With Larry Kaplan. New York: Henry Holt, 1997.

Tarbell, Ida M. *The History of the Standard Oil Company.* Edited by David Mark Chalmers. New York: Harper & Row, 1966.

———. "Identification of Criminals." *McClure's Magazine,* March 1894.

Thoburn, Joseph Bradfield. *A Standard History of Oklahoma: An Authentic Narrative of Its Development from the Date of the First European Exploration Down to the Present Time, Including Accounts of the Indian Tribes, Both Civilized and Wild, of the Cattle Range, of the Land Openings and the Achievements of the Most Recent Period.* Chicago: American Historical Society, 1916.

Thomas, James. "The Osage Removal to Oklahoma." *Chronicles of Oklahoma* 55 (Spring 1977): 46–55.

Thorne, Tanis C. *The World's Richest Indian: The Scandal over Jackson Barnett's Oil Fortune.* New York: Oxford University Press, 2003.

Tixier, Victor. *Tixier's Travels on the Osage Prairies.* Norman: University of Oklahoma Press, 1940.

Toledano, Ralph de. *J. Edgar Hoover: The Man in His Time.* New Rochelle, N.Y.: Arlington House, 1973.

Trachtenberg, Alan. *The Incorporation of America: Culture and Society in the Gilded Age.* New York: Hill and Wang, 2007.

Tracy, Tom H. "Tom Tracy Tells About—Detroit and Oklahoma: Ex Agent Recalls Exciting Times in Sooner State Where Indians, Oil Wells, and Bad Guys Kept Staff on the Go." *Grapevine,* Feb. 1960.

Turner, William W. *Hoover's FBI.* New York: Thunder's Mouth Press, 1993.

Ungar, Sanford J. *F.B.I.* Boston: Little, Brown, 1976.

Unger, Robert. *The Union Station Massacre: The Original Sin of J. Edgar Hoover's FBI.* Kansas City, Mo.: Kansas City Star Books, 2005.

U.S. Bureau of Indian Affairs and Osage Agency. *The Osage People and Their Trust Property, a Field Report.* Pawhuska, Okla.: Osage Agency, 1953.

U.S. Congress. House Committee on Indian Affairs. *Modifying Osage Fund Restrictions, Hearings Before the Committee on Indian Affairs on H.R. 10328.* 67th Cong., 2nd sess., March 27–29 and 31, 1922.

U.S. Congress. House Subcommittee of the Committee on Indian Affairs. *Indians of the United States: Investigation of the Field Service: Hearing by the Subcommittee on Indian Affairs.* 66th Cong., 2nd sess., 1920.

———. *Leases for Oil and Gas Purposes, Osage National Council, on H.R. 27726: Hearings Before a Subcommittee of the Committee on Indian Affairs.* 62nd Cong., 3rd sess., Jan. 18–21, 1913.

U.S. Congress. Joint Commission to Investigate Indian Affairs. *Hearings Before the Joint Commission of the Congress of the United States.* 63rd Cong., 3rd sess., Jan. 16 and 19 and Feb. 3 and 11, 1915.

U.S. Congress. Senate Committee on Indian Affairs. *Hearings Before the Senate Committee on Indian Affairs on Matters Relating to the Osage Tribe of Indians.* 60th Cong., 2nd sess., March 1, 1909.

———. *Survey of Conditions of the Indians in the U.S. Hearings Before the United States Senate Committee on Indian Affairs, Subcommittee on S. Res. 79.* 78th Cong., 1st sess., Aug. 2 and 3, 1943.

U.S. Dept. of Justice. Federal Bureau of Investigation. *The FBI: A Centennial His-*

tory, 1908–2008. Washington, D.C.: U.S. Government Printing Office, 2008.

Utley, Robert M. *Lone Star Justice: The First Century of the Texas Rangers*. New York: Berkley Books, 2003.

Wagner, E. J. *The Science of Sherlock Holmes: From Baskerville Hall to the Valley of Fear, the Real Forensics Behind the Great Detective's Greatest Cases*. Hoboken, N.J.: John Wiley & Sons, 2006.

Walker, Samuel. *Popular Justice: A History of American Criminal Justice*. New York: Oxford University Press, 1998.

Wallis, Michael. *Oil Man: The Story of Frank Phillips and the Birth of Phillips Petroleum*. New York: St. Martin's Griffin, 1995.

———. *The Real Wild West: The 101 Ranch and the Creation of the American West*. New York: St. Martin's Press, 1999.

Ward, David A. *Alcatraz: The Gangster Years*. Berkeley: University of California Press, 2009.

Warehime, Lester. *History of Ranching the Osage*. Tulsa: W. W. Publishers, 2001.

Webb, Walter Prescott. *The Texas Rangers: A Century of Frontier Defense*. Austin: University of Texas Press, 2014.

Webb-Storey, Anna. "Culture Clash: A Case Study of Three Osage Native American Families." Ed.D. thesis, Oklahoma State University, 1998.

Weiner, Tim. *Enemies: A History of the FBI*. New York: Random House, 2012.

Welch, Neil J., and David W. Marston. *Inside Hoover's FBI: The Top Field Chief Reports*. Garden City, N.Y.: Doubleday, 1984.

Welsh, Herbert. *The Action of the Interior Department in Forcing the Standing Rock Indians to Lease Their Lands to Cattle Syndicates*. Philadelphia: Indian Rights Association, 1902.

Wheeler, Burton K., and Paul F. Healy. *Yankee from the West: The Candid, Turbulent Life Story of the Yankee-Born U.S. Senator from Montana*. Garden City, N.Y.: Doubleday, 1962.

White, E. E. *Experiences of a Special Indian Agent*. Norman: University of Oklahoma Press, 1965.

White, James D. *Getting Sense: The Osages and Their Missionaries*. Tulsa: Sarto Press, 1997.

Whitehead, Don. *The FBI Story: A Report to the People*. New York: Random House, 1956.

Wiebe, Robert H. *The Search for Order, 1877–1920*. New York: Hill and Wang, 1967.

Wilder, Laura Ingalls. *Little House on the Prairie*. New York: Harper & Brothers, 1935. Reprinted, New York: HarperCollins, 2010.

Wilson, Terry P. "Osage Indian Women During a Century of Change, 1870–1980." *Prologue: Journal of the National Archives* 14 (Winter 1982): 185–201.

———."Osage Oxonian: The Heritage of John Joseph Mathews." *Chronicles of Oklahoma* 59 (Fall 1981): 264–93.
———. *The Underground Reservation: Osage Oil.* Lincoln: University of Nebraska Press, 1985.
Zugibe, Frederick T., and David Carroll. *Dissecting Death: Secrets of a Medical Examiner.* New York: Broadway Books, 2005.

插图来源*

9	Credit: Corbis
10	Courtesy of Raymond Red Corn
11	Courtesy of Raymond Red Corn
18	Courtesy of the Federal Bureau of Investigation
22	Courtesy of the Osage Nation Museum
28	(top) Courtesy of the Bartlesville Area History Museum
28	(bottom) Courtesy of the Oklahoma Historical Society
32	Courtesy of the Bartlesville Area History Museum
33	Courtesy of the Bartlesville Area History Museum
41	Courtesy of the Western History Collections, University of Oklahoma Libraries, Finney No. 231
43	Osage Nation Museum
45	(top) Courtesy of the Western History Collections, University of Oklahoma Libraries, Finney No. 215
45	(bottom) Courtesy of the Western History Collections, University of Oklahoma Libraries, Finney No. 224
48	Courtesy of Raymond Red Corn
50	Courtesy of the Western History Collections, University of Oklahoma Libraries, Cunningham No. 184
54	Courtesy of the Bartlesville Area History Museum
59	Courtesy of the Osage Nation Museum
60	Courtesy of the Library of Congress
64	Credit: Corbis
67	Courtesy of the Osage Nation Museum
71	Courtesy of the Bartlesville Area History Museum
72	Courtesy of the Bartlesville Area History Museum
75	(top) Courtesy of Guy Nixon
75	(bottom) Courtesy of the Osage County Historical Society Museum
77	Courtesy of Raymond Red Corn
82	Credit: Corbis

---

* 插图来源中所标示的页码为原书页码，即本书边码。

87	Courtesy of the Montana Historical Society
88	Courtesy of the Federal Bureau of Investigation
91	(top) Credit: Corbis
91	(bottom) Credit: Corbis
95	Courtesy of Melville Vaughan
97	Courtesy of the Osage Nation Museum
104	Courtesy of the Western History Collections, University of Oklahoma Libraries, Rose No. 1525
109	Courtesy of the Library of Congress
117	Courtesy of Frank Parker Sr.
121	Courtesy of the Federal Bureau of Investigation
127	Courtesy of Homer Fincannon
131	Courtesy of the National Archives at Kansas City
134	Courtesy of Alexandra Sands
138	Courtesy of James M. White
140	Austin History Center, Austin Public Library
145	(top) Courtesy of James M. White
145	(bottom) Courtesy of the Western History Collections, University of Oklahoma Libraries, Rose No. 1525
149	Courtesy of the Western History Collections, University of Oklahoma Libraries, Rose No. 1806
155	Courtesy of Raymond Red Corn
163	Courtesy of the Oklahoma Historical Society, Oklahoman Collection
168	Unknown
173	Courtesy of the Kansas Historical Society
174	Courtesy of the Bartlesville Area History Museum
175	Courtesy of the National Cowboy and Western Heritage Museum
177	Courtesy of the Federal Bureau of Investigation
184	Courtesy of the Oklahoma Historical Society, Oklahoman Collection
188	Credit: Corbis
199	Courtesy of the Oklahoma Historical Society, Oklahoman Collection
208	Courtesy of the Osage Nation Museum
212	Courtesy of Raymond Red Corn
214	Courtesy of the Oklahoma Historical Society, Oklahoman Collection
217	Courtesy of the Oklahoma Historical Society, Oklahoman Collection
228	Courtesy of Margie Burkhart
233	Credit: Neal Boenzi/*The New York Times*
236	Courtesy of Tom White III
242	Aaron Tomlinson
244	Courtesy of Archie Mason
247	Aaron Tomlinson
250	(top) Courtesy of the Oklahoma Historical Society, Oklahoman Collection
250	(bottom) Courtesy of Margie Burkhart
253	Aaron Tomlinson
266	Aaron Tomlinson
270	Credit: Corbis
276	Aaron Tomlinson
285	Aaron Tomlinson
287	Aaron Tomlinson
288	Aaron Tomlinson

著作权合同登记号　图字：01-2017-8793
图书在版编目(CIP)数据

花月杀手：奥色治系列谋杀案与美国联邦调查局的诞生／(美)大卫·格雷恩著；李立丰译．—北京：北京大学出版社，2020.2
ISBN 978-7-301-30811-0

Ⅰ.①花… Ⅱ.①大… ②李… Ⅲ.①联邦调查局(美国)—史料 Ⅳ.①D771.236

中国版本图书馆 CIP 数据核字(2019)第 262520 号

Killers of the Flower Moon：the Osage Murders and the Birth of the FBI, by David Grann

Copyright © 2017 by David Grann

Published by arrangement with The Robbins Office, Inc. and Aitken Alexander Associates Ltd.

ALL RIGHTS RESERVED.

书　　　名	花月杀手：奥色治系列谋杀案与美国联邦调查局的诞生 HUAYUE SHASHOU：AOSEZHI XILIE MOUSHA AN YU MEIGUO LIANBANG DIAOCHAJU DE DANSHENG
著作责任者	〔美〕大卫·格雷恩　著　李立丰　译
责任编辑	柯　恒　陈晓洁
标准书号	ISBN 978-7-301-30811-0
出版发行	北京大学出版社
地　　　址	北京市海淀区成府路 205 号　100871
网　　　址	http://www.pup.cn　http://www.yandayuanzhao.com
电子信箱	yandayuanzhao@163.com
新浪微博	@北京大学出版社　@北大出版社燕大元照法律图书
电　　　话	邮购部 010-62752015　发行部 010-62750672 编辑部 010-62117788
印　刷　者	涿州市星河印刷有限公司
经　销　者	新华书店
	880 毫米×1230 毫米　32 开本　10.5 印张　277 千字 2020 年 2 月第 1 版　2020 年 2 月第 1 次印刷
定　　　价	59.00 元

未经许可，不得以任何方式复制或抄袭本书之部分或全部内容。
版权所有，侵权必究
举报电话：010-62752024　电子信箱：fd@pup.pku.edu.cn
图书如有印装质量问题，请与出版部联系，电话：010-62756370